*DIREITO FUNDAMENTAL
À BOA ADMINISTRAÇÃO PÚBLICA*

Juarez Freitas

DIREITO FUNDAMENTAL À BOA ADMINISTRAÇÃO PÚBLICA

3ª edição,
refundida e aumentada

**DIREITO FUNDAMENTAL
À BOA ADMINISTRAÇÃO PÚBLICA**
© JUAREZ FREITAS (2007)

1ª edição, 07.2007; 2ª edição, 03.2009 (publicadas com o título *Discricionariedade Administrativa e o Direito Fundamental à Boa Administração Pública*).

ISBN 978-85-392-0243-0

Direitos reservados desta edição por
MALHEIROS EDITORES LTDA.
Rua Paes de Araújo, 29, conjunto 171
CEP 04531-940 – São Paulo – SP
Tel.: (11) 3078-7205 – Fax: (11) 3168-5495
URL: www.malheiroseditores.com.br
e-mail: malheiroseditores@terra.com.br

Composição
PC Editorial Ltda.

Capa:
Criação: Vânia Lúcia Amato
Arte: PC Editorial Ltda.

Impresso no Brasil
Printed in Brazil
08.2014

*Para amigos e colegas
capazes de perceber o potencial de efeitos benéficos
do reconhecimento do direito à boa administração
como direito fundamental.*

Por tudo, para Márcia e Thomas.

SUMÁRIO

BREVE NOTA À TERCEIRA EDIÇÃO 9

INTRODUÇÃO 13

Capítulo I – DIREITO FUNDAMENTAL À BOA ADMINISTRAÇÃO, AS POLÍTICAS
PÚBLICAS E À DISCRICIONARIEDADE ADMINISTRATIVA LEGÍTIMA

1. Introdução 17
2. Conceito de direito fundamental à boa administração pública . 21
3. O conceito de discricionariedade administrativa 24
4. Vícios da discricionariedade administrativa: arbitrariedade por excesso ou por omissão 27
5. Requisitos de juridicidade dos atos administrativos 28
6. Conceito de políticas públicas 30
7. O controle das políticas públicas e da discricionariedade administrativa à luz do direito fundamental à boa administração pública 32
8. Implicações do controle das prioridades constitucionais vinculantes 37
9. Conclusões 44

Capítulo II – OS ATOS ADMINISTRATIVOS E O APROFUNDAMENTO DA
SINDICABILIDADE

1. Introdução 46
2. Discricionariedade administrativa e a imparcialidade 50
3. Conclusões 67

Capítulo III – O DEVER DE MOTIVAÇÃO DOS ATOS ADMINISTRATIVOS

1. Introdução 69
2. Discricionariedade, vinculação e motivação suficiente 71

3. Conclusões 83

Capítulo IV – O DIREITO FUNDAMENTAL À BOA ADMINISTRAÇÃO PÚBLICA E A RESPONSABILIDADE DO ESTADO

1. Introdução 85
2. Responsabilidade proporcional por ações e omissões 86
3. Conclusões 101

Capítulo V – OS EMBLEMÁTICOS INSTITUTOS DA AUTORIZAÇÃO DE SERVIÇO PÚBLICO, DA CONVALIDAÇÃO E DO "PODER DE POLÍCIA ADMINISTRATIVA": RELEITURA EM FACE DO DIREITO FUNDAMENTAL À BOA ADMINISTRAÇÃO PÚBLICA

1. Introdução 103
2. Releitura de institutos 104
3. Conclusões 117

Capítulo VI – O DIREITO FUNDAMENTAL À BOA ADMINISTRAÇÃO PÚBLICA E OS PRINCÍPIOS DA PREVENÇÃO E DA PRECAUÇÃO

1. Introdução 119
2. Princípios da prevenção e da precaução 119
3. Conclusões 132

Capítulo VII – O DIREITO FUNDAMENTAL À BOA ADMINISTRAÇÃO PÚBLICA, A VALORIZAÇÃO DO VÍNCULO INSTITUCIONAL E A DEFESA DAS CARREIRAS DE ESTADO

1. Introdução 133
2. Carreiras de Estado 134
3. Conclusões 143

Capítulo VIII – DIREITO ADMINISTRATIVO DA REGULAÇÃO E BOA ADMINISTRAÇÃO PÚBLICA COMO DIREITO FUNDAMENTAL

1. Introdução 145
2. Regulação sustentável como inerência do direito fundamental à boa administração 147
3. Conclusões 165

Capítulo IX – CONSIDERAÇÕES FINAIS 167

BIBLIOGRAFIA 175

BREVE NOTA À TERCEIRA EDIÇÃO

Gostaria, inicialmente, de agradecer aos colegas professores de graduação e pós-graduação que examinam e debatem a obra. Feliz, tenho constatado, em várias dissertações e teses, a aceitação de conceitos nela expostos.

Na presente edição, para melhor defender o aprofundamento da sindicabilidade das escolhas administrativas, opta-se por introduzir reflexão sobre as políticas públicas. Não por acaso, foram mapeados os principais enviesamentos (eis outra novidade) no processo de tomada da decisão. Renova-se, sob o prisma do direito à boa administração pública, o olhar sobre a responsabilidade do Estado, com o foco precípuo no combate à omissão do cumprimento das prioridades constitucionais vinculantes. Propõe-se, ainda, o monitoramento, a longo prazo, de custos e benefícios mensuráveis, sem subscrever uma abordagem exclusivamente econômica. Dada a magnitude contemporânea do tema, insere-se o Capítulo VIII, voltado ao Direito Administrativo da Regulação, que se depara com desafiadoras exigências de correção das falhas de mercado e de governo.

Tendo em conta que os leitores, desde a 1ª edição, nominam o livro, sob a forma resumida, de *Direito Fundamental à Boa Administração Pública*, adota-se, doravante, este título mais enxuto.

Preside a nova edição a consciência nítida de que o maior risco para os próximos tempos reside na erosão da confiança no cumprimento adequado das políticas públicas. O movimento de junho de 2013 é prova do compreensível desconforto coletivo quanto a esse aspecto.

No panorama brasileiro, nada parece mais urgente do que restaurar a confiança na gestão pública. Para tanto, há conjunto de providências inadiáveis. Na cena econômica, força assumir o compromisso categórico com parcimônia fiscal, sem contorcionismos criativos. Fomentar a demanda agregada, sem maior critério, é, pelos reflexos inflacionários, lançar fogos de artifícios em ambiente fechado e repleto. Mais: é necessário instalar uma regulação sustentável e independente, com o anelo precípuo de fazer deslanchar as parcerias benéficas para a sociedade e plausíveis para os empreendedores. Acrescente-se a providência de desburocratizar radicalmente o exercício das atividades econômicas lícitas. Não é razoável que o custo burocrático seja, em várias atividades, maior do que o valor direcionado para a inovação. Contudo, não se pode esquecer o componente comportamental: é preciso aprender a lidar com as percepções e a filtrar os enviesamentos. Demonstrar isenta credibilidade é, pois, requisito-chave para o direito fundamental à boa administração pública.

Como se observa, são metas que não se deixam confinar em agendas de curto prazo. Requerem programas consistentes de Estado e agentes públicos dignos do nome. De fato, nada recupera mais a confiança do que o firme compromisso, em tempo útil, com as políticas verdadeiramente de Estado Constitucional. Nessa linha, deixa-se manifesto que as escolhas administrativas têm de estar vinculadas às prioridades da Carta, sem guarida para o uso escapista do argumento de reserva do possível. É impositivo nutrir reservas à reserva do possível, sob pena de cumplicidade irremissível com as arbitrariedades por omissão.

Por outro lado, quando aqui se cogita de regulação de Estado, mais do que de governo, acolhe-se o enfoque do desenvolvimento sustentável. Sugerem-se estratégias de intervenção indireta, que comprovadamente propiciem os maiores benefícios sociais, econômicos e ambientais, em larga escala temporal. Ou seja, incorpora-se, em definitivo, o princípio constitucional da sustentabilidade, que incide em todas as províncias do Direito, não sendo exceção o Direito Administrativo. Assim, as contratações públicas devem ser sustentáveis, como também os empréstimos estatais. Enfim, todas as decisões administrativas precisam ser motivadamente sustentáveis, com tudo que significa em termos de profunda reconfiguração das escolhas intertemporais e da correspondente sindicabilidade.

Dito isso, cabe explicitar as três ideias nucleares da presente edição:

(a) a credibilidade das regras institucionais, juridicamente asseguradas de modo expedito, é condição-chave para atrair investimentos produtivos de longa maturação. Confiança é crucial. Logo, o ambiente administrativo tem de ser habilmente redesenhado para se tornar eficiente, eficaz, transparente, aberto, dialógico. Numa palavra: confiável;

(b) a regulação estatal sustentável, embora difícil de obter, é condição *sine qua non* para evitar alavancagens excessivas, retrocessos e desvios cognitivos que insuflam crises e bolhas (como a dos *subprimes*). De fato, os mercados são estrutural e visceralmente falhos e, em regra, os governos são obcecados pela preferência por resultados rápidos e fáceis. Uma Administração Pública meritocrática e inovadora, baseada na ética do desenvolvimento equitativo, realiza a permanente crítica e autocrítica dos enviesamentos institucionais;

(c) coexiste a carência omissivista da discricionariedade administrativa com o seu exercício pesado e excessivamente oneroso. Gasta-se demais, por exemplo, com a burocracia e quase nada com inovação. Pior: raras vezes se percebe que o tamanho do Estado não é tão relevante como a qualidade da sua atuação integrada. Falta abordagem sistemática do controle, vacinada contra as desproporcionalidades dos voluntarismos erráticos.

Tais são compreensões que norteiam o livro. Convém esclarecer, de plano, que brotam da observação lastreada em dados de razoável comprovação científica. Não são impressões soltas, nem palpites retóricos e temerários. Pesquisas idôneas evidenciam que um setor público aberto, eficiente e eficaz é peça crucial em qualquer empreitada apta a vencer a chamada tragédia dos comuns.

Nesse panorama, irretorquível que o "modelo chinês" de autoritarismo centralizador, ainda que possa conduzir, anos consecutivos, ao crescimento do PIB, alcança resultados pífios em termos de consistência intertemporal das políticas públicas. Basta o partido definir que tenham de ser financiados determinados empreendimentos e os bancos estatais perigosamente cedem. Logo, apesar de o modelo produzir números vistosos (liderança mundial em comércio) o faz à expensas do sacrifício da prudência. Em dado momento, semelhante modelo carecerá de instituições do Estado de Direito, da segurança social e dos impostergáveis cuidados ambientais. Quer dizer, o exemplo chinês de planejamento de cima para baixo, longe está de ser o ideal, pois adstrito a compromissos sectários e a compadrios desviantes, com alta probabilidade de deslegitimação.

Noutro extremo, o "modelo americano" de gestão (a despeito de seus méritos em tentativas de controle dos *net benefits*) tem sido fiscalmente irresponsável e avesso à poupança, capturado por políticos de vista curta. Por isso, também funciona mal, mercê de incentivos distorcidos, colapsos financeiros periódicos e crescente iniquidade, com altíssimos custos associados.

Já o modelo nórdico, à primeira vista, parece superior, mas é de improvável exportação. Desse modo, a saída parece estar em combinar virtudes de vários modelos e selecionar as melhores caraterísticas, com o sincretismo inteligente e adaptativo, isento de cegueiras ideológicas.

Eis o que se pretende ao esquadrinhar as promissoras implicações do direito fundamental à boa administração pública. Espera-se que a obra –renovada, atualizada e ampliada – possa contribuir à implementação efetiva e racional das prioridades constitucionais.

INTRODUÇÃO

O Estado Constitucional pode ser traduzido como Estado das escolhas administrativas legítimas e sustentáveis. Assim considerado, nele não se admite a discricionariedade irrestrita, intátil, desviante, imediatista. Em outras palavras, impõe-se combater os recorrentes vícios de arbitrariedade por ação e por omissão.

Faz-se cogente, sem desídia, enfrentar todo e qualquer "demérito" na implementação das políticas públicas, concebidas aqui como programas de Estado, mais do que de governo.

Nesse desiderato, o direito fundamental à boa administração pública (conceito enunciado em moldes brasileiros, sob a inspiração do art. 41 da Carta dos Direitos Fundamentais de Nice), é norma implícita (feixe de princípios e regras) de imediata eficácia em nosso sistema, a impelir o controle "lato sensu" a enfrentar a discricionariedade fora ou aquém dos limites.

Não é de estranhar que o direito fundamental à boa administração determine a obrigação de justificar, na tomada das decisões administrativas, a eleição dos pressupostos conducentes à preponderância dos benefícios (sociais, econômicos e ambientais) sobre os custos envolvidos.

Assim, não se admite o exercício da discrição por meio da simples alegação de conveniência ou oportunidade, sobremodo se afetados direitos. Impõe-se uma consistente (intertemporalmente) e coerente (valorativamente) justificação das escolhas administrativas.

A discricionariedade precisa estar vinculada às prioridades constitucionais de larga escala. Nessa ordem de ideias, quando o administrador público age de modo inteiramente livre, assume ilícita atitude senhorial e patrimonialista. Quer dizer, a liberdade apenas se legitima ao promover aquilo que os princípios constitucionais entrelaçadamente prescrevem, de sorte a viabilizar as pautas do desenvolvimento sustentável.

Em tal prisma, merecem releitura antigos institutos, na senda promissora de sindicabilidade aprofundada. Claro, não se ignora que o excesso de controle equivale ao não controle, isto é, acarreta a supressão da inovação e da maleabilidade – requisitos da gestão eficiente e eficaz. De nada serve o simplismo de amarrar Ulisses ao mastro para impedi-lo de sucumbir ao canto das sereias. Em virtude disso, não se preconiza o controle pesado, burocratizante, oneroso, labiríntico e violador da interdependência dos Poderes.

Ao revés, defende-se o escrutínio inteligente, tempestivo, sinérgico e incisivo, afastados os temores exagerados no atinente ao protagonismo moderado de controles retrospectivos e prospectivos. Discrição não significa, no Estado Constitucional, liberdade para o desperdício, o direcionamento espúrio ou o voluntarismo causador de erosão da confiança.

De outra parte, não se realiza em nenhuma província do Direito Administrativo a subsunção automática da regra ao caso. Indispensável desfazer a quimera do dedutivismo formal. Absurdo esgrimir com qualquer vinculação escrava. Na realidade, o agente público tem o magno dever de rejeitar a ordem manifestamente ímproba e contrária às diretrizes axiológicas do ordenamento, algo que supõe liberdade para emitir juízos de valor. É imperativo assimilar a sindicabilidade das decisões administrativas, nesse patamar mais elevado, pois o fundamentado balanceamento de valores revela-se inarredável e onipresente.

Portanto, em ambos os polos (liberdade e vinculação) avulta o papel do controle, em sentido amplo, à feição de "administrador negativo", sem endosso da crença na discricionariedade ilimitada, supostamente imune à sindicabilidade. Certo, o Poder Judiciário não deve, no geral das vezes, determinar o mérito das escolhas públicas. Seria invasivo. Contudo, situações frequentes ocorrem em que o juiz deve ordenar o fim da inércia ilícita (se necessário, até com o bloqueio excepcional de recursos públicos). É que, em pleno século XXI, não faz o menor sentido a governança que se torna motor de desvinculação das prioridades. Não se trata – gize-se bem – de propor um controle intrusivo e paralisante, mas de escrutinar, em tempo razoável, a juridicidade da implementação do direito fundamental à boa administração pública.

O livro, tendo como cerne a relação entre discricionariedade administrativa, políticas públicas e o direito fundamental à boa administração pública, pretende estimular que o agente público, digno do nome, atue como autêntico guardião das escolhas legítimas.

Com esse desiderato, recomenda-se pronunciada reestruturação das estratégias de governança, fazendo-as criativas, transparentes e concatenadas. Tudo para não sucumbir às ciladas de disputas personalistas, enviesamentos e paixões pelas vantagens indevidas.

Nenhuma escolha administrativa se mostra indiferente. Legítima será apenas a liberdade exercitada em conformidade com as regras e, acima delas, com os princípios e objetivos fundamentais da Constituição. Fora daí, cristaliza-se, em maior ou menor grau, a desconcertante arbitrariedade por ação ou por omissão.

Para incrementar o projeto transformador do controle substancial da discricionariedade administrativa, eis as premissas centrais da boa governança: (a) não existe discricionariedade administrativa imune a controles democraticamente estabelecidos, no atinente a meios, processos e efeitos; (b) no plano concreto, a escolha produtiva tem de se mostrar fortemente alinhada com métricas e programas de Estado Constitucional, mais do que de governo; (c) há grave vício jurídico, decorrente da inoperância ou da inércia dos poderes discricionários, quando determinada política, sem justa causa, recai na famigerada procrastinação; e (d) a escolha de consequências (benefícios diretos e indiretos) tem de levar em conta a multidimensionalidade do desenvolvimento almejado, não apenas a vertente econômica.

Nessa perspectiva, o livro inicia com a enunciação do conceito-síntese de direito fundamental à boa administração pública (Capítulo I). Engloba os direitos à administração transparente, sustentável, dialógica, imparcial, proba, respeitadora da legalidade temperada, preventiva, precavida, eficaz e avaliada segundo indicadores qualitativos, em horizonte de longa duração.

Ato contínuo, reconceitua-se a discricionariedade administrativa e se descrevem os seus principais vícios (arbitrariedade por ação ou por omissão), bem como se reformula a noção-chave de políticas públicas, entendidas como programas vinculantes de Estado.

A seguir, propõe-se, com todos os consectários, o aprofundamento da sindicabilidade das políticas públicas (Capítulo II), notadamente dos enviesamentos de seus formuladores e implementadores, no intuito de esquadrinhar, de modo eficaz, o "demérito" administrativo.

Bem por isso, estuda-se, em detalhe, a motivação suficiente das decisões administrativas (Capítulo III), sublinhada a obrigação de expor os fundamentos fáticos e jurídicos da eleição de prioridades, de maneira intertemporalmente consistente.

É também enfocada, com novo olhar, a responsabilidade do Estado (Capítulo IV), especialmente no que concerne à omissão em matéria de políticas públicas. Defende-se, com ênfase, a responsabilidade proporcional do Estado, tanto por ações como por omissões.

Com ânimo ilustrativo, empreende-se o estudo de institutos emblemáticos, inteiramente revistos com base no acolhimento da eficácia direta do direito fundamental à boa administração pública (Capítulo V).

Além disso, dado o elevado potencial de transformação teórica e empírica, abordam-se os princípios da prevenção e da precaução (Capítulo VI), os quais requerem o abandono de estratégias populistas e patológicas de intervenção estatal. Agora, impositivo que o Estado não chegue tarde, nem descure dos direitos das gerações presentes e futuras.

Adicionalmente, apontam-se razões para a necessária revalorização do regime institucional das Carreiras de Estado como uma das condições para a boa governança, a longo prazo (Capítulo VI).

Finalmente, na presente edição, é acrescentado estudo sobre os desafios do Direito Administrativo da Regulação (Capítulo VIII), um dos temas cientificamente mais relevantes. Sugerem-se, nesse contexto, mecanismos propícios à regulação sustentável.

Como pano de fundo e fio da meada, o direito fundamental à boa administração ilumina a formação do novo Direito Administrativo brasileiro. Irradia os efeitos purificadores sobre as relações de administração, fomenta os investimentos prioritários, contribui para o enraizamento de parcerias benéficas entre o público e o privado, alarga o horizonte da responsabilidade e do nexo causal, planeja, fundamenta, incentiva, descontamina a regulação, colmata lacunas, inova e, em síntese, faz legítima e sustentável a liberdade do agente público.

Capítulo I
DIREITO FUNDAMENTAL À BOA ADMINISTRAÇÃO, AS POLÍTICAS PÚBLICAS E À DISCRICIONARIEDADE ADMINISTRATIVA LEGÍTIMA

> *Quando na Antiguidade queriam os cretenses amaldiçoar alguém, suplicavam aos deuses que fizesse contrair algum mau hábito.*
> (MICHEL DE MONTAIGNE, *Ensaios*, Livro I, Cap. XXIII)

1. Introdução. 2. Conceito de direito fundamental à boa administração pública. 3. O conceito de discricionariedade administrativa. 4. Vícios da discricionariedade administrativa: arbitrariedade por excesso ou por omissão. 5. Requisitos de juridicidade dos atos administrativos. 6. Conceito de políticas públicas. 7. O controle das políticas públicas e da discricionariedade administrativa à luz do direito fundamental à boa administração pública. 8. Implicações do controle das prioridades constitucionais vinculantes. 9. Conclusões.

1. Introdução

O Estado-Administração das escolhas públicas legítimas deve-se caracterizar, sobretudo, pelo hábito de compatibilizar o desenvolvimento e a sustentabilidade,[1] em vez de ser um aparato tendente a excessos e a omissões. Urge, pois, instaurar uma série de novos hábitos no bojo das relações administrativas, libertando-as dos males associados ao abuso de "poderes exorbitantes" e de prioridades exclusivamente de curto prazo.

1. V. Juarez Freitas, in *Sustentabilidade: direito ao futuro*, 2ª ed., Belo Horizonte, Fórum, 2012.

Hora de erguer o modelo administrativo alicerçado numa racionalidade dialógica, preditiva e multiforme.[2] Tempo de favorecer, com sentido de urgência, o controle de sustentabilidade e legitimidade,[3] ao lado da eficiência e da eficácia,[4] na trilha de cobrar motivação intertemporal consistente dos atos discricionários e vinculados, ao oposto da ancoragem ilusória no formalismo ingênuo e na liberdade irrestrita cunhada pelo decisionismo irracional do *power state* autoritário.[5]

Tudo sem prejuízo de profunda reformulação da teoria da responsabilidade do Estado, em consórcio com o entendimento da proporcionalidade como vedação simultânea de danos causados por demasias e omissões. Nessa estratégia, não remanesce lugar nem para a discricionariedade desmesurada, nem para a discricionariedade insuficiente, tampouco para o formalismo inflacionado.[6] Em outro dizer, na tomada da decisão administrativa, o agente estatal *lato sensu* precisa cumprir o isento dever de oferecer boas razões de fato e de direito,[7] já na enunciação, já na implementação das políticas públicas (reconceituadas a seguir).

Tecnicamente, a Administração Pública encontra na finalidade "um elemento reconhecidamente vinculado".[8] Mais do que isso: a legitimida-

---

2. V. Luca Mannori e Bernardo Sordi, *Storia del Diritto Amministrativo*, p. 528.

3. Como observa Celso Antônio Bandeira de Mello, "o controlador da legitimidade do ato (muito especialmente o Poder Judiciário), para cumprir sua função própria, não se poderá lavar de averiguar, caso por caso, ao lume das situações concretas que ensejaram o ato, se, à vista de cada uma daquelas específicas situações, havia ou não discricionariedade e que extensão tinha, detendo-se apenas e tão-somente onde e quando estiver presente opção administrativa entre alternativas igualmente razoáveis, (...)" (*Discricionariedade e controle jurisdicional*, 2ª ed., 8ª tir., p. 48).

4. Para a distinção entre *eficiência* e *eficácia*, v. Giuseppe de Vergottini, *Diritto Costituzionale*, 4ª ed., p. 544.

5. V., para uma contraposição entre *power state* e *welfare state*, Alfred Zimmern, *Quo vadimus*, Oxford, Oxford University Press, 1934.

6. A crença inflacionada em formalismos (v., por exemplo, os teoremas de Gödel e o neopositivismo de Carnap) resta sem sentido. Pelos seguintes motivos, entre outros: (a) a crise da racionalidade instrumental e cartesiana; (b) o reconhecimento de que a linguagem não se deixa formalizar de maneira inequívoca; (c) a queda do dedutivismo clássico, com a sua ideia tosca de que o mundo se deixaria espartilhar em silogismos formais: no Direito, só os silogismos dialéticos são decisivos; (d) a descoberta da historicidade, para além da linearidade; (e) o "ir além é intrínseco ao entendimento de qualquer obra" – como observa José Artur Gianotti (*O jogo do belo e do feio*, p. 9).

7. Sem pretender homogeneidade das premissas e dos termos no interior delas: sobre o tema, v. Antônio Castanheira Neves, *Questão-de-Fato – Questão-de-Direito ou o problema metodológico da juridicidade*, p. 114.

8. V. Diogo de Figueiredo Moreira Neto, *Legitimidade e discricionariedade*, 4ª ed., p. 37.

de (conformidade com a tábua axiológica da Constituição e seus objetivos nada abstratos de justiça e desenvolvimento sustentável[9]) pressupõe a observância cabal das obrigações resumidas no direito fundamental à boa administração[10] – cujo conceito (levando em conta a fundamentalidade[11]) será explicitado neste Capítulo.

Pressupõe, ainda, a geração de ambiente institucional seguro para os parceiros produtivos, com aguda redução dos entraves oriundos do burocratismo, da corrupção e da quebra reiterada de confiança. Pressupõe, sem tardar, a *contínua sinergia entre as políticas sociais e o estabelecimento pactuado de metas e resultados monitoráveis em horizonte ampliado.* Pressupõe, enfim, o enraizamento, em alta escala, dos princípios da boa governança,[12] com inovação de escopo, acompanhada de translucidez, controle participativo e, apesar de riscos tecnocráticos, do rigoroso escrutínio retrospectivo[13] e prospectivo das políticas públicas.

Inquestionável, entretanto, que *perdura uma luta hamletiana, isto é, o embate entre o dever prestacional de qualidade e a entrega macunaímica à inércia ou ao desvio.* Com efeito, localizam-se inúmeras decisões administrativas desdestinadas ou que deliberam nada deliberar. Eis por que se afigura crucial o fim da discricionariedade sem controle qualitativo e emancipatório diante de tantos caprichos idiossincráticos.

9. V., para uma tentativa de pensar a justiça no mundo real e sem abstracionismos evasivos, Amartya Sen, in *The idea of Justice*, Cambridge, Harvard University Press, 2009.

10. V., para cotejo, "Principles of Good Administration in the Member States of the European Union", 2005, disponível em <http://www.statskontoret.se/upload/Publikationer/2005/200504.pdf>. V., ainda, Jill Wakefield in "The right to good administration", *Kluwer Law International*, 2007.

11. V. Xavier Groussot e Laurent Pech in "Fundamental rights protection in the European Union post Lisbon Treaty", *Foundation Robert Schuman/Policy Paper*, European Issue 173, junho/2010. V. Joana Mendes in "Good administration in EU Law and the European Code of Good Administrative Behaviour", *EUI Working Papers LAW*, European University Institute, 2009.

12. V., ao explicitar o conteúdo do art. 41 da Carta dos Direitos Fundamentais da União Europeia, o juridicamente vinculante Código Europeu de Boa Conduta Administrativa, disponível em <http://www.ombudsman.europa.eu/resources/code.faces>. Entre os princípios, proporcionalidade ao objetivo em vista (art. 6º), objetividade (art. 9º), prazo razoável para decisões (art. 16) e dever de indicar os motivos (art. 18).

13. V., sobre as vantagens da análise retrospectiva, Cass Sunstein, "The regulatory lookback", *Boston University Law Review – Symposium on Political Dysfunction and the Constitution*, 2013.

Afinal, a boa administração não combina com "o ranço do personalismo e mandonismos transmudados numa modernidade injusta e obtusa".[14]

Trata-se de assumir, com ênfase inédita, a *defesa do Direito Administrativo mais de Estado do que de governo*, no sentido de menos vocacionado ao efêmero particularista, por melhor que seja. Cumpre, assim, expandir *a sindicabilidade, com os olhos fitos nos princípios da boa administração*,[15] *assimilados como autênticos nortes vinculativos*.

Nesse aspecto, o Estado-Administração da discricionariedade legítima requer (ao mesmo tempo, suscita) o *protagonismo, em rede, da sociedade e do agente público* que promove o "bem de todos" (CF, art. 3º, IV), na senda do desenvolvimento duradouro (CF, arts. 225 e 170, VI), que não se detém em face do mito da oposição inconciliável entre o econômico e o socioambiental. Transforma-se no Estado da continuidade planejada de universalização dos serviços essenciais, das políticas inclusivas e afirmativas, do intangível equilíbrio econômico-financeiro dos ajustes e da superação da filosofia antagonizadora, precária e adversarial,[16] no âmbito das relações de administração.[17]

Para além disso, o Estado da discricionariedade legítima timbra pelo *resguardo pertinente da processualização administrativa*,[18] *com observância da duração razoável*.[19] É o *Estado da racionalidade aberta*, não-cartesiana,[20] em vez do predomínio senhorial e dissimulado da

---

14. V. Cármen Lúcia Antunes Rocha, *Princípios Constitucionais da Administração Pública*, p. 166.

15. V., no sistema britânico, "Principles of Good Administration: Good administration by public bodies means: 1. Getting it right; 2. Being customer focused; 3. Being open and accountable; 4. Acting fairly and proportionately; 5. Putting things right; 6 Seeking continuous improvement". Sobre proporcionalidade, em termos europeus mais amplos, v. Takis Tridimas in *The general principles of EC Law*, 2ª ed., Nova York, Oxford University Press, 2006, pp. 136-249.

16. Há mudanças expressivas, nessa linha. Por exemplo: v. a Lei 12.529/2011, art. 85, que disciplina o *termo de compromisso*, na tutela administrativa da concorrência.

17. Além da "contratualização" de determinados institutos, decorrente do novo paradigma de redução do unilateralismo.

18. Uma decorrência de vários princípios, inclusive o da imparcialidade. V., a propósito, Guido Corso, *Manuale di Diritto Amministrativo*, 3ª ed., p. 38.

19. A propósito, v. o julgamento da AMS 2006.72.00.003920-0, no TRF-4ª Região, no qual foi reconhecida a nulidade de auto de infração, entre outras razões, porque o órgão ambiental não havia concluído o processo administrativo, violando o direito à razoável duração.

20. V. Antônio Damásio, *O erro de Descartes*, 1996.

"Casa Grande",[21] subproduto da lógica solipsista do patrimonialismo, avesso à ativação dos direitos fundamentais de todas as dimensões, essenciais à vida digna.[22] Não é de estranhar, nessa linha, que, em circunstância de antinomia entre o direito à saúde e o regime de impenhorabilidade dos bens públicos, deva *preponderar* o primeiro, determinando o bloqueio de verbas públicas como meio excepcional de salvaguardar o direito à vida.[23] Em casos assim, como que se eclipsam determinadas regras em prol da legitimidade e da efetividade do sistema de direitos fundamentais.

2. Conceito de direito fundamental à boa administração pública

O Estado Democrático, em sua crescente afirmação (nem sempre linear) da cidadania,[24] tem o compromisso de facilitar e prover o acesso ao direito fundamental à boa administração pública, que pode ser assim compreendido: trata-se do *direito fundamental à administração pública eficiente e eficaz, proporcional cumpridora de seus deveres, com transparência, sustentabilidade, motivação proporcional, imparcialidade e respeito à moralidade, à participação social e à plena responsabilidade por suas condutas omissivas e comissivas*. A tal direito corresponde o dever de observar, nas relações administrativas, a cogência da totalidade dos princípios constitucionais e correspondentes prioridades.

Observado de maneira atenta, o direito fundamental à boa administração é lídimo plexo de direitos, regras e princípios, encartados numa síntese,[25] ou seja, o somatório de direitos subjetivos públicos. No conceito proposto, abrigam-se, entre outros, os seguintes direitos:

(a) *o direito à administração pública transparente*, que supõe evitar a opacidade (salvo nos casos em que o sigilo se apresentar justificável, e

21. V. Gilberto Freyre, *Casa Grande e Senzala*, 2003.
22. "Supremacia da vida digna", na feliz expressão de Luiz Edson Fachin (in Marcelo Conrado e outros (Coords.), *Biodireito e Dignidade Humana*, p. 193).
23. V. STJ, REsp 840.782-RS, rel. Min. Teori Albino Zavascki.
24. V., sobre os elementos da cidadania, Thomas Humphrey Marshall in *Citizenship and social class and other essays*. Cambridge, Cambridge University Press, 1950. Para contraste, v. Sergio B. F. Tavolaro e Lilia G. M. Tavolaro, in "A cidadania sob o signo do desvio: Para uma crítica da 'tese de excepcionalidade brasileira'", *Sociedade e Estado*, vol. 25, n.2, Brasília, 2010.
25. Sobre o tema, no contexto europeu, em face do art. 41 da Carta de Nice, v., por exemplo, Diana-Urania Galetta, "Il diritto ad una buona amministrazione europea come fonte di essenziali garanzie procedimentali nei confronti della pubblica amministrazione", *Rivista Italiana di Diritto Pubblico Comunitario* 3-4/819-857.

ainda assim não definitivamente), com especial destaque para o direito a informações[26] inteligíveis, inclusive sobre a execução orçamentária[27] e sobre o processo de tomada das decisões administrativas que afetarem direitos;[28]

(b) *o direito à administração pública sustentável*, que implica fazer preponderar, inclusive no campo regulatório, o princípio constitucional da sustentabilidade, que determina a preponderância dos benefícios sociais, ambientais e econômicos sobre os custos diretos e indiretos (externalidades negativas), de molde a assegurar o bem-estar multidimensional das gerações presentes sem impedir que as gerações futuras alcancem o próprio bem-estar multidimensional;[29]

(c) *o direito à administração pública dialógica*, com amplas garantias de contraditório e ampla defesa – é dizer, respeitadora do devido processo, com duração razoável e motivação explícita, clara e congruente;

(d) *o direito à administração pública imparcial e desenviesada*,[30] isto é, aquela que, evitando os desvios cognitivos, não pratica nem estimula discriminação negativa de qualquer natureza e, ao mesmo tempo, promove discriminações inversas ou positivas (redutoras das desigualdades iníquas);

(e) *o direito à administração pública proba*, que veda condutas éticas não universalizáveis, sem implicar moralismo ou confusão entre o legal e o moral, uma vez tais esferas se vinculam, mas são distintas;

(f) o *direito à administração pública respeitadora da legalidade temperada*,[31] ou seja, que não se rende à "absolutização" irrefletida das regras;

(g) *o direito à administração pública preventiva, precavida e eficaz* (não apenas economicamente eficiente), eis que comprometida com resultados compatíveis com os indicadores de qualidade de vida, em horizonte de longa duração.

26. V. Lei de Acesso à Informação (Lei 12.527/2011).
27. V. Lei Complementar 101/2000, art. 48.
28. V. Lei 9.784/99, art. 3º.
29. V. Juarez Freitas, *Sustentabilidade: direito ao futuro*, 2ª ed., Belo Horizonte, Fórum, 2012.
30. Não se confundem *imparcialidade* e *neutralidade*. Para a distinção, embora na seara judicial, v. José Carlos Barbosa Moreira, "Imparcialidade: reflexões sobre a imparcialidade do juiz", *RJ* 250/6-13.
31. Para o exame do princípio da legalidade administrativa no Direito Comparado, v., entre outros, José Manuel Sérvulo Correia, *Legalidade e autonomia contratual nos contratos administrativos*, pp. 33 e ss.

Tais direitos não excluem outros,[32] pois se cuida de "*standard* mínimo".[33] Por certo, precisam ser tutelados em bloco, no intuito de que a discricionariedade não conspire letalmente contra o aludido direito fundamental à boa administração.[34]

Em outras palavras: *as escolhas administrativas serão legítimas se – e somente se – forem sistematicamente eficazes,*[35] *sustentáveis, motivadas, proporcionais,*[36] *transparentes,*[37] *imparciais*[38] *e ativadoras da participação social, da moralidade e da plena responsabilidade.*

32. V., sobre outros direitos, o sugestivo comentário sobre o art. 41 da Carta de Nice por Klara Klanska, "Towards administrative human rights in the EU impact of the Charter of Fundamental Rights", *European Law Journal* 10/296-326, 2004.

33. Para usar expressão, em contexto assemelhado, de Meinhard Hilf ("Die Charta der Grundrechte der Europäischen Union", "Sonderbeilage" zu *Neue Juristische Wochenschrift 2000*, Heft 49).

34. Sobre o tema do direito à boa administração, em termos europeus, v. também Beatriz Tomás Mallén, *El derecho fundamental a una buena administración*, pp. 68-92.

35. Engana-se quem supõe que a Constituição, ao consagrar o princípio da eficiência (art. 37, com o advento da Emenda 19/1998), excluiu o princípio da eficácia. Ao contrário. O aludido princípio consta expressamente no art. 74 da CF. Portanto – disputas semânticas à parte –, o direito subjetivo público à eficácia merece definitivo reconhecimento. Integra o direito fundamental à boa administração pública, já que consiste justamente em incrementar a gestão pública, de maneira que a administração escolha fazer o que constitucionalmente deve fazer (conceito de eficácia, sob inspiração de Peter Drucker), em lugar de apenas fazer bem ou eficientemente aquilo que, não raro, se encontra mal concebido ou contaminado. Motivo precípuo de se falar em eficácia: avolumam-se os casos de discricionariedade administrativa ineficaz. A eficiência, por sua vez, consiste em melhor emprego dos recursos disponíveis, para evocar a lição de Giuseppe de Vergottini (*Diritto Costituzionale*, 4ª ed., p. 544).

36. Ainda que o Poder Judiciário não aprecie diretamente o mérito, verifica se viola, ou não, princípios, tais como o da proporcionalidade, inclusive no tocante à compatibilidade entre cargos em comissão e cargos efetivos. V., para ilustrar, o julgamento do STF no AgR RE 365.368-SC, rel. Min. Ricardo Lewandowski.

37. V. Têmis Limberger, "Transparência e novas tecnologias", *IP* 39/56 e ss.

38. A respeito – esclarece Diana-Urania Galetta –, a jurisprudência da Comunidade Europeia "ha sottolineato come il presuppposto per una decisione imparziale, che sia espressione del principio di buona amministrazione, è che siano presi in considerazione '(...) tutti gli elementi di fatto e di diritto disponibili al momento dell'adozione dell'atto', poiché sussiste l'obbligo di predisporre la decisione '(...) con tutta la diligenza richiesta e di adottarla prendendo a fondamento tutti i dati idonei ad incidere sul risultato'" ("Il diritto ad una buona amministrazione europea come fonte di essenziali garanzie procedimentali nei confronti della pubblica amministrazione", *Rivista Italiana di Diritto Pubblico Comunitario* 3-4/825).

3. O conceito de discricionariedade administrativa

Pode-se conceituar *a discricionariedade administrativa como a competência administrativa (não mera faculdade) de avaliar e de escolher, no plano concreto, as melhores soluções, mediante justificativas válidas,*[39] *coerentes e consistentes de sustentabilidade, conveniência ou oportunidade (com razões juridicamente aceitáveis), respeitados os requisitos formais e substanciais da efetividade do direito fundamental à boa administração pública.*

Pois bem, a depender do acordo semântico, a discricionariedade administrativa pode ser cognitiva (situada no plano das condições de incidência – *Tatbestand*), isto é, na abertura à determinação das "noções jurídicas indeterminadas". Todavia, a par dessa possível acepção (sem identificar "interpretação" com "discrição" ou "integração"), a discricionariedade pode ocorrer, *em função da faculdade conferida pelo legislador e pelo sistema,*[40] *no plano propriamente da escolha de consequências ou resultados, entre várias opções lícitas.*[41]

Cá e lá, *a vontade do sistema constitucional (mais que da lei)*[42] *requer motivação desenviesada, consistente, coerente e proporcional, dado que a discrição conferida é uma competência, mais que faculdade.* Com efeito, o direito fundamental à boa administração vincula direta e imediatamente a discrição do gestor público. Uma vez *ausentes os bons motivos para exercitá-la ou deixar de exercitá-la, o agente público resta vinculado aos motivos opostos.*

De sorte que não se aceita a figura da decisão administrativa completamente insindicável, pois a motivação há de indicar, de modo

---

39. Relevante notar que, dentro de uma concepção sistemática do Direito, as *justificativas válidas* são aquelas que não se afastam de critérios defensáveis de justiça, tanto que apenas são constitucionais as leis que não são manifestamente iníquas. Sobre o tema, v. Juarez Freitas, in *A Substancial Inconstitucionalidade da Lei Injusta*, 1989.

40. V. José Eduardo Martins Cardoso: "A definição do universo de alternativas válidas (...) deve ser construída a partir da interpretação jurídica não só da norma legal que outorga a sua competência mas também de todo conjunto de princípios (...)" ("A discricionariedade e o Estado de Direito", in Emerson Garcia (org.), *Discricionariedade administrativa*, p. 50).

41. V. Hartmut Maurer, *Manuel de Droit Administratif Allemand*, p. 127, ao distinguir o poder discricionário de decisão e o de escolha.

42. Sobre a vinculação do administrador à Constituição, mais que a lei, v. Luís Roberto Barroso, "Neoconstitucionalismo e constitucionalização do Direito (o triunfo tardio do Direito Constitucional no Brasil)", *IP* 33/14 e ss.

suficiente,[43] os fundamentos de juridicidade[44] da escolha realizada. Nesse panorama, o controle do Estado Democrático e do bem-estar multidimensional, não esquecendo de ver "a trave no próprio olho", precisa fazer as vezes de "administrador negativo" e, ao mesmo tempo, de ativador dos direitos fundamentais de gerações presentes e futuras.

Sem exceção, o controle do vício ou do "demérito" pode-deve alcançar até a incoerência da conduta administrativa,[45] à luz dos princípios[46] e das prioridades constitucionais vinculantes. E ponto nodal: não se aceita motivação débil, pois se exige uma justificação congruente, salvo se se tratar de atos de mero expediente, autodecifráveis e naqueles excepcionais casos em que a Constituição admitir falta de motivação (exemplo: nomeação para cargos em comissão[47]). Todos, porém, devem ser, no mínimo, motiváveis, vale dizer, passíveis de aprovação no teste de racionalidade intersubjetiva, coibida toda e qualquer arbitrariedade, inclusive a do controle.[48]

43. No sistema europeu já está assentado, conforme Diana-Urania Galetta: a violação da obrigação de motivar existe não apenas quando falta motivação, "ma anche nell'ipotesi in cui questa appaia insufficiente sotto il profilo quantitativo o qualitativo" ("Il diritto ad una buona amministrazione europea come fonte di essenziali garanzie procedimentali nei confronti della pubblica amministrazione", *Rivista Italiana di Diritto Pubblico Comunitario* 3-4/838).

44. Sobre o tema da juridicidade, como verdadeira vinculação ao Direito, v. Paulo Otero, *Legalidade e Administração Pública*, 2003.

45. A propósito, no Código de Boa Conduta Administrativa (para o pessoal da Comissão Europeia nas suas relações com o público) constam princípios, tais como o da não-discriminação, de modo que quaisquer diferenças de tratamento em casos análogos devem ser expressamente justificadas. Expressamente também figura o princípio da proporcionalidade, no sentido de que as medidas adotadas pela Comissão devem ser proporcionais ao objetivo que se pretende alcançar. Em especial, a aplicação do Código nunca deve resultar na imposição de encargos desproporcionados em relação aos benefícios. E, ainda: exige-se coerência, de maneira que qualquer exceção precisa ser devidamente justificada.

46. V. Diogo de Figueiredo Moreira Neto: "o exercício regular da discricionariedade, dentro dos quais o mérito é insindicável. *A contrario sensu*, a extravasão dos limites é exercício irregular e, portanto, sindicável" (*Legitimidade e Discricionariedade*, 4ª ed., p. 49).

47. Mesmo aí cabe moderada sindicabilidade quanto a eventuais desvios. A propósito, v. Márcio Cammarosano, "Cargos em comissão – Breves considerações aos limites à sua criação", *IP* 38/26 e ss.

48. Embora não pretenda ampliar, no contexto espanhol, o controle dos atos administrativos (avesso à "política jurisprudencial"), converge Tomás-Ramón Fernández ("Viejas y nuevas ideas sobre el poder discrecional de la administración y el control jurisdiccional de su ejercicio", *IP* 37/178): discricionariedade é "facultad de adoptar una resolución con preferencia a otra u otras posibles que la ley otorga a

Há, de fato, enormes desvantagens na precariedade exacerbada e na onipresença da preferência pelo presente,[49] nas escolhas intertemporais do Estado-administração, ecos do paradigma tardio do Direito Administrativo "governativo"[50] voluntarista e livre de prestar contas sobre os custos sociais futuros.[51] Decerto, o máximo vinculativo pode até ser inimigo da boa administração (por exemplo, seria erro adotar orçamento rigidamente vinculado), porém se revela irremissível, no Estado contemporâneo,[52] deixar de cobrar a vinculação das escolhas administrativas ao primado objetivo dos direitos fundamentais, de modo a compatibilizar[53] o desenvolvimento econômico, o bem-estar social e o equilíbrio ecológico. Não se admite, sob nenhuma hipótese, uma discri-

una autoridad dentro de unos márgenes que la propia ley fija. Resulta, pues, de una norma, que, deliberadamente, bien porque no puede resolver por sí misma de una sola vez todos los conflictos a los que con carácter general se refiere o bien porque considera más conveniente no hacerlo, delega en las autoridades llamadas a aplicarla la búsqueda de la solución más adecuada a las circunstancias de cada caso. (...). El *quantum* de la discrecionalidad depende, ciertamente, de la estructura finalista de la norma (...). Verificar cuidadosamente el *quantum* de la discrecionalidad otorgada a partir de la estructura y de la densidad de regulación de la norma habilitante y del ulterior análisis de los condicionamientos que puedan derivar del contexto sistemático en que dicha norma se integra, así como de la reducción adicional que pueda resultar de las circunstancias concretas del caso concreto que se tenga entre manos, es, pues, la primera y esencial tarea a realizar por el juzgador" (p. 182). "La clave de la distinción entre la discrecionalidad legítima y la arbitrariedad prohibida está, pues, en la motivación, entendida no como puro requisito formal, sino como justificación, esto es, como razón o conjunto de razones susceptibles de dar soporte a la elección realizada en ausencia de las cuales dicha elección sería sólo la expresión del puro capricho, de la voluntad desnuda del órgano o autoridad que la realiza" (p. 183). "Comprobar la consistencia de esas razones es la única función del juez, el único control posible de ese núcleo último de libertad decisoria cuyos límites precisos ha verificado ya con anterioridad" (p. 184).

49. V. George Loewenstein e Richard Thaler in "Anomalies: Intertemporal choice", *Journal of Economic Perspectives* 3, 1989, pp. 181-193.

50. A propósito, v. Sabino Cassese, "As transformações do Direito Administrativo do Século XIX ao XXI", *IP* 24, ao tratar da superação do paradigma que denomina "governativo". V., do mesmo autor, *L'Ideale di una buona amministrazione*, pp. 17 e ss.

51. V., sobre custos sociais, Richard Titmuss, *Social Policy*, Nova York, Pantheon Books, 1974, Cap. 5.

52. V., sobre parcela dos desafios estatais no século em curso, Christopher Pierson, in *The Modern State*, 3ª ed, Nova York, Routledge, 2013

53. V., na defesa de interações favoráveis entre Estado do bem-estar e desenvolvimento econômico, contrariando Arthur Okun e outros, Celia L. Kerstenetzky, in *O Estado do bem-estar social na idade da razão*, Rio de Janeiro, Campus, 2012. V., sobre eficiência como um dos objetivos estatais, ao lado da equidade e da "admi-

cionariedade distraída do direito fundamental à boa administração e de seus fins entrelaçados: equidade inclusiva, combate às falhas de mercado e de governo, sustentabilidade eficaz do bem-estar social, ambiental e econômico das gerações presentes e futuras, bem como acentuada visibilidade das ações e motivações políticas.

4. Vícios da discricionariedade administrativa: arbitrariedade por excesso ou por omissão

Na ótica adotada, o Estado Constitucional prescreve uma *espécie de controle administrativo de constitucionalidade da implementação das políticas públicas*, tarefa a ser cumprida, de ofício, pela Administração Pública e pelos controles em geral, não apenas os jurisdicionais. Enfrenta-se, com esse redesenho do controle, a sofreguidão pantanosa da discricionariedade sem métrica, avessa à contínua avaliação de longo prazo.[54] Nessa ordem de considerações, útil fixar os dois principais vícios no exercício da discricionariedade administrativa. Ei-los, em grandes traços:

(a) *o vício da discricionariedade excessiva ou abusiva (arbitrariedade por ação)* – hipótese de ultrapassagem dos limites impostos à competência discricionária, isto é, quando o agente público opta por solução sem lastro ou amparo em regra válida. Ou quando a atuação administrativa se encontra, por algum motivo, enviesada e desdestinada (desvio abusivo das finalidades constitucionais e/ou legais);

(b) *o vício da discricionariedade insuficiente (arbitrariedade por omissão)* – hipótese em que o agente deixa de exercer a escolha administrativa ou a exerce com inoperância, notadamente ao faltar com os deveres de prevenção e de precaução, além das obrigações redistributivas. Nessa modalidade igualmente patológica, a omissão – verdadeiro dardo que atinge o coração das prioridades vinculantes – traduz-se como descumprimento de diligências impositivas. Para citar palpitante exemplo, tome-se o dever público de matricular crianças em idade pré-escolar na creche. Ora, não se pode deixar de fazê-lo, por mero juízo de conveniência ou oportunidade, sob pena de cometimento do mencionado vício da discricionariedade insuficiente.[55] Juridicamente, a ausência de

---

nistrative feasibility", Nicholas Barr, in *The economics of the Welfare State*, 5ª ed., Oxford, Oxford University Press, 2012, pp. 10-12.

54. A este respeito, V. Thomas Schelling, *Strategies of commitment*, 2006.

55. Outro exemplo: observadas as devidas cautelas, existe o dever prestacional de fornecer medicamento de uso contínuo, assim como o dever estatal de assegurar

escolas públicas pode "gerar a responsabilização do Poder Público, pois a educação é um dever do Estado e um direito do cidadão. Impende, apenas, que os interessados provem que a ausência de uma escola pública, naquele bairro específico, causou dano a uma criança ou a um grupo determinado de crianças".[56] E mais: cobra-se um controle de qualidade da educação oferecida.

Como se preconiza, todos os atos administrativos,[57] ao menos negativa ou mediatamente, são controláveis, e os vícios de omissão também precisam ser combatidos de modo vigoroso e fora de qualquer condescendência, a despeito da baixa tradição na matéria. Induvidoso que a conduta administrativa (vinculada ou discricionária) apenas se justifica, por definição, se imantada pelo primado do direito fundamental à boa administração, com tudo aquilo que representa.

Pode-se, à base do articulado, entender o *ato administrativo legítimo* como a declaração de vontade da administração pública *lato sensu*, ou de quem exerça atividade por ela delegada, de natureza infralegal (em regra[58]), com o fito de produzir efeitos no mundo jurídico, em sintonia com o direito fundamental à boa administração, direta e imediatamente eficaz.

5. Requisitos de juridicidade dos atos administrativos

Nessa linha, são requisitos de juridicidade dos atos administrativos (mais que de vigência e validade), sob pena de degradação dos princípios e direitos fundamentais:

(a) *a prática por sujeito capaz e investido de competência* (irrenunciável, exceto nas hipóteses legais de avocação e de delegação);

o direito à moradia, sob determinadas condições. Não é acaso que se reconhece o direito à concessão de uso de bem público, para fins de moradia, inclusive na esfera federal. V., a propósito, a Lei 11.481/2007. Vai daí a urgência de nova teoria da responsabilidade do Estado, segundo a qual a omissão passa a figurar como possível causa de dano juridicamente injusto (tema de Capítulo próprio).
56. Weida Zancaner, "Responsabilidade do Estado. Serviço público e os direitos dos usuários", in Juarez Freitas (Org.), *Responsabilidade civil do Estado*, p. 352.
57. Caracterizam-se os atos administrativos como atos jurídicos expedidos por agentes públicos (incluídos os que atuam por delegação), no exercício das atividades de administração pública (inconfundíveis com atos jurisdicionais ou legislativos), cuja regência, até quando envolvem atividade de exploração econômica, resulta matizada por normas publicistas.
58. O sistema constitucional, por exceção, passou a admitir atos administrativos "autônomos", com o advento das Emendas Constitucionais 32 e 45.

(b) *a consecução eficiente e eficaz dos melhores resultados contextuais, nos limites da Constituição* (isto é, a exteriorização de propósitos de acordo com as prioridades constitucionais vinculantes, de modo sustentável, com a necessária compatibilização prática entre equidade e eficiência);[59]

(c) *a observância da forma, sem sucumbir aos formalismos teratológicos*;

(d) *a devida e suficiente justificação das premissas do silogismo dialético decisório, com a indicação clara dos motivos (fatos e fundamentos jurídicos)*;

(e) *o objeto determinável, possível e lícito em sentido amplo.*[60]

À luz desses requisitos (mais substanciais do que de forma), inadiável recalibrar a amplitude de sindicabilidade dos atos administrativos. De fato, *o ato administrativo precisa estar em conexão explícita com o plexo de princípios constitucionais, não apenas com as regras,*[61] *o que engrandece a missão dos controles: a liberdade do administrador terá de ser constitucionalmente defensável, não bastando ser legal.* Importa, a partir daí, *reorientar o controle da discricionariedade,*[62-63] *presentes as premissas acima.*

59. V. Celia L. Kerstenetzky, in *O Estado do bem-estar social na idade da razão*, cit., p.137: "O *welfare state* apoia e promove a atividade econômica (ou: existe um anti *trade-off* entre equidade e eficiência). Sobre efeitos econômicos de políticas sociais, v. pp 150-152. Por exemplo, p. 152: a frequência à creche reduz o abandono prematuro da escola, aumenta a chance de cursar o ensino superior em até 3 vezes. Sobre a sustentabilidade como vetor transversal, em linha com o que aqui se defende, v. p. 260.

60. V. Hartmut Maurer, *Manuel de Droit Administratif Allemand*, pp. 245-250, que discorre sobre as exigências para (a) legalidade formal dos atos administrativos (competência, procedimento, forma e motivação, que, no enfoque aqui adotado, é requisito material) e (b) legalidade material (conformidade da lei com os princípios jurídicos, habilitação, ausência de vício no exercício do poder discricionário, proporcionalidade, precisão no seu conteúdo, possibilidade material e jurídica).

61. V. Oscar Vilhena Vieira: "O fato a ser destacado é que, se o Direito for entendido apenas como sistema de regras, os princípios e as *policies* serão desprezados (...)" (*Direitos Fundamentais* (colaboração de Flávia Scabin), pp. 56-57).

62. V. Celso Antônio Bandeira de Mello, *Discricionariedade e Controle Jurisdicional*, 2ª ed., 11ª tir., p. 10. Nessa obra já propugnava fossem revisitados aspectos da discricionariedade, assumindo novas premissas. Salienta que a discrição não estaria no ato em si (p. 18), e aponta as "causas" normativas geradoras da discricionariedade, as quais decorreriam da hipótese da norma (pela descrição imprecisa do motivo), do comando da norma (pelo oferecimento de alternativas ao agente). Sustenta, ademais, que pode resultar também da finalidade da norma (p. 19), expressando-se no conteúdo do ato.

Indispensável, então, sobrepassar a labiríntica e improdutiva tendência de controle unidimensional, legalista e despreocupado com o monitoramento de resultados e benefícios diretos e indiretos, a longo prazo. Milita, desde logo, a favor dessa mudança de modelo um conceito mais completo de políticas públicas.

6. Conceito de políticas públicas

As políticas públicas e a discricionariedade administrativa, imantadas pelo direito à boa administração, passam à condição de categorias entrelaçadas, no intuito de que as prioridades constitucionais vinculantes, graças ao controle (retrospectivo e prospectivo) de benefícios líquidos, alcancem empírica compatibilidade com os elevados padrões do desenvolvimento sustentável.

Força sublinhar que, sofismas à parte, o Estado Constitucional consagra, explícitas e implícitas, *prioridades vinculantes* a serem observadas, de modo criterioso, na enunciação e na implementação das políticas públicas. Nessa medida, crucial que o escrutínio das escolhas públicas esteja endereçado, racionalmente, ao adimplemento das prioridades encapsuladas no direito fundamental à boa administração pública.[64]

Com efeito, a margem de escolha das consequências (diretas e indiretas), conferida a sujeito competente (ao lado da discrição cognitiva para fixar o conteúdo de conceitos indeterminados), não se coaduna com falsas e indecentes liberdades, tais como aquelas que redundam em obras inúteis e superfaturadas, desregulações temerárias, ilusionismos contábeis, compras insustentáveis e empréstimos públicos distraídos de finalidades constitucionais.

Ao assinalar que a discricionariedade administrativa precisa estar, em alto grau, vinculada, de modo expresso, às *prioridades vinculantes* da Carta, quer-se deixar nítido que a escolha administrativa, com o selo da discricionariedade legítima, só pode ser aquela decorrente da justa apreciação intertemporal dos custos e benefícios diretos e indiretos, nas fronteiras da juridicidade em sentido lato, que inclui a tutela de valores não econômicos,[65] à diferença do cogitado pela análise utilitarista clássica de custo-benefício.

63. V. João Batista Gomes Moreira, "A nova concepção do princípio da legalidade no controle da administração pública", *IP* 21/82 e ss.
64. V. Juarez Freitas, *O controle dos atos administrativos e os princípios fundamentais*, 5ª ed., São Paulo, Malheiros Editores, 2013.
65. V. Stephen Breyer, Richard Stewart, Cass Sunstein, Adrian Vermeule e Michael Herz in *Administrative Law and regulatory policy*, 7ª ed. Nova York, Wolters Kluwer, 2011, p. 10.

Será, pois, legítima aquela decisão administrativa que resguardar as regras legais (atribuidoras da liberdade de escolha) e, simultaneamente, a conformidade com o sistema inteiro (nos limites dos poderes atribuídos aos atores públicos para que realizem as melhores opções).

Na agenda das políticas públicas, verifica-se uma restrita (não propriamente residual) liberdade conformadora, porque não pode ser considerado indiferente, por exemplo, decidir entre uma intervenção urbana voltada para o transporte individual ou para o transporte coletivo: brota da Constituição a prioridade inequívoca do transporte coletivo.

Também não se pode reputar indiferente contratar a obra pública pelo míope menor preço de construção ou, ao contrário, levar em conta os custos de sua manutenção: a própria economicidade (CF, art. 70) exige uma estimativa diferida. Muito menos se mostra indiferente regular com primazia para a saúde pública (CF, art. 196) ou ceder à volúpia e à ganância da "indústria da doença". Tampouco pode ser tido como indiferente conceber o mercado como se fosse, por si só, resiliente ou assumir o pleno reconhecimento de suas falhas, uma vez que não há como, sobremodo após a crise de 2008, ignorar as externalidades negativas, as informações privilegiadas e o poder dominante (CF, art. 170).

Nessas circunstâncias, *não se admitem as condutas administrativas candidamente indiferentes*, que se furtam de cumprir (ao agir ou ao se abster) os condicionantes modulados pelas prioridades constitucionais de florescimento da qualidade de vida, acima do crescimento pelo crescimento econômico, medido pelo precário PIB.[66] É que não faz sentido a tese mesmerizada pela insindicabilidade do cerne político dos programas administrativos, pois o juízo de conveniência requer invariavelmente uma motivação intertemporal, sujeita ao crivo das avaliações de impactos sistêmicos e de custos-benefícios (não apenas econômicos).[67]

Em suma, não se aceitam, em ordens realmente democráticas, os atos puramente discricionários, típicos do patrimonialismo de extração subjetivista, assim como se mostram implausíveis os atos completamente vinculados e autômatos (de mera obediência irreflexiva).

Com tais pressupostos, reequaciona-se, por inteiro, o escrutínio das escolhas públicas, com foco no crescente adimplemento dos deveres de enunciação e implementação, em tempo útil, das políticas prioritárias do

---

66. V., para uma crítica ao PIB e proposta de *counter-theory*, Martha Nussbaum, in *Creating capabilities*, Cambridge, Harvard University Press, 2013, pp. 46-50.

67. V., para ilustrar, Eric Posner in "Controlling agencies with cost-benefit analysis". *University of Chicago Law Review*, vol. 68, n. 4, 2001, pp 1.137-1.199,

Estado Constitucional, seja pela emissão expedita dos atos administrativos vinculados, seja pelo exercício comedido dos atos administrativos discricionários, expungindo, destes e daqueles, as arbitrariedades por ação e por omissão.

Urge, dessa maneira, empreender uma releitura imbricada das políticas públicas e da discricionariedade administrativa, de ordem a estimular que o Estado-Administração, em vez de fazer de conta que é inteiramente livre, *aplique as pautas constitucionais de ofício*. E instaure a *guarda ampliada de constitucionalidade*, a ser exercitada, de modo peculiar, *também* pela Administração Pública. Algo que, por certo, não exclui o controle formalista das regras legais, mas submete-o ao compromisso sobrepujante com a eficácia direta e imediata dos princípios e direitos fundamentais de todas as dimensões.

O ponto é que não se coaduna com a efetividade do direito fundamental à boa administração uma discricionariedade administrativa vulnerável aos cantos de sereia dos que depreciam a liberdade como poder de veto sobre os impulsos e pontos cegos de curto prazo.

Nesse enfoque, reconceituam-se, com vantagem científica, as políticas públicas como aqueles *programas que o Poder Público, nas relações administrativas, deve enunciar e implementar de acordo com prioridades constitucionais cogentes, sob pena de omissão específica lesiva*. Ou seja, as políticas públicas são assimiladas como *autênticos programas de Estado (mais do que de governo), que intentam, por meio de articulação eficiente e eficaz dos atores governamentais e sociais, cumprir as prioridades vinculantes da Carta, de ordem a assegurar, com hierarquizações fundamentadas, a efetividade do plexo de direitos fundamentais das gerações presentes e futuras.*

7. O controle das políticas públicas e da discricionariedade administrativa à luz do direito fundamental à boa administração pública

O controle das políticas públicas, imantado pelo direito fundamental à boa administração pública, requer o escrutínio em inovadores termos, que dê conta da inteireza do processo de tomada das decisões administrativas, desde a escolha do agir (em vez de se abster) até culminar na pós-avaliação dos efeitos primários e secundários, sempre no encalço (baseado em argumentos e, sobretudo, em evidências) do primado empírico, ao longo do tempo, dos benefícios no cotejo com os custos sociais, ambientais e econômicos.

Convém reiterar a imprescindível redefinição do exame de custo-benefício para que este se converta em *escrutínio que transcenda os ditames da eficiência econômica*, conferindo primazia ao bem-estar multidimensional.[68] Nesse aspecto, torna-se imperiosa a *inclusão do desenvolvimento sustentável*[69] entre as prioridades constitucionais[70] (CF, art. 225, combinado com art. 170, VI), com a capacitação dos agentes públicos para que se tornem exímios na *ciência retrospectiva e prospectiva de estimar os interdependentes ganhos sociais, ambientais e econômicos.*

Tal controle genuinamente qualitativo e de largo espectro é o que se revela hábil para, gradualmente, desconstruir as falácias subjacentes às decisões perpetuadoras das oligarquias plutocratas. Certamente, não se coaduna com o controle perfunctório, opaco, imediatista e satisfeito com informações incompletas, especialmente ao tratar de atos discricionários que envolvem, por definição, escolhas de meios e metas.

Nada colabora, nesse ponto, serem vistas as políticas públicas como meros programas governamentais, não de Estado. Trata-se de uma noção seriamente deficitária. Em primeiro lugar, peca ao tratar as políticas públicas como se não fossem também implementáveis pelo Estado-Legislador, pelo Estado-Juiz (no exercício da tutela específica), entre outros atores políticos. Em segundo lugar, equivoca-se ao tratar as políticas públicas como se tomassem parte do reino da discricionariedade imperial, no qual cada governante eleito poderia formular, *ad hoc*, o rol de suas prioridades personalistas. Nada mais incompatível com o planejamento e com o regime de responsabilidade centrado na proteção efetiva de direitos individuais e coletivos.[71]

Na realidade, *as políticas públicas*[72] *não são meros programas episódicos de governo*, motivo pelo qual o seu núcleo tem de ser revisto,

---

68. V., para uma redefinição da análise de custo-benefício em favor do bem-estar, v. Matthew Adler e Eric Posner in *New foundations of cost-benefits analysis*, Cambridge, Harvard University Press, 2006. V., ainda, Martha Nussbaum, ob. cit., p. 37.

69. V., sobre as funções ambientais, sociais e econômicas, éticas e jurídico-políticas do Estado contemporâneo, Juarez Freitas, *Sustentabilidade: direito ao futuro*, 2ª ed., Belo Horizonte, Fórum, 2012.

70. V., sobre o papel da Constituição como fonte, numa perspectiva comparada, Bertrand Seiller in *Droit Administratif. Les sources et le juge*, 5ª ed., Paris, Flammarion, 2013.

71. V., para comparar regimes de responsabilidade, Anne Jacquemet-Gauché in *La responsabilité de la puissance publique en France et en Allemagne*, Paris, LGDJ, 2013. O tema será retomado em Capítulo específico.

72. V., sobre políticas públicas, Michael Moran, Martin Rein e Robert Goodin (Eds.) *The Oxford Handbook of Public Policy*, Londres, Sage, 2006. V., ainda, Enri-

com a concomitante reconceituação da discricionariedade administrativa. Eis, nessa perspectiva, a tríade de elementos caracterizadores das políticas públicas, no acordo semântico proposto:

(a) são programas de Estado Constitucional (mais do que de governo);

(b) são enunciadas e implementadas por vários atores políticos, especialmente pela Administração Pública; e

(c) são prioridades constitucionais cogentes. Vale dizer, são programas que precisam ser enunciados e implementados a partir da vinculação obrigatória com as prioridades estatuídas pela Carta, cuja normatividade depende de positivação final (insubstituível) pelo administrador.

Do conceito sugerido e de seus elementos, emerge a premência do abandono de análises epidérmicas e meramente abstratas das políticas públicas, ingressando numa fase de avaliação marcadamente sistêmica e, mais do que formal, de aceitabilidade das motivações complexas (às vezes, perigosamente contraditórias[73]) do agir ou do deixar de agir administrativo.

Passa a figurar, entre os requisitos de juridicidade das políticas públicas, o cumprimento categórico *das prioridades constitucionais*, já para impedir a "tragédia dos comuns",[74] já para prestigiar indicadores fidedignos e confiáveis de desenvolvimento sustentável, que seguem mensurações de bem-estar (distribuição de renda e do consumo – inclusive para atividades fora do mercado) acima das métricas limitadas e limitantes de produção, com o atendimento simultâneo de itens multidimensionais de bem-estar como saúde, educação, atividades pessoais (inclusive o trabalho), voz política e governança, conexão social e relacionamentos, ambiente (condições presentes e futuras) e segurança, tanto de natureza econômica como física.[75]

Bem por isso,[76] impende recapitular que a discricionariedade administrativa tem de se adequar ao caráter cogente dos direitos fun-

que Saraiva e Elisabete Ferrarezi (orgs.), *Políticas públicas*, Brasília, ENAP, 2006, vol. 1.

73. V. Guy Peters e Jon Pierre (eds.), *Handbook of Public Policy*, Londres, Sage, 2006.

74. V., sobre o tema da "tragédia dos comuns" e por seus *design principles*, Elinor Ostrom in *Governing the commons*, Cambridge, Cambridge University Press, 1990.

75. V. tais indicadores extraídos do Relatório Stiglitz-Sen-Fitoussi ("Commission on the Measurement of Economic Performance and Social Progress", de 2009), disponível in < www.stiglitz-sen-fitoussi.fr >.

76. V. Juarez Freitas in *O Controle dos atos administrativos e os princípios fundamentais*, 5ª ed., cit., especialmente Caps. 6 e 11.

damentais, tarefa que demanda decifração, o mais possível, isenta de contraproducentes preconceitos extremistas.

Com pertinência, Hans Julius Wolff e Otto Bachof[77] perceberam que cada abstrata ou concreta criação de Direito se situa entre os polos da inteira liberdade e da rigorosa vinculação, sem que as extremas possibilidades jamais se realizem. Na vida real, não se tocam em nenhuma hipótese: *nem o sistema jurídico é auto-regulável por inteiro – ainda que completável –, nem a discrição é absolutamente franqueada ao agente público*.

Acresce que o controle dos atos discricionários (e dos atos vinculados, por suposto) *não pode aplicar uma lógica reducionista do "tudo-ou-nada"*, ao menos em atuação eminentemente *proporcional*. Laboram em erro, pois, os maximalistas, que pretendem tudo controlar, causando – às vezes, com a intenção funesta de vender facilidades – uma paralisia insana, com bilhões de horas destinadas ao trabalho improdutivo de saciar o burocratismo parasitário.[78] No polo oposto, erram os minimalistas, que preferem deixar tudo ao sabor de políticas conjunturais, ignorando as falhas estridentes de mercado.

Em semelhante quadro, seria insuficiente conceber a discricionariedade como liberdade para emitir juízos de conveniência ou oportunidade quanto à prática de atos administrativos. Como enfatizado, as opções válidas *prima facie* não são indiferentes. Por isso, a discricionariedade administrativa é vista, convém reiterar, como a *competência administrativa (não mera faculdade) de avaliar e escolher, no plano concreto, as melhores consequências diretas e indiretas (externalidades) dos programas públicos*.

Para ilustrar: a decisão de licitar é discricionária, todavia o edital será nulo se deixar de incorporar os critérios de sustentabilidade ambiental, social e econômica (CF, arts. 170, VI, e 225).[79] Mais: qualquer sucessão de atos administrativos terá de ser sopesada em seus custos e benefícios diretos e indiretos, medidos com parâmetros[80] qualitativa-

77. V. Hans Julius Wolff e Otto Bachof in *Verwaltungsrecht*, vol. I, Munique, Verlag C. H. Beck, 1974, p. 186.
78. V. Cass Sunstein, *Simpler*, Nova York, Simon & Shuster, 2013.
79. V. Lei 8.666/93, art. 3º.
80. V., nessa linha, art. 4º, III, da Lei de RDC (Lei 12.462/2011): "Nas licitações e contratos de que trata esta Lei serão observadas as seguintes diretrizes: (...) III – busca da maior vantagem para a administração pública, considerando custos e benefícios, diretos e indiretos, de natureza econômica, social ou ambiental, inclusive

mente estipulados (alheios à contraposição rígida entre as abordagens positivistas e pós-positivistas[81] ou entre as filosofias consequencialistas e deontologistas).[82]

Desses pressupostos, brota o completo redesenho do modelo de atuação pública (e do correspondente controle), de maneira a introduzir, vedados particularismos e sem invalidar o espaço proporcional e razoável[83] da deferência,[84] as métricas capazes de propiciar a ponderação acurada de custos e benefícios globais, com o sensato sopesamento.

Vale dizer, para retomar o exemplo, a decisão de licitar, em si, mostra-se passível de amplo escrutínio. Cumpre perquirir, de saída, se a decisão de realizar o certame, em tempo e lugar, encontra-se consistentemente motivada, ou se merece pronta rejeição, seja por reforçar falha de mercado, seja por acarretar prejuízo inaceitável ao erário ou a terceiros. Ato contínuo, impõe-se avaliar se o contrato em tela é a melhor opção, à vista do potencial de projetos alternativos.

Como se nota, ao longo do processo (desde a tomada da decisão até a execução do ajuste), o controle de prioridades vinculantes não é simples faculdade (exposta aos juízos transitórios de conveniência e oportunidade), como objeta o conservadorismo inercial, confinado ao viés do *status quo*. Sem dúvida, na decisão administrativa, impõe-se que o Estado-Administração incremente aquelas políticas constitucionalizadas, no intuito de exercer função indutora de práticas sociais salutares e redistributivas, ao lado da função inibitória de discriminações negativas ou "desvantagens corrosivas".[85]

Dessa maneira, as decisões administrativas haverão de ser controladas de jeito a aferir a qualidade intertemporal das escolhas públi-

os relativos à manutenção, ao desfazimento de bens e resíduos, ao índice de depreciação econômica e a outros fatores de igual relevância". Exemplo positivo, a propósito, surgiu com a Resolução 976, do TCE-RS, que fixa critérios de sustentabilidade para as suas próprias licitações.

81. V., na linha da conciliação entre tais abordagens, Michael Howlett, M. Ramesh, Anthony Perl in *Studying Public Policy*, 3ª ed., Oxford University Press, 2009, Cap. II.

82. V. Martha Nussbaum, ob. cit., pp. 93-96.

83. V. Paul Craig in "The nature of reasonableness review", *Current Legal Problems*, 66(1), 2013, pp 131-167.

84. V., sobre significados de deferência, noutro contexto, Paul Daly, *Theory of deference in Administrative Law*, Nova York, Cambridge University Press, 2012.

85. V. Jonatham Wolff e Avner De-Shalit, *Disadvantage*, Nova York, Oxford University Press, 2007.

cas,[86-87] com o advento de apropriada representação do futuro e de métricas objetivas e subjetivas.

Indesmentível que se revela viável, na maior parte dos casos, identificar o que é – e o que não é – prioritário. Para ilustrar, inequívoca a impropriedade de aquisição de bens sem considerar os impactos sobre a saúde pública e a eficiência energética. É incontroversa a irracionalidade de contratar usinas e impedir que funcionem, por carência de distribuição. É induvidosa a erronia de táticas anacrônicas de congelamento de tarifas, desequilibrando contratos, em vez de reduzir os gargalos estruturais e de ampliar a produtividade. É indefensável um prédio funcionar sem alvará ou sem vistoria periódica, capaz de detectar, em tempo útil, irregularidades que podem ser fatais.

Como se observa, mostra-se perfeitamente possível identificar o prioritário. Isto é, não se admite a liberdade para descumprir as obrigatórias funções ambientais, sociais e econômicas das decisões administrativas. Parafraseando o art. 421 do Código Civil,[88] a liberdade administrativa só pode ser exercida "em razão e nos limites" das prioridades constitucionais vinculantes, relacionadas ao desenvolvimento sustentável.

Note-se, sempre para ilustrar, que a Lei de Resíduos Sólidos[89] estabelece a *prioridade* (art. 7º, XI), nas aquisições e contratações administrativas, para produtos reciclados ou recicláveis e para bens, serviços e obras que correspondam a parâmetros de baixo carbono. Prioridade, no enunciado normativo, não se coaduna com a singela indicação de preferência. Realmente, a adoção de política voltada à ecoeficiência (no sentido de obter mais com menos recursos naturais) é cogente.

8. Implicações do controle das prioridades constitucionais vinculantes

Considerem-se adicionais implicações significativas desse novo modo de conceber o controle das prioridades constitucionais vinculantes:

86. V. Shane Frederick, George Loewenstein e Ted O´Donoghue in "Time discounting and time preference: A critical review", *Journal of Economic Literature*, vol. 40, n. 2, 2002, pp. 351-401.
87. V. "Relatório do Desenvolvimento Humano 2013, 'A Ascensão do Sul: Progresso humano num mundo diversificado'", PNUD, 2013, p. 68.
88. V. o art. 421, do Código Civil, segundo o qual a liberdade será exercida em razão e nos limites da função social do contrato.
89. Lei 12.305, de 2010.

(a) os edifícios públicos passarão a ser construídos com finalidade sustentável, não apenas com adoção de tecnologias "verdes". Impõe-se que tais edifícios operem, sempre que possível, como autênticas microusinas de energias renováveis, com distribuição da energia excedente;[90-91]

(b) as merendas escolares não deverão ser apenas oferecidas com a preferência de ingredientes ofertados pelos fornecedores locais, senão que precisarão ser compostas de alimentos isentos de venenos e cancerígenos;[92]

(c) a contratação para a construção em área contaminada simplesmente não será tolerada, a menos que se proceda completa descontaminação prévia;

(d) os projetos básicos e executivos, para a contratação de obras e serviços de engenharia, estarão, desde logo, obrigados a contemplar opções redutoras dos custos de manutenção e operacionalização, não apenas os de construção;

(e) os veículos adquiridos pelo Poder Público deverão figurar entre os menos poluentes, não mais admitida a emissão em níveis problemáticos de elementos tóxicos: a preferência recairá sobre veículos que adotem rigorosos padrões, no intuito de reduzir a poluição do ar que, nos grandes centros urbanos, assume proporções alarmantes;[93]

(f) aprofundar-se-á a sindicabilidade das políticas de mobilidade urbana, em face do aludido caráter mandatório da prioridade ao transporte público.[94-95] Como se afigura incontendível, o trânsito, sobremodo nas

---

90. V. Resolução Normativa 482, de 2012, da Aneel, sobre condições gerais para o acesso de microgeração e minigeração distribuída aos sistemas de distribuição de energia elétrica.
91. V., a propósito de energias renováveis na Alemanha, Jeremy Rifkin in *The third industrial revolution: How lateral power is transforming energy, the Economy, and the World*, Nova York, Palgrave Macmillan, 2011.
92. V. a experiência de Itaipu, no Programa "Cultivando água boa", em parceria com os Municípios lindeiros ao lago.
93. Comprovadamente, milhares de mortes acontecem, a cada ano, com o nexo causal diretamente formado pela contaminação do ar.
94. V. o Comunicado 113 do IPEA, "Poluição veicular atmosférica", setembro de 2011, p. 24, que aposta em alternativas tecnológicas limpas e, em lugar de políticas contraditórias que favoreçam o transporte individual, reconhece a prioridade do transporte coletivo. A partir do advento da Lei de Mobilidade Urbana, em 2012, o sistema infraconstitucional consagrou essa orientação.
95. V. Nicholas Stern, "The Global deal", *Public Affairs*, Nova York, 2009, p. 120: "Transport and urban design policies must change (...)". Insiste, com acerto, no reconhecimento de que a emissão de gases de efeito-estufa é uma falha de mercado (p. 11).

metrópoles,⁹⁶ é estressante testemunho da negligência crônica de planejamento sistêmico, segundo prioridades constitucionais;

(g) no atinente às compras sustentáveis, a Administração Pública fornecerá modelo inspirador de consumo,⁹⁷ passível de aferição em auditorias operacionais.⁹⁸ Ou seja, a partir do levantamento de opções sustentáveis, conferir-se-á atenção ao ciclo de vida dos bens e serviços, adquirindo-se somente o necessário e zelando pela qualidade de origem e destinação, em linha com métricas relevantes.⁹⁹

Em todas as aplicações mencionadas, a título ilustrativo, o sopesamento fundamentado de boa-fé dos custos diretos e indiretos converte-se em elemento-chave da perquirição sobre a juridicidade das decisões administrativas. Como resulta cristalino, refuta-se o decisionismo irracional (por ação ou por omissão), dado que o controle de prioridades incorpora, de modo enérgico, o escrutínio dos fundamentos de juridicidade sistemática,¹⁰⁰ ensejando, com isso, o salutar questionamento relativamente ao porquê e ao *timing* das escolhas efetuadas ou não efetuadas.¹⁰¹

Para retomar o exemplo, as intervenções urbanas que dão prioridade ao transporte individual em detrimento do transporte coletivo configuram manifesto vício, contrariando a Carta e a lei que a densifica.¹⁰² Por igual, ocorre arbitrariedade quando o agente público deixa de realizar uma escolha administrativa requerida pelas prioridades constitucionais ou o faz com procrastinação, faltando, por exemplo, com os deveres tempestivos de prevenção e precaução. Nessa modalidade, a omissão

---

96. Algumas cidades já fazem esforço meritório para vencer gargalos, como Copenhague e Oslo. Em toda parte, porém, requer-se acentuada mudança de concepção e planejamento dos centros urbanos, muitos dos quais verdadeiramente impróprios para a qualidade de vida.

97. V. Gerd Scholl, Frieder Rubik, Harri Kalimo, Katja Biedenkop e Ólöf Söebech in "Policies to promote sustainable consumption: innovative approaches in Europe", *Natural Resources Forum*, vol. 34, fevereiro de 2010, pp. 39-50.

98. V., por exemplo, o Acórdão 1.752/2011, do TCU.

99. V. Timothy Edincott in *Administrative Law*, 2ª ed., Oxford University Press, 2011, p. 7: "A decision is arbitrary (and therefore contrary to the rule of law), if it is one that other institutions can identify as not responding to the relevant considerations".

100. Sobre o tema da juridicidade como verdadeira vinculação ao Direito, v. Paulo Otero, *Legalidade e Administração Pública*, Coimbra, Livraria Almedina, 2003.

101. V. Luis Manuel Fonseca Pires, ao destacar que a competência, em si, é sempre vinculada (*Controle judicial da discricionariedade administrativa*, Rio de Janeiro, Elsevier, 2009, p. 190).

102. V. Lei de Mobilidade Urbana (Lei 12.587/2012), art. 6º, II.

traduz-se como descumprimento, doloso ou culposo, das diligências mandatórias, ligadas, por exemplo, aos deveres de matricular crianças em escola (de qualidade), de impedir tragédias evitáveis, de fornecer remédios à população desvalida ou, ainda, de cuidar da dignidade dos milhões de idosos, propiciando uma longevidade ativa. O atraso no cumprimento do plano nacional de saneamento básico é outro sintoma eloquente a evidenciar o quanto se precisa progredir, em termos de controle dos resultados a longo prazo e do combate às disfunções das escolhas públicas.

Para evitar os vícios mencionados (por excesso ou por inoperância), o agente do Estado-Administração não pode aderir ao mito da liberdade insindicável, embora sua atuação experimente, aqui e ali, menor subordinação à legalidade estrita. Retome-se a lição antiga: inexiste – no dizer de Georges Vedel[103] – a pura discricionariedade, tampouco a pura vinculação. Quer dizer, a escolha lícita somente ocorre no quadro de justificativas necessariamente universalizáveis e intertemporalmente consistentes.

Não se permite uma discricionariedade desatada, que funciona como biombo para a baixa política. Inegavelmente, os direitos fundamentais (como o direito à saúde – que transcende a esfera individual, nos termos do art. 196 da CF[104]) continuam sufocados ou precariamente atendidos, em nome da suposta discrição que inibe o consenso em torno das prioridades administrativas, em que pese o núcleo essencial do direito fundamental ser inegociável, por definição.

Com realismo, convém admitir que as políticas públicas, não raras vezes, perseguem propósitos francamente contrastantes com as prioridades da Carta (por mais que disputem as correntes sobre o método mais acertado de interpretação constitucional).[105] Inegável que persistem programas que miram na satisfação única das necessidades materiais, reduzindo o ser humano a muito menos do que ele é capaz de ser. A satisfação das necessidades básicas configura requisito importante, mas insuficiente. O enriquecimento material, por si só, não garante o incremento do bem-estar subjetivo.[106] Pior: assombra a tendência de avaliar o êxito das políticas em função do que contribuem para o PIB. Nada mais sim-

103. V. Georges Vedel, *Droit Administratif*, Paris, PUF, 1973, pp. 318-319.
104. V., no STF, julgamento do RE/AgR 271.286.
105. V., por exemplo, Michael Dorf e Trevor Morrison, in *Constitutional Law*, Nova York, Oxford University Press, 2010, pp. 50-68: (a) *judicial restraint*; (b) *moral reading*; (c) *process theory*; (d) *originalism*; e (e) *eclecticism*.
106. V. Ed Diener, John Helliwell, Daniel Kahneman (Eds.), *International differences in well-being*, Nova York, Oxford University Press, 2010. V., ainda, John

plista. Crescimentos econômicos setoriais podem produzir anomalias,[107] mal-estar sistêmico e subtração flagrante da qualidade de vida.

Nesse prisma, impõe-se corrigir dois fenômenos simétricos igualmente nocivos: de uma parte, a vinculação que cede aos automatismos políticos e culturais e, de outra, a concepção da discricionariedade propensa a dar as costas à vinculação constitucional (expressa ou implícita), minando, em ambos os casos, pela arbitrariedade interditada, os contrapoderes indispensáveis.

Afortunadamente, o quadro evolui. Já se acolhe, por exemplo, o direito à nomeação de aprovados em concurso,[108] dentro das vagas previstas no edital, numa exegese que seria impensável com a velha noção de discricionariedade. No entanto, forçoso avançar mais: exigir uma discricionariedade vinculada às prioridades constitucionais, na enunciação e na implementação de *todas* as políticas públicas, sem exceção.

Não significa dizer que inexista competência para escolher entre opções válidas *prima facie*, contudo é tempo de abolir a indiferença crônica perante as prioridades constitucionais. Novamente para exemplificar: subsiste relativa liberdade para realizar esta ou aquela compra pública, mas com a condição incontornável de que se revele necessária, adequada e compatível com a responsabilidade pelo ciclo de vida dos produtos.[109] Ou seja, a discrição afigura-se indescartável, todavia serve tão-só para "colorir" a performance administrativa com eficiência (CF, art. 37), eficácia (CF, art. 74) e sustentabilidade (CF, art. 225).

Decerto, a liberdade não se desfaz por essa carga de vinculação: legitima-se, ao deixar de fixar a residência no espaço fluido de vontades particularistas e pouco ou nada universalizáveis. Em outras palavras, imperativo que a liberdade seja conferida para que a autoridade administrativa responsavelmente (sem ardis manipulatórios) adimpla as suas obrigações e o faça em tempo útil.

A Administração Pública não apenas pode (a rigor, inexistem atos administrativos meramente facultativos),[110] mas está obrigada a realizar

---

Helliwel, Richard Layard e Jeffrey Sachs (Eds.), *World happiness report*, Nova York, Earth Institute, 2013.

107. V., sobre anomalias, Georg Loewenstein e Richard Thaler, in "Anomalies: intertemporal choice", *Journal of Economic Perspectives*, 3(4), 1989, pp. 181-193.

108. V., por exemplo, AgR no Ag em REsp 2013/0311496-8, Rel. Min. Humberto Martins.

109. V. Lei 12.305, de 2010, art. 3º, IV.

110. Ruy Cirne Lima, in *Princípios de Direito Administrativo brasileiro*, 7ª ed., São Paulo, Malheiros Editores, costumava classificar os atos administrativos em

avaliações de custos e benefícios abrangentes (econômicos e não econômicos), com a correspondente prestação de contas,[111] definitivamente exorcisada a recorrente crença em atos políticos sem controle, dado que todos os elementos da tomada de decisão (e respectivas execuções) precisam acatar (não apenas literariamente) as premissas da boa administração.

Nessa ordem de ideias – e é isso que convém não perder de vista –, os atos administrativos podem ser vinculados propriamente ditos, ou seja, aqueles que devem intenso (nunca total ou automático) respeito a requisitos formais, com escassa liberdade do agente (o que não exclui a cautela reflexiva). De outra parte, existem os atos administrativos de discricionariedade vinculada à integra das prioridades cogentes da Carta, a saber, aqueles que o agente público pratica mediante juízos de adequação, conveniência e oportunidade, tendo em vista encontrar a maior praticabilidade dos mandamentos constitucionais, sem que se mostre indiferente a escolha contextual de consequências diretas e indiretas.

Com nitidez, o administrador público, nos atos ditos discricionários, goza de liberdade para emitir juízos instrumentais de aperfeiçoamento do direito fundamental à boa administração. Não desfruta de discricionariedade ilimitada, nem padece da vinculação total: dois equívocos espelhados. Bem pensadas as coisas, a distinção entre atos vinculados e atos discricionários radica tão-só no atinente à intensidade do vínculo à lei como regra.

À vista do exposto, considera-se insuficiente a proposição clássica de Jenkis, que concebia a política pública como simples conjunto de

executivos, facultativos e discricionários. Em relação a estes últimos, já relativizava a liberdade: "Discricionários, finalmente, são aqueles atos respeito aos quais a autoridade administrativa, embora adscrita a prescrições não jurídicas, possui, face à regra jurídica, liberdade de determinação, quanto ao respectivo destinatário, objeto ou fim" (p. 241).

111. V. Miguel Seabra Fagundes, in *O Controle dos atos administrativos pelo Poder Judiciário*, Rio de Janeiro, Forense, 1967, que considerava vedado ao Poder Judiciário apreciar o mérito dos atos administrativos, cumprindo examiná-los sob a faceta da legalidade tão-somente, sendo este o limite do controle, quanto à extensão (p. 148). Contudo, dizia que o Judiciário é levado, embora indiretamente, ao exame do ato político (pp. 166-167). Asseverava, ademais, que, "ao examinar a motivação do ato, para dizer de sua validez, o juiz o aprecia sob o prisma da legalidade e não do merecimento" (p. 151), nisso diferindo de Víctor Nunes Leal (*RDA* 3/84). Bem de ver que tomava a legalidade em sentido amplo, isto é, no sentido de ordem jurídica, reputando finalidade como aspecto da legalidade, ainda que sejam vistos hoje como princípios distintos. Prefere, no entanto, evitar a indagação sobre se o "uso que fez do poder foi o melhor". Aqui, afirma-se que esta indagação é mandatória, no controle dos atos administrativos.

decisões tomadas por um ator político, ou vários, concernentes à seleção de objetivos e meios necessários para realizá-los.[112-113] Peca, ao não atinar para a *accountability* que se impõe[114] e por sua extrema imprecisão. De outro lado e a despeito de seus méritos, o ciclo de políticas públicas, segundo a descrição dos estágios de Harold Lasswell,[115] também fraqueja ao desconsiderar significativos fatores exógenos que influenciam, de variadas formas, a tomada da decisão administrativa.

Assim, o controle dos atos administrativos precisa operar com uma noção juridicamente refinada de políticas públicas, a saber: *são aquelas políticas constitucionais de Estado, que o governo precisa, em tempo hábil, agendar e implementar, mediante programas eficientes, eficazes e justificados intertemporalmente, em conjunto com outros atores políticos.*

Desse modo, o controle da discricionariedade administrativa insere-se como filtro das prioridades nas escolhas públicas.[116] Numa síntese: a ser levada a efeito a reforma[117] do controle das políticas públicas, as prioridades constitucionais e os seus melhores fundamentos[118] verão dissipadas *as nuvens espessas das promessas não cumpridas.*

Sem dúvida razoável, as visões antigas do controle de discricionariedade administrativa (e da governança pública)[119] não oferecem

112. V. William Jenkins, *Policy analysis*, Londres, Martin Robertson, 1978.

113. V., sobre essa definição de William Jenkis, Michael Howlet, M. Ramesh e Anthony Perl in *Política Pública*, 3ª ed., Rio de Janeiro, Campus, 2013, p. 8.

114. V. Guy Peters, *The politics of bureaucracy*, 5ª ed., Londres e Nova York, Routledge, 2001.

115. V. Harold Lasswell, *A pre-view of Policy Sciences*, Nova York, American Elsevier, 1971.

116. V. John Forester in *Planning in the face of power*, Berkeley, University of California Press, 1989. Sobre o controle jurisdicional, v. Fábio Konder Comparato in "Ensaio sobre o juízo de constitucionalidade de políticas públicas", *RT* 737/353. V., também, Luis Manuel Fonseca Pires, in ob. cit., p. 287; Maria Paula Dallari Bucci, in *Direito Administrativo e políticas públicas*, 2ª ed., São Paulo, Saraiva, 2006; Ada Pellegrini Grinover, in "O controle das políticas públicas pelo Poder Judiciário", *Revista Brasileira de Estudos Constitucionais*, Belo Horizonte, Fórum, n. 8, out--dez/2008, p. 172.

117. V., sobre reforma e suas trajetórias em Estados de tradição napoleônica, Edoardo Ongaro, in *Public Management Reform and Modernization*, Edward Elgar Publisching, 2009, pp. 201-246.

118. V., sobre fundamentos em termos comparados, Denis Galligan e Mila Versteeg (Eds.), *The social and political foundations of Constitutions*, Nova York, Cambridge University Press, 2013.

119. V. *New Public Governance?*, Stephen P. Osborne (ed.), Londres e Nova York, Routledge, 2010.

resposta satisfatória: deixam justamente de filtrar os enviesamentos que conduzem as decisões a fracassos. Logo, a crítica dos vieses precisa crescer no exame tópico-sistemático[120] das políticas públicas, numa afirmação da liberdade, entendida sobretudo como a capacidade de controle reflexivo sobre os impulsos e vieses cognitivos (*biases*).[121]

O exame dos vieses merece, pois, ser fomentado com investimentos precípuos na permanente formação cognitiva e em outras habilidades. Significa que a preparação para a tomada de decisão tem de levar em conta não apenas os aspectos cognitivos, ou relacionados ao conhecimento jurídico-formal, mas incluir o cuidado com a qualidade do acervo de valores, motivações e habilidades sociais do agente público.

Em última instância, a decisão administrativa, tomada com a consciência dos vieses, gera o serviço público reorientado pela reflexão imparcial, não movida por anseios de satisfação de interesses subalternos, tampouco por indiferenças arbitrárias.

9. Conclusões

Para fixar, eis as principais conclusões do presente Capítulo:

(a) A discricionariedade administrativa, no Estado Democrático, deve estar vinculada às prioridades constitucionais, sob pena de se converter em arbitrariedade por ação ou por omissão, solapando as bases racionais de conformação motivada das políticas públicas.

(b) O controle da discricionariedade administrativa e das políticas públicas, no modelo correto, precisa considerar as políticas como programas de Estado Constitucional (mais do que de governo), sem excluir a pluralidade de atores envolvidos em matéria de sindicabilidade.

(c) Nos atos administrativos discricionários, o agente público, queira ou não, emite juízos de valor (escolhas no plano das consequências diretas e indiretas), no intuito (*juris tantum*) de imprimir eficiente e eficaz incremento das prioridades da Lei Fundamental. Daí segue que o controle da discricionariedade administrativa deve ser efetuado, com ênfase, no tocante às motivações e aos resultados, porque a discrição existe somente para que se materializem, com presteza adaptativa, as vinculantes finalidades constitucionais.

120. V. Juarez Freitas, *A interpretação sistemática do Direito*, 5ª ed., São Paulo, Malheiros Editores, 2010.
121. V. Paul Litvak e Jennifer Lerner in "Cognitive bias", *The Oxford Companion to Emotion and the Affective Sciences*. Oxford, Oxford University Press, 2009, p. 90.

(d) No exame da discricionariedade administrativa legítima, constata-se que a autoridade jamais desfruta de liberdade pura para escolher (ou deixar de escolher) as consequências diretas e indiretas, embora a sua atuação guarde, aqui e ali, menor subordinação à legalidade estrita do que na consumação de atos vinculados. Nessa medida, alargam-se, sensivelmente, as possibilidades do controle de porquês e do *timing* das decisões administrativas.

(e) Quanto mais se aprofunda tal sindicabilidade, mais se desvela o controle como poder de veto em relação aos vieses e impulsivismos políticos não universalizáveis, jamais como instrumento de burocratismo paralisante e custoso.

(f) O administrador público, obrigado a declinar os fundamentos para a tomada da decisão (agir ou não agir), tem a sua conduta esquadrinhável em termos de qualidade intertemporal das opções feitas. Como sublinhado, a liberdade é conferida para que o bom administrador desempenhe a contento as suas atribuições, com criatividade, probidade e sustentabilidade. Nunca para o excesso, nem para a omissão procrastinatória.

(g) A agenda administrativa tem de ser reconstruída, com variações naturais, tendo em exata conta a realização primordial das prioridades vinculantes. Precisamente por isso, as políticas públicas foram aqui reconcebidas como autênticos programas de Estado Constitucional (mais do que de governo), que intentam, por meio de articulação eficiente e eficaz dos meios estatais e sociais, cumprir as prioridades vinculantes da Carta, em ordem a assegurar, com hierarquizações fundamentadas, a efetividade do complexo de direitos fundamentais das gerações presentes e futuras.

Nesses moldes, o direito fundamental à boa administração[122] precisa deitar raízes, entre nós, sem perpetuar o império do medo, que parece assaltar os bons administradores. Nas relações administrativas, doravante, o império necessário é o das prioridades constitucionais, algo que acarreta um aprofundamento sem precedentes (mais do que ampliação) da sindicabilidade das decisões administrativas – tema do Capítulo a seguir.

---

122. V., no sistema espanhol, Jaime Rodríguez-Arana, *El buen gobierno y la buena administración de Instituciones Públicas*, 2006, notadamente ao examinar a regulação dos conflitos de interesses.

Capítulo II
OS ATOS ADMINISTRATIVOS E O APROFUNDAMENTO DA SINDICABILIDADE

> *Eis por que, na incerteza e na perplexidade infundidas pela impossibilidade em que nos achamos de discernir e escolher o melhor, em virtude das dificuldades e acidentes inerentes a todas as coisas, o mais seguro, a meu ver, quando outras considerações a tanto não nos levam, é adotar o partido aparentemente mais honesto e justo; e se há dúvida acerca do caminho mais curto, seguir a linha reta.*
> (MICHEL DE MONTAIGNE, *Ensaios*, Livro I, Cap. XXIV)

1. Introdução. 2. Discricionariedade administrativa e a imparcialidade. 3. Conclusões.

1. Introdução

No geral das vezes, o poder-dever de escolha administrativa tem sido identificado com a liberdade para decidir, segundo juízos de conveniência ou oportunidade quanto ao conteúdo e consequências de determinados atos. Para ilustrar, Ernst Forsthoff descrevia o poder discricionário no sentido de que a ordem jurídica tem por conforme ao Direito tudo o que for julgado oportuno pela administração.[1] A despeito de suas posições políticas equivocadas, cuidou de ressalvar que tal poder deveria ser exercido de acordo com o interesse geral e que a administração não poderia agir segundo o seu bel-prazer, nem de modo arbitrário.[2]

---

1. V. Ernst Forsthoff, *Lehrbuch des Verwaltungsrechts*, p. 95: "Ermessen bedeutet also: die Rechtsordnung lässt jedes für sachdienlich erachtete Mittel als rechtmässig gelten".
2. Idem, p. 97: "Das Ermessen ist pflichtgebunden. (...) die Verwaltung weder nach Belieben noch nach Willkür verfahren dürfe". Saliente-se que Ernst Forsthoff

Mas não adiantou a ressalva. Nos dias que correm, com influência remota do decisionismo niilista,[3] muitos ainda aceitam a escolha mais ou menos livre, despida de produtividade em matéria de políticas públicas. Entretanto, felizmente,[4] a discrição[5] começa a ser assimilada como mera condição para implementar as providências administrativas com eficácia, eficiência[6] e sustentabilidade (CF, arts. 37, 74 e 225). Como acentuado no Capítulo anterior, postular que o ideal seria uma liberdade solta parece tão deletério como pretender uma servil e obtusa obediência a programas prévios. Seria infirmar o avanço em matéria de avaliação

(*Lehrbuch des Verwaltungsrechts*, pp. 158-176) abre sua exposição acerca dos "princípios de aplicação do Direito" (*Grundsätze der Rechtsanwendung*), na órbita da administração pública, pondo em realce, desde logo, que o direito administrativo é "dominado pela finalidade" (*zweckhaften*). Dessa maneira, o "aparato conceitual" (*Begriffsapparat*) do direito administrativo derivaria, em larga medida, de acordo com Forsthoff, das "criações de finalidades" (*Zweckschöpfung*), rendendo ensejo – sobretudo depois dos estudos de Ernst Hippels – à introdução do "método teleológico" (*teleologische Methode*) de interpretação, bem como ao natural e correlato abandono de certo tipo de positivismo jurídico. Forsthoff, contudo, sem levar até as últimas consequências a opção pelos fins, adverte, numa contraditória postura, que a interpretação teleológica não poderia ser empregada em todos os casos (*Das ist jedoch nicht allerwärts der Fall*). Parece não ter percebido que a busca da justiça, associada aos princípios jurídicos – entre os quais o da justiça social –, constitui, precisamente, a única garantia de racionalização dialógica e aberta do sistema. A propósito, v. o capítulo sobre o *princípio da hierarquização axiológica* na minha obra *A interpretação sistemática do Direito*, 5ª ed. Com efeito, somente uma exegese guiada por princípios permite que a ordem jurídica, a cada passo, seja modelada, finalisticamente, pelos valores prioritários agasalhados na Constituição – fonte maior de racionalização para todas as esferas do Direito.

3. O pensamento de Carl Schmitt, que ligava *soberania* a *exceção*, é exemplo do decisionismo inaceitável. V., para ilustrar, *O conceito do político*, 1992.

4. V. AgR no REsp 1107511-RS, rel. Min. Herrman Benjamin, em cuja ementa se lê: "Não podem os direitos sociais ficar condicionados à boa vontade do Administrador, sendo de suma importância que o Judiciário atue como órgão controlador da atividade administrativa. Seria uma distorção pensar que o princípio da separação dos poderes, originariamente concebido com o escopo de garantia dos direitos fundamentais, pudesse ser utilizado justamente como óbice à realização dos direitos sociais, igualmente importantes. (...) Tratando-se de direito essencial, incluso no conceito de mínimo existencial, inexistirá empecilho jurídico para que o Judiciário estabeleça a inclusão de determinada política pública nos planos orçamentários do ente político, mormente quando não houver comprovação objetiva da incapacidade econômico-financeira da pessoa estatal".

5. V. Sérgio Monte Alegre, "O princípio da liberdade no âmbito do direito administrativo", *IP* 36/144 e ss.

6. V. Emerson Gabardo, *Princípio constitucional da eficiência administrativa*, 2002.

dinâmica da gestão pública e dos seus impactos (econômicos e não econômicos).

Para ilustrar, na relação entre a discricionariedade e os princípios da eficiência (dever de fazer de modo certo e positivo), da eficácia (dever de fazer aquilo que deve ser feito, em termos de prioridades constitucionais) e da economicidade[7] (dever de otimizar a atuação estatal), o administrador público, no exercício das escolhas administrativas, resta vinculado ao primado dos direitos fundamentais.[8] Em outro dizer, tem o compromisso indeclinável de encontrar uma solução defensável quanto às consequências (diretas e indiretas), em consonância com a praticabilidade do direito-síntese à boa administração.

Quando a discricionariedade administrativa se deixa contaminar pelo patrimonialismo (na sua confusão entre o público e o privado[9]) e pelo personalismo,[10] falha rotundamente. Com efeito, o patrimonialismo personalista, no exercício do poder, é exatamente o maior inimigo do controle da qualidade de fundamentação das decisões administrativas.

Sublinhe-se: toda discricionariedade legítima somente o será se pautada por princípios (entre os quais o da imparcialidade), em vez de ceder aos grilhões dos enviesamentos do *status quo* e da preferência extremada pelo presente (descritos no presente Capítulo).

Não se está a pedir ao Poder Judiciário o controle dos juízos de conveniência propriamente,[11] mas o escrutínio da imparcialidade aber-

7. V. Norbert Achterberg (*Allgemeines Verwaltungsrecht*, 1982, pp. 279-289) avança no intuito de pôr realce os objetivos fundamentais do Estado; e, ao versar especificamente sobre o tema da ação administrativa, acrescenta como máxima a ser respeitada pela autoridade pública, entre outras, o *princípio da economicidade* (*Wirtschaftlichkeit*).

8. V., sobre a vinculação dos órgãos administrativos aos direitos fundamentais, Ingo Wolfgang Sarlet, *A eficácia dos direitos fundamentais*, 11ª ed., Porto Alegre, Livraria do Advogado, 2012.

9. V., sobre o patrimonialismo, Raymundo Faoro, *Os donos do poder*, Porto Alegre/São Paulo, Globo/Edusp, 1975.

10. V., sobre o déficit de impessoalidade, Sérgio Buarque de Hollanda, *Raízes do Brasil*, São Paulo, Cia. das Letras, 1995.

11. Sobre o *princípio da economicidade* ou da *eficiência*, vale mencionar, entre outros, os seguintes julgados: (a) "Cláusula que determina que conste nos comunicados oficiais o custo da publicidade veiculada – Exigência desproporcional e desarrazoada, tendo-se em vista o exagero dos objetivos visados – Ofensa ao princípio da economicidade" (STF, ADI 2.472-RS); (b) "Déficit na estrutura administrativa, com excessiva demora na apreciação dos pedidos de autorização, ensejando o excepcional consentimento judicial para o funcionamento" (STJ, REsp 549.253-RS); (c) "A revogação da licitação em exame fundamenta-se, também, na demonstração, após o

ta[12] e da solidez das motivações obrigatórias, é dizer, a vigilância quanto aos aspectos jurídicos que dizem respeito à compatibilidade do ato administrativo e de seus impactos com a impessoalidade, a eficiência,[13] a eficácia e a sustentabilidade.

Quer dizer, não se podem admitir, nessa altura, ações (ou omissões) exclusivamente políticas e imunes ao controle, seja porque se vincula o administrador aos motivos que ofertar e seja porque existem enviesamentos que costumam infirmar a impessoalidade de partida. Assim, não merece prosperar, em nome da reserva da administração ou da deferência, a intocabilidade dos vieses das decisões administrativas, sobretudo ao se constatarem, em quase todas as áreas, sinais de desvios inomináveis de escassos recursos públicos.

A origem desses males está na antiquada concepção de discricionariedade, superficialmente controlada e com suas predileções pelo imediato. Não por acidente, em função disso, prioridades constitucionais deixam de ser atendidas a contento: obras restam inconclusas, enquanto principiam outras altamente questionáveis. Traçados de estradas são feitos em desalinho com técnicas básicas de engenharia. Decisões de obras são tomadas em rompantes conducentes a erros amazônicos. Hospitais são sucateados, enquanto se iniciam outros. Materiais são desperdiçados acintosamente. Falta um sistema nacional de avaliação de custos, digno do nome. Confere-se prioridade aos contratos de curta duração, sem converter o contratado em parceiro de longo prazo. Realizam-se contratos com cláusulas que impedem a amortização de investimentos, acarretando dever indenizatório do Poder Público. Pratica-se desapropriação sem duração razoável, com altos custos para o erário. Descura-se do investi-

início do Programa Pantanal, de que a própria administração estava apta a realizar parte do projeto, possibilitando uma melhor gestão dos recursos, em atendimento aos princípios da eficiência e economicidade" (STJ, MS 8.844-DF); (d) "Configura-se ofensiva ao princípio da eficiência a conduta omissiva da autoridade competente, que deixa transcorrer longo lapso temporal sem processar pedido de autorização de funcionamento de rádio comunitária" (STJ, MS 7.765-DF); (e) "Não podemos mais utilizar os antigos conceitos e o paradigma burocrático para analisar questões de desempenho e alegações de desvio de função no serviço público. Devem ser observados os princípios da eficiência e da economicidade, que impõem a todo servidor público um comprometimento com o serviço público oferecido. Sob esses novos princípios é que a jurisprudência e o caso concreto devem ser examinados" (TRF-4ª Região, ACi 309.887/2001).

12. V., sobre *open impartiality*, Amartya Sen, *The idea of Justice*, cit., Cap.6.

13. Sobre o tema, v. Francisco Taveira Neto, "A evolução da Administração Pública e de seus mecanismos de controle na Constituição Federal", *Revista A & C* 23/142-143.

mento em áreas estratégicas vitais, como é caso do controle de tráfego aéreo ou da educação contínua de qualidade.

Portanto, sem endosso de qualquer usurpação ou invasão de poderes, vale ressaltar que o direito à boa administração, bem compreendido, não deixa dúvidas, por exemplo, sobre a obrigatoriedade da conclusão prioritária de obras inacabadas. Naturalmente, faz a cobrança de projetos básicos idôneos para a execução de obras e de serviços, com orçamentos detalhados e meticulosos. Exige motivações idôneas[14] e trata de acatar as prioridades constitucionais com imparcialidade, isto é, sem incorrer nos desvios cognitivos e não cognitivos.

2. Discricionariedade administrativa e a imparcialidade

2.1 Resulta cristalino que a liberdade administrativa carece do contrapeso da vigilância jurídica quanto aos enviesamentos do gestor público, se se pretender, na prática, a realização da impessoalidade (CF, art. 37), não como indiferença, nem como neutralidade impossível, mas como exercício não tendencioso de atribuições.

Tem razão os que defendem serem as Constituições a resposta ao poder que insiste em não se deixar obrigar juridicamente.[15] Impõe-se, contudo, algo mais: a robusta resistência "constitucionalista" contra os enviesamentos conducentes a omissões e irresponsabilidades do poder político, culpados por adiarem a compatibilização entre desenvolvimento e equidade.

Vai daí que, por vários ângulos, o "mérito" (referente ao campo dos juízos de conveniência ou de oportunidade) pode até não ser diretamente controlável (para a maioria[16]), mas o demérito e os enviesamentos são passíveis de escrutínio à risca.

14. V. AgR no REsp 1087443-SC, rel. Min. Marco Aurélio Bellizze, em cuja ementa se lê: "Embora, em regra, não seja cabível ao Poder Judiciário examinar o mérito do ato administrativo discricionário – classificação na qual se enquadra o ato que aprecia pedido de licença de servidor para tratar de interesse particular –, não se pode excluir do magistrado a faculdade de análise dos motivos e da finalidade do ato, sempre que verificado abuso por parte do administrador".
15. V. Dieter Grimm, *Constituição e Política*, p. 119.
16. V. AgR no MS 15417-DF, rel. Min. Herrman Benjamin, em cuja ementa se lê: "Ao Poder Judiciário não é vedado debater o mérito administrativo. Se a Administração deixar de se valer da regulação para promover políticas públicas, proteger hipossuficientes, garantir a otimização do funcionamento do serviço concedido ou mesmo assegurar o 'funcionamento em condições de excelência tanto para o forne-

Por exemplo, nas licitações há possibilidade discricionária de revogação; entretanto, o próprio legislador cuidou de mitigá-la, ao requerer motivação calcada em fatos supervenientes, devidamente comprovados (art. 49 da Lei de Licitações). Ao justificar a decisão, estarão dadas as condições para a pertinente sindicabilidade, quanto aos enviesamentos que possam ter viciado a decisão.

Mais: examinados de perto os casos de discricionariedade administrativa, verifica-se que, à diferença do que supõem os menos avisados, a autoridade jamais desfruta, legitimamente, de liberdade pura para escolher (ou deixar de escolher), ainda que sua atuação guarde, eventualmente, menor subordinação à legalidade estrita do que na consecução de atos vinculados: terá de escolher, em dado contexto, entre as prioridades, nunca contra as prioridades.

2.2 A primeira providência para não enveredar em desvios inconstitucionais reside em mapeá-los. Nessa linha, significativos achados[17] precisam ser incorporados pelo Direito Administrativo, de maneira a lucidamente criticar as predisposições conducentes a erros sistemáticos de julgamento e à quebra da impessoalidade, entre outros princípios.

Essencial ter em conta que o agente público, quando enviesado, mesmo de boa-fé, está propenso a decidir antes de ter plena consciência da decisão;[18] alguém que pode ser influenciado, ostensiva ou subliminarmente, pelo contágio social; alguém que, se não se acautelar, tende a ser obnubilado pela miopia temporal e a formar estereótipos de maneira incessante, com sacrifício da razoabilidade dos juízos.

Não há como desconsiderar, portanto, determinadas predisposições automáticas ou vieses (*biases*).[19] Todo administrador sofre desvios cognitivos que, não raro, afetam negativamente a qualidade da gestão. Tal

cedor/produtor como principalmente para o consumidor/usuário', haverá vício ou flagrante ilegalidade a justificar a intervenção judicial".

17. V., para ilustrar, Cass Sunstein, in "Empirically informed regulation", *The University of Chicago Law Review*, 78, 2011, pp. 1.349-1.429.

18. V. Benjamin Libet, "Do we have free will?", *Journal of Consciousness Studies*; 6, ns. 8-9, 1999, pp 47-57. O fato de o processo volitivo iniciar, com milésimos de segundo, antes da tomada de consciência, não exclui a liberdade como poder de veto. Esclarece: "The volitional process is therefore initiated unconsciously. But the conscious function could still control the outcome; it can veto the act. Free will is therefore not excluded".

19. V. Paul Litvak e Jennifer Lerner, in "Cognitive bias", *The Oxford Companion to Emotion and the Affective Sciences*, Oxford, Oxford University Press, 2009, p. 90.

contingência só causa estranheza àqueles que se fiam em suposições formalistas ou acreditam em mecânicas subsunções normativas. Ocorre que, no mundo da vida, não existe quem esteja inteiramente imune aos automatismos, cujo registro se revela de extrema utilidade.

2.3 O estudo da discricionariedade administrativa resulta, sem dúvida, enriquecido pela compreensão de predisposições comprometedoras da boa administração pública, que ocultam opções personalistas[20] e ilícitas.

O fato é que são precisamente os enviesamentos (*biases*) ou distorções cognitivas que tendem a levar o agente público a erros sistemáticos de avaliação, os quais impedem a eleição de políticas endereçadas ao bem-estar multidimensional,[21] nos termos do Capítulo anterior.

Nessa medida, sem subscrever a postura dos que negam qualquer racionalidade à decisão administrativa, faz-se indispensável que o agente público resista às deliberações forjadas por preconceitos explícitos e implícitos,[22-23] que inoculam os vícios de conteúdo à justificação[24] das decisões administrativas, às vezes de maneira irremediável.

2.4 Incontestavelmente, a gestão pública é movida também por automatismos. Ou seja, o agente que estabelece as escolhas administrativas encontra-se condicionado por vieses (*biases*) ou desvios cognitivos. Como advertem Keith Stanovich e Richard West, tais pontos cegos resistem até aos pensamentos mais sofisticados.[25]

20. V. Leonard Mlodinow, *Subliminar. Como o inconsciente influencia nossas vidas*, Rio de Janeiro, Zahar, 2013.

21. V., sobre bem-estar, Daniel Kahneman, Ed Diener e Norbert Schwartz, in *Well being*, Russel Sage Foundation, 1999. V., ainda, Ed Diener, Richard Lucas, Ulrich Schimmack e John Helliwel, *Well-being for Public Policy*, Nova York, Oxford University Press, 2009.

22. Sobre os preconceitos implícitos e o papel do endosso de outras pessoas, Janetta Lun, Stacey Sinclair, Erin R. Whitchurch e Catherine Glenn, in "(Why) do I think what you think? Epistemic social tuning and implicit prejudice", *Journal of Personality and Social Psychology*, 2007, vol. 93, n. 6, pp. 957-972.

23. V., sobre como lidar com vieses implícitos, Christine Jolls e Cass R. Sunstein, "The law of implicit bias", *California Law Review*, vol. 94, 2006, p. 969.

24. V., sobre a inevitabilidade de justificações externas, Cass Sunstein, in *The partial Constitution*, Cambridge, Harvard University Press, 1993.

25. V. Richard West, Russell Meserve e Keith Stanovitch, "Cognitive sophistication does not attenuate the bias blind spot", *Journal of Personality and Social Psychology*, vol. 103 (3), Sep/2012, pp. 506-519.

O que se tem de destacar é que, na decisão, os sopesamentos e as ponderações coexistem[26] com uma rede tendenciosa de impulsões, como demonstram os experimentos de John Bargh[27] sobre a força dos estereótipos. São tais tendenciosidades que solapam as modulações intertemporais. Ou seja, impedem a consistência intertemporal das decisões (conciliação entre benefícios futuros e presentes), a concatenação lógica das prioridades e a prestação de contas, com o emprego de indicadores confiáveis,

Nesse quadro, tomar ciência dos enviesamentos é requisito para o aprimoramento do controle da discricionariedade administrativa. Dito de outra maneira, se o administrador público não estiver prevenido, será manipulado por essas pré-compreensões sem freios, que o impelirão, como a verdadeiro títere, a tomar decisões sob influências (internas ou externas) que nada ostentam de fundo racional.

Mas é plenamente plausível filtrar as predisposições e cuidar de modificá-las. Com esse desiderato, a pedra de toque consiste em, antes de mais nada, não confiar cegamente no domínio simplificador das regras, uma vez que costuma ser fatal negligenciar que os enviesamentos estabelecem, na maior parte dos casos, as intensidades contrastantes, no manejo das regras jurídicas. Por alarmante que possa soar, os enviesamentos determinam, com frequência, as ponderações. Tudo se passa, em determinadas circunstâncias, como se conspirassem contra as premissas da boa administração.

De fato, o irracionalismo ilícito resulta do predomínio que os enviesamentos conferem às conclusões (falsas) que confirmam crenças espúrias subjacentes.[28] Nesse contexto, se o agente público, no exercício da discricionariedade administrativa, não se compenetrar da necessidade

---

26. V. André Palmini e Victor Geraldi Haase, "'To do or not to do'? The neurobiology of decision-making in daily life", *Dementia & Neuropsychologia* 2007, 1, pp.10-17. Observam (p. 15): "The crucial issue is that in practice, in real life, several stimuli – appealing differently to the subcortical reward and to the prefrontal systems – coexist in time. In other words, in practice, there are several stimuli with prospectively distinct levels of immediate *versus* delayed gratification demanding a behavioral response".

27. V. John Bargh, Mark Chen e Lara Burrows, "Automaticity of Social Behavior: Direct trait construct of stereotype activation on action", *Journal of Personality and Social Psychology* 71 (1996), pp. 230-244. Por exemplo, compor uma frase sobre idosos faz com que as pessoas, logo a seguir, inconscientemente, passem a andar mais devagar.

28. V. Daniel Gilbert, "How mental systems believe", *American Psychologist*, vol. 46, n. 2, fev./1991, pp. 107-118. Aí sugere, à p. 116, que a aceitação temporária de uma proposição é parte do processo não voluntário de sua compreensão.

de, com imparcialidade,[29] checar os dados em fontes de informações independentes, a coerência jurídica, tão valorizada (por relevantes considerações), não encontrará o menor respaldo.

2.5 Grife-se: os desvios cognitivos estão presentes em toda atividade humana, sem que a gestão pública represente exceção, por maior imperatividade que se queira outorgar a comandos externos que determinam a imparcialidade. Daí a relevância de detectar os principais vieses (*biases*) que comprometem a isenção e o balanceamento da decisão administrativa:

(a) o enviesamento de aversão à perda:[30] a predisposição de valorizar mais as perdas do que os ganhos, tendente a inviabilizar as transformações necessárias da gestão pública. Pode ocorrer, por exemplo, quando o agente político, com temor de perder a eleição, deixa de propor as reformas inadiáveis. Outro efeito adverso: a sobrevalorização desmesurada dos riscos, no cotejo com benefícios e vantagens de determinados empreendimentos. Manifesta-se, enfim, na inércia que deixa de tomar providências, na ânsia simplista de tudo preservar;

(b) o enviesamento do *status quo*:[31] a predisposição de manter as escolhas feitas, ainda que disfuncionais, contraproducentes e obsoletas. Ocorre, por exemplo, quando o gestor público, tendo adotado determinada linha de orientação, resigna-se a mantê-la, mesmo que o cenário não reencontre os pressupostos de sua consolidação. É típico daqueles que rejeitam o senso de adaptação perante mudanças imperiosas, como ilustra a dificuldade em aceitar o controle jurisdicional das políticas públicas. O viés do *status quo*[32] tende a introduzir atroz regressivismo

---

29. V., sobre imparcialidade, Bo Rothstein e Jan Teorell in "What is quality of government? A theory of impartial government institutions", *Governance: An International Journal of Policy, Administration and Institutions*, vol. 21, n. 2, April/2008, pp. 165-190.

30. V. Cass Sunstein e Richard Thaler, *Nudge*, Rio de Janeiro, Elsevier, 2009, pp. 36-37: "De maneira geral, a tristeza pela perda é algo duas vezes maior do que a alegria proporcionada pelo ganho dessa mesma coisa. (...) A aversão à perda ajuda a produzir inércia, ou seja, um forte desejo de não mexer no que você possui neste momento".

31. V. William Samuelson e Richard Zeckhauser, "*Status quo* bias in decision making", *Journal of Risk and Uncertainty*, 1988, 1, p. 8: "This article reports the results of a series of decision-making experiments designed to test for *status quo* effects. The main finding is that decision makers exhibit a significant *status quo* bias. Subjects in our experiments adhered to *status quo* choices more frequently than would be predicted by the canonical model".

32. V., por exemplo, Antoinette Nicolle, Stephen M. Fleming, Dominik R. Bach, Jon Driver e Raymond J. Dolan, "A regret-induced *status quo* bias", *The Journal of Neuroscience*, 2 March/2011, 31(9), pp. 3.320-3.327.

que zomba das prioridades constitucionais, como se vê na tardança em cumprir os imperativos do saneamento básico.[33] O antídoto, nesse ponto, consiste em perceber que o melhor modo de preservar é aguçar as competências inovadoras[34] e, ao mesmo tempo, ver que o novo é mais facilmente metabolizável quando vestido em trajes familiares;

(c) o enviesamento do enquadramento: a predisposição de gerir e realizar as escolhas públicas à dependência do modo pelo qual a questão é enquadrada.[35] Ocorre quando o gestor, leigo ou exímio especialista no assunto,[36] deixa de perquirir, por falta de tempo ou outro motivo, se um enquadramento diverso da questão conduziria à resposta mais pertinente. Os sofistas e demagogos de todos os tempos têm sido hábeis na técnica maliciosa do enquadramento, utilizada para ludibriar e distorcer. O melhor remédio, nesse passo, está em variar os enquadramentos, gerar alternativas, testá-las e desconfiar do modo pelo qual os problemas administrativos são formulados;

(d) o enviesamento do otimismo[37] excessivo: a predisposição de gerir com base em confiança exagerada (às vezes sugerida pelo marketing político), que apresenta conexão direta com previsões erradas dos administradores públicas, em erros nem sempre inocentes.[38] Por exemplo, bolhas econômicas, que escapam da regulação devida, nutrem-se desse enviesamento. A solução, aqui, é adotar apenas dose moderada de confiança, eis que o seu excesso distorce os julgamentos e afugenta os cuidados requeridos pelos princípios da prevenção e da precaução;[39]

33. V. AgR no AREsp 50.151-RJ, rel. Min. Benedito Gonçalves, em cuja ementa se lê: "O Ministério Público detém legitimidade ativa para o ajuizamento de ação civil pública que objetiva a implementação de políticas públicas ou de repercussão social, como o saneamento básico ou a prestação de serviços públicos".

34. V., sobre as competências inovadoras, Clayton Christensen, Hal Gregersen e Jeff Dyer, in *DNA do inovador*, São Paulo, HSM, 2012.

35. V. Cass Sunstein e Richard Thaler in *Nudge*, ob. cit., p. 39: "Até mesmo os especialistas estão sujeitos a efeitos do enquadramento. Ao ouvir que '90 em 100 estão vivos', os médicos têm mais probabilidade de recomendar a operação do que se ouvirem que '10 em 100 estão mortos'".

36. V., sobre a dificuldade de especialistas aceitarem o erro, Philip Tetlock, in *Expert Political Judgement*, Princeton, Princeton University Press, 2005.

37. V., sem deixar de reconhecer os benefícios do otimismo racional, Tali Sharot, in "The optimism bias", *Current Biology*, vol. 21, n. 23, December/2011, pp. 941-945. V., ainda, Taly Sharot, *The optimism bias*, New York, Pantheon, 2011.

38. V. John Keneth Galbraith, *A Economia das fraudes inocentes*, São Paulo, Cia. das Letras, 2004.

39. V., sobre otimismo excessivo, David Dejoy, in "Optimism bias and traffic safety", *Proceedings of the human factors and ergonomics society annual meeting*, September/1987, vol. 31, n. 7, pp. 756-759.

(e) o enviesamento da preferência pelo presente *(present-biased preferences)*:[40] a predisposição de o agente público, às vezes movido por pesquisas de opinião, buscar apenas recompensas imediatas, sem questionar os efeitos de longo prazo das medidas, causando prejuízos de toda ordem (inclusive à saúde pública), por inconsistências nas escolhas intertemporais.[41] O remédio, nesse ponto, consiste em proclamar, em sentido forte, as vantagens do desenvolvimento sustentável, aprendendo a, quando cabível, adiar gratificações, em nome de benefícios duradouros.

Como a descrição (não taxativa) dos enviesamentos põe às claras, é de todo injustificável permitir, sem veto, a influência negativa das predisposições na gestão pública. Merece reforço: a gestão imparcial e comprometida com o direito fundamental à boa administração tem de saber lidar com os enviesamentos, escudada em planejamento intertemporalmente responsável. Em outras palavras, nada resolve o mero apelo ao cumprimento passivo de regras formais, ignorando os erros do utilitarismo das regras.[42]

O ponto nodal, desconsiderado por abordagens reducionistas da discricionariedade administrativa, é o de que da decisão administrativa participam predisposições que tanto podem auxiliar como seriamente comprometer a qualidade das escolhas públicas, em face da tendenciosidade que coloca em cheque o julgamento racional.

Naturalmente, existe solução: se os enviesamentos são inevitáveis, não é menos certo que os hábitos administrativos, por força do livre-arbítrio,[43] são perfeitamente substituíveis. De sorte que importa fortalecer os controles que filtram as motivações administrativas. Nessa linha, o gestor público, no exercício legítimo de suas competências, precisa

40. V. Stephan Meier e Charles Sprenger, "Present-biased preferences and credit card borrowing", *American Economic Journal: Applied Economics*, vol. 2, n. 1, 2010, pp. 193-210. Observam: "The finding that directly measured present bias correlates with credit card borrowing gives critical support to behavioral economics models of present-biased preferences in consumer choice. This paper opens up a number of avenues for future research".

41. V. Shane Frederick, George Loewenstein e Ted O'Donoghue, "Time discounting and time preference: A critical review", *Journal of Economic Literature*, vol. 40, n. 2, 2002, pp. 351-401.

42. V. Bernard Williams, *Moral*, São Paulo, Martins Fontes, 2005, p. 159: "O utilitarismo das regras, enquanto tentativa de se agarrar a algo caracteristicamente utilitarista e ao mesmo tempo aparar as suas arestas mais toscas, a mim me parece um fracasso".

43. V., sobre o livre-arbítrio, Jaak Panksepp, *Affective Neuroscience*, Nova York, Oxford University Press, 1998, p. 329.

"desligar" o hábito de pensar somente o imediato, incorporando o foco no longo prazo. Para lidar com o viés do *status quo*, terá de contrapor a estratégia de tudo pensar como aperfeiçoável. Quer dizer, para cada enviesamento, imprescindível adotar uma rotina alternativa de gestão como antídoto à tirania de predisposições antijurídicas.

Não se afirma que toda predisposição seja sinônimo de vício. Longe disso. Ademais, o só esclarecimento dos vieses e de suas mazelas não representa, por si, garantia de boa administração, contudo auxilia poderosamente na formação de hábitos alternativos, que favoreçam condicionamentos capazes de conciliar o presente e o futuro, no intuito de substituir as predisposições que bloqueiam as escolhas compatíveis com as prioridades da Carta.

A modo de resumo, a discrição administrativa, exercida com a consciência dos vieses, demanda capacidade de reflexão sobre os automatismos da política. Não é tarefa fácil ou superficial. Supõe mudar a mentalidade antagônica aos princípios regentes das relações administrativas, sob pena de a discricionariedade administrativa, na formulação e na implementação das políticas públicas, degenerar em inconstitucional arbitrariedade por ação ou por omissão.

2.6 Nessa perspectiva, o administrador público, mesmo nos atos vinculados, ostenta discrição (e enviesamentos), porque não age apenas com base na observância estrita da regra legal.[44] Não há heresia alguma em afirmá-lo, nem se trata propriamente de novidade.

Estava certo Jean Rivero ao asseverar que mesmo os atos mais vinculados guardam um mínimo de discrição ("Même dans les actes les plus liés par la règle de Droit, l'administration conserve un *minimum* de pouvoir discrétionnaire (...)".[45] Exatamente por isso, justifica-se, em termos contemporâneos, que o ato vinculado também precise estar acompanhado de adequada motivação (tema do próximo Capítulo).

A distinção sutil entre os atos vinculados e discricionários cinge-se à intensidade da vinculação à determinação normativa prévia, não quanto às exigências de justificação dos pressupostos. Tratando-se de atos discricionários, o bom administrador emite juízos de valor na escolha de consequências e na determinação de conceitos normativos, presentes na hipótese de incidência, no encalço presumível de propiciar a coexistên-

---

44. V. Andreas Krell, in *Discricionariedade administrativa e proteção ambiental*, pp. 21-27.
45. V. Jean Rivero, *Droit Administratif*, p. 82.

cia exitosa dos valores projetados pelo sistema, coisa que só conseguirá se filtrar os seus vieses. Já na prática de atos vinculados (impossível a vinculação maciça) o bom administrador emite o mínimo de juízo necessário à determinação do conteúdo do comando legal e constitucional.[46] Ou seja, não foge, impunemente, para o mundo pseudo-seguro das regras, até por reconhecer a onipresença de vieses, mesmo na hipótese de vinculação.

Com acerto, observou Hartmut Maurer: "A administração dependente da lei será determinada e dirigida de acordo com regras jurídicas especiais. A vinculação à lei pode estar sujeita a diferentes intensidades. Ela pode ser estrita, com a consequência de que a administração deverá agir em relação estrita com os pressupostos fáticos colocados diante de si pela lei (administração vinculada ao Direito). Ela pode, contudo, estar desvinculada e, nesse caso, a administração, colocada diante dos pressupostos fáticos, permanece com uma determinada discrição (administração discricionária). (...) embora fique subentendido que haverão de ser respeitados os limites gerais do Direito e as vinculações da administração à lei em geral (competência, direitos fundamentais, princípios gerais do direito administrativo)".[47]

Não por acaso, Merkl,[48] em ótica filosófica diversa, percebeu que a distinção entre atos discricionários e condicionados não poderia ser

46. V., a propósito da relativização da separação entre ordem constitucional e ordem legal, em face da irradiação dos efeitos dos direitos fundamentais, o Min. Gilmar Ferreira Mendes, *Hermenêutica constitucional e direitos fundamentais*, p. 209. Sobre o papel sistematizador que ao Direito Constitucional incumbe na construção do Direito Administrativo, vide Eberhard Schmidt-Assmann in *Das Allgemeine Verwaltungsrecht als Ordnungsidee*, 1998.

47. V. Hartmut Maurer, *Allgemeines Verwaltungsrecht*, p. 10: "(a) Die Gesetze abhängige Verwaltung wird durch besondere gesetzliche Regelungen bestimmt und geleitet. Die Gesetzesbindung kann unterschiedliche Intensität aufweisen: Sie kann strikt sein mit der Folge, dass die Verwaltung bei Vorliegen der gesetzlichen Tatbestandsvoraussetzungen entsprechend tätig werden muss (sog. rechtlich gebundene Verwaltung). Sie kann aber auch gelockert sein, indem der Verwaltung bei Vorliegen der Tatbestandsvoraussetzungen ein bestimmtes Ermessen verbleibt (Ermessensverwaltung). (...), wobei sie selbstverständlich die allgemeinen rechtlichen Grenzen und Bindungen einhalten muss (Zuständigkeitsvorschriften, Grundrecht, allgemeine Grundsätze des Verwaltungsrechts)".

48. V. Adolf Merkl, *Teoría General del Derecho Administrativo*, pp. 188-189: "Si el derecho objetivo preexistente y preformado supuesto por el proceso de producción y de aplicación del Derecho representa la determinante heterónoma para el órgano productor o aplicador del Derecho, mientras que la libertad discrecional representa su complementaria determinante autónoma: actos que concretan el Derecho son, en virtud de su determinante objetivo heterónoma, actos de vinculación

absolutizada. Tal proposição resulta irretorquível, mormente ao se notar que, na prática de todo e qualquer ato administrativo, inaceitável a liberdade irrestrita ou absoluta, uma vez que o direito fundamental à boa administração exige o maior desenviesamento possível. A decisão arbitrária representa a negação desse direito ou o enviesamento total.

Ao se acolher, na vinculação, uma imanente discricionariedade (sem se confundirem as figuras da discricionariedade e da vinculação, como se fossem Jekyll e Hide[49]), alargam-se os horizontes de controle das motivações e dos vieses, em contraste[50] com o estilo antiquado de controle característico do "Estado Legislativo".

Eis que surge constatação promissora: quanto mais se aprofunda a sindicabilidade produtiva, mais se desnuda o enviesamento, que passa a ser localizado também nos atos vinculados.

Nessa linha, os atos administrativos, quanto à intensidade da subordinação à legalidade estrita, podem ser classificados, sem fixidez demasiada,[51] como:

(a) *atos administrativos vinculados* propriamente ditos, ou seja, aqueles de mais intensa observância dos requisitos previamente estabelecidos pelo ordenamento, com rarefeita liberdade de determinação do conteúdo de disposições normativas;

jurídica, y en virtud de su determinante subjetivo autónoma, actos de libertad discrecional, y, de este modo, se diferencian 'con respecto a la libertad discrecional, no en principio sino en grado, no cualitativa sino cuantitativamente' (Kelsen). Por lo tanto, la distinción de actos discrecionales y actos condicionados no es una distinción absoluta, sino que representa, en el fondo, por un lado, un grupo de actos en que la norma jurídica condicionante resalta de tal modo que parece desaparecer el elemento discrecional, y por otro, aquellos actos en que esta discreción sobresale visiblemente". "Existen infinitos grados de condicionamiento jurídico y de libertad discrecional (...)" (p. 189).

49. Não se trata de ver na vinculação "o médico", e na discricionariedade o "monstro" – para usar as imagens de Robert Louis Stevenson, in *The strange case of Dr. Jekyll and Mr. Hide*, 1990. Como sabido, aliás, ambos eram o mesmo.

50. V. Luciano Ferraz, in Fabrício Motta (coord.), *Concurso Público e Constituição*, p. 254: "o direito administrativo tem-se esforçado em superar noções ortodoxas, para se edificar sobre novos paradigmas teóricos: o Direito dos princípios, em substituição ao Direito por regras; o abandono da tese da vinculação positiva e estrita à lei diante da afirmação de uma vinculação da atividade administrativa ao Direito, notadamente no que tange ao exercício da atividade discricionária do Poder Público".

51. V.Gustavo Zagrebelski (*La Giustizia costituzionale*, p. 54). "È vietata la sistematizzazione rigida dei valori e de dei principi costituzionale". E mais: os valores e princípios não devem ser percebidos unilateralmente (p. 55).

(b) *atos administrativos discricionários*, a saber, aqueles que o agente público deve (não se trata de mera faculdade) praticar, mediante juízos desenviesados de conveniência ou oportunidade, na procura da melhor alternativa (não "a" única), sem que se revele indiferente a escolha das consequências, no plano concreto.

Mister, em relação a ambos os atos, reconhecer o rastro de pré-compreensão e de eventuais desvios cognitivos. De fato, o erro manifesto, a desproporcionalidade e a transgressão principiológica viciam mortalmente qualquer ato administrativo, ainda que válido *prima facie*.[52] Vale dizer, o automatismo errôneo, que escapa do controle baseado em evidências (entre outras, técnicas),[53] tende a não seguir as prioridades constitucionais e propende a voluntarismos que, no longo prazo, nunca funcionam.

Dito isso, as decisões, em maior ou menor escala, carecem de fundamentação no sistema, para evitar, de uma parte, a vinculatividade hiperbólica e, de outra, a discricionariedade propensa a menosprezar a vinculação sistemática.

Nesse prisma, no controle da discricionariedade, força curar graves patologias de gestão, pois se impõe:

(a) realizar o controle baseado no escrutínio das motivações, sem cair nos citados desvios cognitivos;

(b) intensificar o controle dos desvios de maior nocividade, associados ao viés da preferência exacerbada pelo presente em detrimento do futuro;

(c) evitar o erro de supor que motivações frequentes, reiteradas ou comuns, só por isso se tornem defensáveis, pois podem ocultar a influência do viés do *status quo*;

(d) respeitar as especificidades do caso, sem permitir que as inelimináveis pré-compreensões gerem avaliação despida do senso crítico, como sucede à conta do viés do otimismo excessivo, que se furta de cumprir os deveres de prevenção e de precaução.

Como Alexandre Pasqualini põe em realce, "liberdade e vinculatividade não se encontram, por isso, em situação de confronto, mas, como

---

52. V. Romeu Felipe Bacellar Filho, *Direito Administrativo*, 3ª ed., p. 61: "Incumbirá ao maquinista, administrador público, sem se afastar dos trilhos da lei, aferir a oportunidade e a conveniência da escolha do caminho ou da vertente apropriada. Incumbir-lhe-á, sempre, inclinar-se pela melhor opção".

53. V. Michael Woolcock, "Toward a plurality of methods in project evaluation", *Journal of Development Effectiveness*, vol. 1, n. 1, 2009, pp. 1-14.

saudável defesa contra predileções e subjetivismos irracionais, caminham juntas, em permanente sincretismo, (...). Tudo não passa, assim, de um problema de intensidade. Casos há em que o balizamento normativo parece quase-absoluto, outros que a franquia beira à pura liberdade. Mas o fato é que os limites extremos da plena adscrição e da inteira autonomia nunca têm lugar".[54]

Tome-se a figura da desistência expropriatória. Imagine-se que o administrador, com tal ato, pretendesse favorecer afetos. Nessa hipótese, ainda que supostamente perfeita em termos aparentes,[55] a quantos princípios constitucionais violaria tal desistência?

De sorte que o administrador está obrigado a declinar os motivos imparcialmente aceitáveis para a sua decisão, tendo a sua escolha sindicada em face dessas razões. À evidência, não se pode confundir o aprofundamento preconizado com o excesso de controle, pois não se trata de cobrar a escolha unívoca, sequer em comunidade ideal. O que se pede é uma escolha legítima[56] e sustentável entre as prioridades, não contra as prioridades.

Com efeito, existe somente a melhor escolha administrativa (não "a" única resposta correta), contextual e aberta a revisões, pelos seguintes principais argumentos:

(a) porque o sistema administrativo é aberto,[57] isto é, uma rede hierarquizada pelo intérprete, sem normas estruturadoras que prescindam dessa interpretação;

(b) porque não se aplica a lógica do "tudo-ou-nada" em nenhuma parcela do Direito, dado que a lógica dialética ocorre no plano dos princípios e das regras, sendo a diferença entre ambos de carga argumentativa e de função (por definição, as regras devem servir aos princípios constitucionais);

---

54. V. Alexandre Pasqualini, *Hermenêutica e sistema jurídico*, p. 149.

55. V. Maria Sylvia Zanella Di Pietro, *Discricionariedade administrativa na Constituição de 1988*, p. 171: "a discricionariedade não é mais a liberdade de atuação limitada pela lei, mas a liberdade de atuação limitada pelo Direito".

56. Tem razão, nesse passo, Luigi Pareyson: "O reino do interpretável se baseia sobre a impossibilidade de um conhecimento unívoco e direto, no qual todos ficariam de acordo sem contestação e sem diálogo" (*Verdade e interpretação*, p. 56).

57. V. Paulo Otero: "A legalidade administrativa, à semelhança do que sucede com o sistema constitucional, torna-se predominantemente principialista em certos setores de atividade" (*Legalidade e Administração Pública*, p. 167). Além disso, aponta a erosão da legalidade da atuação administrativa (p. 893) e mostra que a reserva vertical de lei foi substituída pela Constituição como norma direta e imediatamente habilitadora de competência administrativa (p. 735).

(c) porque até a "versão fraca" da tese da "única" resposta correta apresenta pontos de conexão com os equívocos da "versão forte" da jurisprudência dos conceitos, sendo o mais impressionante a busca de certezas supressoras da liberdade;

(d) porque, embora sem cair no ceticismo pirrônico, o reconhecimento da relativa "autonomia" do objeto normativo não pode acarretar a perda da intersubjetividade no processo de aplicação das disposições legislativas;

(e) porque o Direito Administrativo só se ordena de modo tópico--sistemático (= interação caso/sistema), não havendo campo do ordenamento onde ocorra subsunção automática, excludente dessa interação;

(f) porque a lógica jurídica, sendo dialética, implica adoção de hermenêutica de fundo inescapavelmente ontológico;[58]

(g) porque quem escolhe o faz nos limites do sistema indeterminado por definição, inclusive em face de ambiguidade semântica inafastável, donde segue a irracionalidade da "discrição pura", assim como da "vinculação pura" (afinal, toda discricionariedade legítima precisa estar, de algum modo, vinculada a fins e objetivos superiores do sistema, especialmente os encapsulados nos arts. 3º, 170 e 225 da Constituição);

(h) porque o exame de casos mostra a inafastabilidade de exceções para regras, fenômeno mais nítido nos chamados "hard cases", a forçar uma revisão das fontes autoritativas;

(i) porque o reconhecimento da pré-compreensão em toda aplicação jurídica requer, longe da apologia do tecnocratismo, aceitação rigorosa da democracia, postura incompatível com soluções que se queiram congelar atemporalmente;

(j) porque direitos e leis não se confundem, superadas as alucinações totalitárias e a tradição do "Estado de Direito legislativo", com as suas pretensões identificadoras;

(k) porque o sistema administrativo é complexo e desafiado por exigências contemporâneas de governança (especialmente de articular

---

58. V. Hans-Georg Gadamer: "Se não aprendermos a virtude da hermenêutica, isto é, se não reconhecermos que se trata, em primeiro lugar, de compreender o outro, a fim de ver se, quem sabe, não será possível, afinal, algo assim como solidariedade da Humanidade (...) então – se isso não acontecer –, não poderemos realizar as tarefas essenciais da Humanidade, nem no que tem de menor nem no que tem de maior" ("Da palavra ao conceito", in Custódio de Almeida, Hans-Georg Flichinger e Luiz Rhoden, *Hermenêutica filosófica*, p. 25).

um conjunto coerente de prioridades)[59] e, por mais que se reconheça a necessidade funcional de redução da complexidade, isso não pode suprimir a riqueza das funções do Estado;

(l) porque a crise de generalidade e de abstração das leis é também uma crise da (pouca ou má) vontade do legislador, donde segue o necessário reforço do "constitucionalismo" de caráter vinculante (direto e imediato), no âmbito das relações administrativas e das políticas públicas;

(m) porque a melhor hermenêutica supõe racionalidade dialógica, mediante fundamentação que não deve ser paralisadora de outras angulações, sob pena de supressão do próprio diálogo;

(n) porque na motivação dos atos administrativos (que se liga umbilicalmente à interpretação em perspectiva dialética), a hierarquização axiológica é decisiva;

(o) porque a contemporânea noção de "coerência" revela-se incompatível com a pretensão de apresentar verdades acabadas;

(p) porque o sistema administrativo tem finalidades e prioridades sobrepujantes que o integram;

59. V. Jon Pierre e Guy Peters, in *Governing complex Societies*, Nova York, Palgrave Macmillan, 2005, pp. 3-5: "we are using governance to represent the combined product of four classic activities that are components of governance. (...) The four activities in governance are: (1) *Articulating a common set of priorities for society* (...). (2) *Coherence*. As well as having goals clearly articulated, there is a need for those goals to be consistent and coordinated (...). (3) *Steering*. The third requirement for governance is a capacity for steering. Once a set of goals is established there is the need to find ways of achieving those goals and steering the society to attain those goals" (...). (4) *Accountability*. The final requirement for governance is some means of holding those actors delivering governance to the society to be accountable for their actions". Concluem (pp. 133-139): "Governance is, as we have been arguing throughout, the process of making and implementing collective decisions for a society (...) we are attempting to develop a nuanced understanding of governance and politics that involves both state and society, and their interaction, and which is also concerned with some fundamental political values such as democracy, conflict resolution, and accountability (...). The need to control governmental power is even more apparent as public policies are implemented. The old-fashioned concept of accountability remains a crucial question for governance, and accountability almost inherently involves the construction of institutions that can monitor what happens in the process of implementation and identify errors occurring in that process" (...). The other central form of interaction at a single level of governance is coordination among actors in the delivery of services. We have emphasized throughout the volume the importance of priority setting in government, but once the multiple priorities are set there must be some means of making programs that may have contradictory, or even complementary, goals that function smoothly together".

(q) porque não se admite jamais – salvo por ficção exacerbada – a supressão da mediação hermenêutica, inclusive nos atos plenamente vinculados. Além disso, os princípios e direitos fundamentais apenas experimentam sentido no entrelaçamento, isto é, na relativização mútua.

Por esses argumentos, os atos de competência discricionária são, sob certo aspecto, aqueles que mais densamente precisam ser sindicados, na procura da melhor avaliação contextual (retrospectiva e prospectiva). Não para espartilhar o bom agente público, nem para estabelecer o império do medo, menos ainda para exasperá-lo (como o personagem "K." do *Castelo*, de Kafka[60]).

Em outros termos, o desafio fecundo e rico consiste em tornar visível o efeito vinculante, não-determinista, do direito fundamental à boa administração pública e, simultaneamente, tratar a discricionariedade administrativa como não inteiramente descontínua e sem limites. O elo, portanto, entre ambos os aspectos dos atos administrativos (discricionariedade e vinculação) reside na obrigatória referência ao direito fundamental em apreço.[61]

Não se olvide que os fundamentos da decisão do administrador público são, em larga medida, probabilísticos, até na mais estrita e contundente vinculação, sendo este um dos lastros para o preconizado controle de benefícios (diretos e indiretos, econômicos e não econômicos), a longo termo. O controle ultrapassa, nesses moldes, as preocupações míopes ou baseadas apenas na forma, para tutelar, em distintos momentos, a encarnação dos princípios e direitos fundamentais.[62-63]

60. V. Franz Kafka, *O Castelo*, 2003. Este "K." não se confunde com o de *O Processo*. É vítima-símbolo do tirânico funcionalismo do castelo burocrático, em sentido nada weberiano.
61. V. Cármen Lúcia Antunes Rocha, *Princípios constitucionais da Administração Pública*, p. 117, ao fazer notar a superação do radicalismo entre *vinculação* e *discricionariedade*.
62. No exame de eventual vício no exercício da discricionariedade, não há lugar para eficácia apenas mediata de direito fundamental, no núcleo. A tutela dos direitos fundamentais, portanto, deve servir para, entre outros objetivos, coibir restrições ou omissões indevidas do Poder Público. A própria ideia de "ordem pública" deve ser entendida à luz do princípio da moralidade e das exigências do princípio da dignidade humana, entre outros.
63. Nesse contexto, tem inteira razão Fabrício Motta, ao asseverar que "o ato discricionário que afrontar ou mesmo desprestigiar princípios constitucionais aplicáveis à atividade administrativa estará em desacordo com o sistema jurídico e deverá dele ser expurgado. A necessária e cogente observação dos princípios constitucionais consagrados no ordenamento acarreta consideráveis mudanças na concepção tradi-

Assim, a sindicabilidade afirma o dever de a administração observar a cogência da totalidade dos princípios constitucionais que a regem.⁶⁴ Mas não basta enunciar tal dever, pois cumpre extrair os efeitos mais intensos da subordinação da liberdade ao sistema constitucional democrático, com suas prioridades vinculantes.

A discricionariedade administrativa passa a ser entendida como diretamente vinculada à Constituição e aos direitos fundamentais,⁶⁵ justo para que não se perpetuem transgressões (não raro, trágicas), seja por ação, seja por omissão.

Aperfeiçoa-se o exame da extrapolação e da insuficiência dos poderes da autoridade, independentemente da validade formal dos atos praticados. Sim, impõe-se examinar a forma e a competência do sujeito, contudo, ao lado disso – e evitada a tentação do juízo substitutivo pelo controle (salvo em caráter provisório) –, impõe-se escrutinar o erro desviante das prioridades, relacionados ao conteúdo, aos motivos e às finalidades.

Faz-se cogente, vez por todas, uma ampla sindicabilidade do "demérito" administrativo. Ou seja, o conteúdo do ato precisa ser revestido de real liceidade, verificada na obrigatória explicitação dos fundamentos de fato e de direito.⁶⁶

cional de discricionariedade" (v. Fabrício Motta, in Diógenes Gasparini (coord.), *Pregão Presencial Eletrônico*, pp. 137-170).

64. V. Rita Tourinho, "A principiologia jurídica e o controle jurisdicional da discricionariedade administrativa", in Emerson Garcia (org.), *Discricionariedade Administrativa*, pp. 112-144.

65. V. Hartmut Maurer (*Manuel de Droit Administratif Allemand*, pp. 124-155) reconhece que as "quatro fases" de aplicação do Direito pelas autoridades administrativas (pesquisa e determinação da situação de fato, interpretação e determinação do conteúdo das condições de fato postas pela lei para sua aplicação, a subsunção e a determinação da regra a aplicar) não estão separadas, mas ligadas entre si. De outra parte, entende que há poder discricionário da administração (*Ermessen*) se esta puder, reunidas as condições de aplicação da lei, escolher entre diferentes modos de comportamento (p. 127). Aponta os principais vícios no exercício do poder discricionário: (a) transgressão dos limites assinalados na disposição que conferiu o poder; (b) não utilização (ou subutilização) do poder discricionário (*Ermessensunterschreitung*); (c) exercício defeituoso (*Ermessensfehlgebrauch*) ou abuso; e (d) violação aos direitos fundamentais e aos princípio gerais de direito administrativo – aproximando--se, nesse ponto, da abordagem do presente estudo.

66. STJ, REsp 429.570-GO, rela. Min. Eliana Calmon, *RSTJ* 187/219: "O Poder Judiciário não mais se limita a examinar os aspectos extrínsecos da administração, pois pode analisar, ainda, as razões de conveniência e oportunidade, uma vez que essas razões devem observar critérios de moralidade e razoabilidade".

Acresce que, em situações-limite, os atos administrativos podem até ser enquadrados como de improbidade pela constatação de serem desonestamente atentatórios aos princípios,[67] ainda que sem enriquecimento ilícito ou dano material ao erário. Tudo a reforçar a ideia de que hão de ser controlados de maneira inovadora, tanto no âmbito interno de cada Poder (não convém subestimar a autotutela) como na esfera do Poder Legislativo,[68] do Tribunal de Contas e, por derradeiro, do Poder Judiciário.

Mutatis mutandis, o controle, em sentido lato, assume o autêntico papel de "administrador negativo", em analogia com a figura do "legislador negativo". Desse modo, se é verdade que o controle, salvo em situações excepcionalíssimas, não pode adentrar o cerne de atribuições do administrador, tem o poder-dever de sinalizar, em tempo útil, como não podem ser utilizadas as competências administrativas.[69]

E, nesses moldes, deve ocorrer a nova sindicância, à luz do direito fundamental à boa administração. Significa, sem pedir demais,[70] que o controle se mantenha finalisticamente orientado pelas prioridades constitucionais, não se curvando perante simples alegações de conveniência ou oportunidade.[71]

Ademais, a subordinação da liberdade ao sistema acarreta uma discricionariedade administrativa contida nos limites democráticos. Não sem motivo, o princípio da participação[72] integra o conceito do direito à boa administração, cuja densificação representa valioso estratagema para fazer a liberdade legítima.[73]

---

67. Lei 8.429/1992, art. 11.
68. CF, art. 49.
69. V. Clóvis Beznos, "Transportes coletivos", *IP* 15/106: "o exercício da função administrativa traduz-se no dever de o administrador público exercer suas competências, para, dando cumprimento às leis, realizar o interesse público".
70. Não se pode pedir em demasia aos controladores, como pondera Dinorá Grotti ("Redefinição do papel do Estado na prestação de serviços públicos", *IP* 40/37 e ss.).
71. V. Márcio Cammarosano: "Onde for detectado ofensa a normas e princípios jurídicos, haverá vício (...), não aproveitando à administração pública e seus agentes mera invocação de exercício de competência discricionária (...)" (in Fabrício Motta (org.), *Concurso público e Constituição*, p. 181).
72. V. Regina Ruaro, "Reforma administrativa e consolidação da esfera pública brasileira: o caso do orçamento participativo no Rio Grande do Sul", *IP* 19/82 e ss.
73. No ponto específico, certo Jürgen Habermas (*Faktizität und Geltung*, 1993) ao salientar que o projeto de realização do Direito não pode ser meramente formal.

Tome-se o orçamento público: o controle direto da sociedade,[74] quanto à observância dos fins estabelecidos pela Constituição, sem prejuízo de outras modalidades de controle, mostra-se potencialmente valioso para a sindicabilidade destinada à depuração, no nascedouro, das falhas de escolhas públicas.

Deve-se realçar, de passagem, que o controle social e em rede da discricionariedade administrativa não se identifica com atuação fiscalizadora de facções, nem com a vontade de "multidão de pequenos tiranos".[75] Ao revés, há de ser desenvolvido pela maioridade que se afirma, sem exaltação romântica, no compromisso acima das vontades atomizadas e defende o interesse de todos contra os seus contumazes adversários, individuais ou grupusculares, capturados por interesses autocentrados.

Nessa linha, o controle (social, interno, externo e jurisdicional) opera inclusivamente,[76] de modo a alcançar a irrenunciável meta de universalização dos serviços essenciais e da regulação dos mercados na medida certa. Em realidade, sem o crescimento da participação,[77] vários dispositivos (que cobram economicidade, por exemplo) convertem-se em letra falida, comprometendo os rumos do equilíbrio fiscal e da equidade. Dito de outra maneira: ao se preconizar o exercício complementar da sindicabilidade social da legitimidade das escolhas administrativas, propugna-se um aprofundamento democratizante da sindicabilidade.

Em função disso, imprescindível fortalecer a fiscalização participativa da gestão pública para operar a ultrapassagem da democracia apenas formal, sem hipertrofia de nenhum dos controles.[78]

3. Conclusões

A escolha das prioridades públicas deve ser, o mais possível, desenviesada e voltada ao cumprimento das promessas democráticas.[79] Com o

74. V., a propósito de democracia direta, Tarso Genro, *Crise da Democracia*, 2002.
75. Trata-se de preocupação de Auguste de Saint-Hilaire (*Viagens pelo Distrito dos Diamantes e litoral do Brasil*, p. 445).
76. V. Hélio Saul Mileski, *O controle da gestão pública*, 2003.
77. V. Adriana Schier, "Apontamentos sobre os modelos de gestão e tendências atuais", in Edgar Guimarães (org.), *Cenários do Direito Administrativo*, p. 53, sobre Democracia participativa.
78. V. Rogério Gesta Leal, *O Estado-Juiz na Democracia contemporânea*, p. 97.
79. A calhar: Norberto Bobbio (*O futuro da Democracia. Uma defesa das regras do jogo*, 1986), embora adote limitada definição de *Democracia* como conjunto

sugerido aprofundamento da sindicabilidade, a autoridade administrativa será induzida a reconhecer que jamais desfruta de liberdade pura para escolher (ou deixar de escolher). Como enfatizado, não merece prosperar o arbitrarismo comum das opções administrativas não fundamentáveis, parciais e inconsequentes.

O "mérito" (atinente ao campo dos juízos de conveniência ou de oportunidade) pode até não ser diretamente controlável, mas o demérito o será inescapavelmente. Mais que nunca, a discricionariedade legítima supõe a sindicabilidade destinada à ativação do direito fundamental à boa administração pública, em todas as suas dimensões. No rumo desse avanço urgente, força consolidar uma nova era dos atos administrativos, sob o signo da motivação – justamente o tema do próximo Capítulo.

de regras que estabelecem quem está autorizado a tomar as decisões coletivas e com quais procedimentos, destaca que, entre as promessas não cumpridas, a democracia não conseguiu a ocupação de todos os espaços nos quais se exerce a tomada de decisões vinculativas. Apesar disso, reconhece que não há motivos para uma visão catastrófica, pois o conteúdo mínimo do Estado Democrático não encolheu.

Capítulo III
O DEVER DE MOTIVAÇÃO DOS ATOS ADMINISTRATIVOS

Detesto toda espécie de tirania, tanto de palavras como de fatos.
(MICHEL DE MONTAIGNE, *Ensaios*, Livro III, Cap. VIII)

1. Introdução. 2. Discricionariedade, vinculação e motivação suficiente. 3. Conclusões.

1. Introdução

Na era do Direito Administrativo da racionalidade aberta, o bom administrador público cumpre o dever de indicar, ao exercitar os atos vinculados e discricionários que afetam direitos, os fundamentos de fato e de direito, em face da inafastável margem de apreciação (de requisitos e de fundo), presente no mais vinculado dos atos.

Imperativo, pois, que os atos administrativos ostentem explícita justificação, em analogia com o que sucede com os atos jurisdicionais,[1] excetuados os de mero expediente, os ordinatórios de feição interna e, ainda, aqueles que a Carta Constitucional admitir como de motivação dispensável.[2]

É bem de acentuar que os atos administrativos destituídos de motivação afiguram-se anuláveis,[3] e o agente se vincula aos fundamentos

1. Para cotejo, v. Roberto Marengo, *La discrezionalità del Giudice civile*, 1996.
2. Claro que pode haver – à semelhança do que admite o Código de Boa Conduta Administrativa para o pessoal da Comissão Europeia nas suas relações com o público – a resposta-tipo, mas apenas naqueles casos de "número elevado de pessoas abrangidas por decisões idênticas".
3. V. Florivaldo Dutra de Araújo: "A ausência da motivação ou sua deficiência substancial torna anulável o ato administrativo" (*Motivação e controle do ato admi-*

externados.⁴ Nas hipóteses de discricionariedade, em sintonia com essa orientação, o bom administrador público expõe as razões de conveniência ou de oportunidade, numa fundamentação suficiente e expressa,⁵ que trate de apresentar:

(a) os fundamentos de fato e de direito;⁶

(b) a estimativa de impactos e argumentos a favor da superioridade dos benefícios (econômicos e não econômicos), no cotejo com os custos sociais, econômicos e ambientais;

(c) a comprovação de sincronia e congruência com as prioridades constitucionais, em dado contexto;

(d) as cautelas necessárias de responsabilidade fiscal, no tocante à ordenação da despesa.⁷

Ora, força reconhecer que a era da motivação, no mundo real, longe está de assegurada. Faz-se inadiável, vez por todas, consolidá-la. A motivação⁸ é um escudo da cidadania ativa contra as arbitrariedades e os desvios invertebrados e absurdos. Habitualmente, os vícios acontecem quando a justificação se debilita ou desaparece. Por isso, esquadrinhar a suficiência da motivação é elemento essencial para o controle.⁹

Ponto-chave para a boa motivação: numa visão dialeticamente adequada,¹⁰ o sistema administrativo é mais que a soma de suas normas, dado que estas possuem ilimitadas correlações. Nessa mirada, o fundamento deve expressar, antes de tudo, o propósito do sistema administrativo como rede de princípios, de regras e de valores jurídicos, cuja função é a de dar, em tempo útil, cumprimento às prioridades do Estado Democrático, assim como se encontram consubstanciadas, expressa ou

---

nistrativo, 2ª ed., p. 197). V., sobre motivação excepcionalmente posterior, AgR no RMS 40.427-DF, rel. Min. Arnaldo Esteves Lima.

4. Por certo, isso implica profunda releitura da teoria dos motivos determinantes.

5. V. José Carlos Vieira de Andrade, *O dever da fundamentação expressa de actos administrativos*, 1992. Cf. especialmente o Capítulo VI, ao versar sobre as implicações da obrigatoriedade.

6. V. Lei 8.784/1999, art. 50.

7. V. Lei Complementar 101/2000, arts. 15 a 17.

8. V. Hugo de Brito Machado, "Motivação dos atos administrativos e o interesse público", *IP* 3/9 e ss.

9. V. Lúcia Valle Figueiredo, *Curso de Direito Administrativo*, 8ª ed., p. 231.

10. V. Hans-Georg Gadamer (*Gesammelte Werke*, vol. I, "Wahrheit und Methode", p. 371): "O saber, fundamentalmente, é dialético".

implicitamente, na Constituição, tendo como meta tutelar o direito fundamental à boa administração pública.[11-12]

Esposada tal compreensão, assimila-se, com naturalidade, que apenas se configura a discricionariedade legítima se estiver motivadamente vinculada a prioridades constitucionais, na enunciação e na implementação de políticas públicas,[13] sem caber, em sentido contrário, a invocação genérica e sem prova da reserva do possível. É preciso manter reservas à reserva do possível.

A vinculação será mais intensa se a vetusta distinção entre atos discricionários e vinculados resultar abrandada, embora não extinta. A diferença explica-se, como salientado nos Capítulos anteriores, pela maior ou menor vinculação ao princípio da legalidade estrita (plano das regras), tendo presente que certa margem de discrição, consciente ou inconscientemente pretendida pelo legislador, apresenta-se inevitável. É que o princípio da legalidade reclama mútua relativização dos demais. Justamente em função disso, não é recomendável separar, com muros altos, a discricionariedade volitiva da cognitiva ou distinguir, com rigidez, a discricionariedade de decisão (*Entschliessungsermessen*) e a discricionariedade de execução (*Auswahlermessen*).[14]

2. Discricionariedade, vinculação e motivação suficiente

Para além dessa distinção, importa afirmar que a discricionariedade vinculada aos princípios[15] constitucionais não extingue o juízo de "me-

11. V., para aprofundar a noção de sistema, Juarez Freitas, *A interpretação sistemática do Direito*, 5ª ed.
12. V. Alexandre Schubert Curvelo: "Visualizar o direito administrativo como sistema distribuído hierarquicamente entre princípios, regras e valores, que, antes de mais, conferem nova conformação às relações de administração" (*O dever de alteração nos contratos de concessão de serviço público fundado no interesse público*, p. 96).
13. V. Ruy Samuel Spíndola, "Princípios constitucionais e atividade jurídico-administrativa: anotações em torno de questões contemporâneas", *IP* 21/58 e ss.
14. V. Andreas J. Krell, "A recepção das teorias alemãs sobre 'conceitos jurídicos indeterminados' e o controle da discricionariedade no Brasil", *IP* 23. Assinala: "A decisão administrativa oscila entre os polos da plena vinculação e da plena discricionariedade. Esses extremos, no entanto, quase não existem na prática; a intensidade vinculatória depende da densidade mandamental dos diferentes tipos de termos linguísticos utilizados pela respectiva lei (...)" (p. 26). Sustenta que "podem existir várias imbricações e interdependências entre a hipótese e o mandamento da norma".
15. V. Eduardo García de Enterría e Tomás-Ramón Fernández: "Os princípios gerais do Direito (...) oferecem uma última possibilidade de controle da discricionariedade. (...)" (*Curso de Direito Administrativo*, pp. 409-412).

recimento", como poderiam temer alguns. Simplesmente significa que há uma porção de vinculação que acompanha a discricionariedade. E esta não se descaracteriza, mas se legitima, ao se deixar dirigir, com suficientes e explícitas razões e sem omissão ilícita de diligências,[16] pelas prioridades do Estado Constitucional.

Então, o merecimento continua, em determinada medida, defeso aos controles (exceção feita ao Parlamento), desde que não sirva para que se esquivem os agentes públicos (inebriados pelo desvio de poder) do cumprimento de seus deveres constitucionais e legais. Se constatada, porém, o excesso ou a omissão ilícita, como enfatizado, não se aceita a mítica impermeabilidade da "esfera política".[17]

Em outras palavras, nas relações administrativas, os juízos de conveniência e de oportunidade encontram-se limitados pelo direito fundamental à boa administração pública, sob pena de abuso de poder. Não custa reiterar: o "demérito" e a antijuridicidade dos motivos indicados são invariavelmente sindicáveis (pelo Parlamento, pelo Judiciário e pela própria Administração no exercício de autotutela), uma vez que a discricionariedade desvinculada seria uma afrontosa arbitrariedade (formal ou substancial), geradora de lesão a direitos fundamentais. Note-se: o que se preconiza é tão-só emprestar o alcance devido ao controle governado por princípios. Sem frouxidão, tampouco vinculação excessiva. É que no cerne da conveniência e da oportunidade não se pode alojar nenhum vício de enviesamento irremediável, que não passe pelo razoável crivo de análise abrangente[18] no tocante às consequências sociais, econômicas e ambientais da decisão administrativa.

16. V., sobre omissão inconstitucional e determinação judicial de que o Poder Público realize adaptações em prédio para viabilizar acesso de pessoas com necessidades especiais, RE 440028-SP, rel. Min. Marco Aurélio. V, ainda, AI 759.543-RJ, rel. Min. Celso de Mello, em cuja ementa se lê: "Caráter cogente e vinculante das normas constitucionais inclusive daquelas de conteúdo programático, que veiculam diretrizes de políticas públicas, especialmente na área de saúde. (...) A colmatação de omissões inconstitucionais como necessidade institucional fundada em comportamento afirmativo dos juízes e tribunais e de que resulta uma positiva criação jurisprudencial do direito".

17. V. Jairo Gilberto Schäfer, "O problema da fiscalização da constitucionalidade dos atos políticos em geral", *IP* 35/99: "não obstante o instituto jurídico *ato político* tenha sido concebido com o único objetivo de conceder imunidade jurídica a uma parte da atividade estatal, atualmente é inafastável a plena submissão do ato político ao princípio da constitucionalidade".

18. V. Joseph Stigltiz, in *Economics of the Public Sector*, 3ª ed., Nova York-Londres, WW. Norton & Company, 2000, p. 297: "The government has to make inferences (…) concerning the valuation of non-marketed consequences". Trata-se,

Dito isso, na ótica adotada, não há lugar para o vício da discricionariedade total, tampouco para a discricionariedade inteiramente vazia (vício de sinal trocado). De mais a mais, a Administração Pública (direta e indireta) não somente pode (a rigor, inexistem atos meramente facultativos), senão que deve corrigir determinadas avaliações, notadamente em presença do erro manifesto,[19] numa avaliação retrospectiva.

Indispensável, é claro, respeitar os efeitos constitutivos e apontar a superveniência dos fatos que determinam o eventual desfazimento de qualquer ato válido ou mudança qualitativa de avaliação.

Como observa Adilson Dallari, "a discricionariedade não é nem um cheque em branco, nem uma palavra mágica. O Poder Judiciário pode e deve julgar a licitude de atos praticados no exercício de competência discricionária, para decretar as nulidades do ato praticado com desbordamento dos limites da discricionariedade. (...) Se o ato praticado não for devidamente motivado, se não for precedido de motivação explícita, não haverá como se proceder a uma verificação da consistência dos motivos que ensejaram a decisão tomada. A falta de motivação é um vício autônomo, capaz de ensejar a decretação da nulidade do ato. Sem explicitação dos motivos é quase impossível o controle da discricionariedade e do desvio de poder. A forma mais segura para desvendar a ocorrência de desvio de poder é pelo exame dos motivos alegados para a prática do ato".[20]

Tudo considerado, os atos administrativos passam a ser controláveis sob o influxo do direito à motivação, como reforço à segurança jurídica.[21] Cogente, pois, a motivação,[22] prévia ou concomitante, que viabiliza o controle de todos os possíveis vícios de conteúdo dos atos discricio-

pois, de realizar "a broader range of consequences" (p. 297). Estabelece, a propósito, as diferenças entre o custo-benefício privado e "social cost-benefit analysis", que leva em conta "a wider range of impacts, not just profits" (p. 275).

19. É possível, em face de erro manifesto, até anular questão de concurso público, em caráter excepcional. Para ilustrar, v. julgado do TRF-1ª Região, ACi 2006.38.00.006344.

20. V. Adilson Dallari, "Controle do desvio de poder", in Mauro Roberto Gomes de Mattos e Liana Maria Taborda Lima (coords.), *Abuso de poder do Estado na atualidade*, pp. 1-20.

21. V. Giovani Bigolin ao sustentar, com rigor, a relação entre o princípio da segurança e o dever de motivação (*Segurança Jurídica. A Estabilização do Ato Administrativo*, 2007). Sobre o princípio da segurança, v. Ricardo Marcondes Martins, *Efeitos dos vícios do ato administrativo*, p. 306.

22. V. Carlos de Siqueira Castro, *O Devido Processo Legal e a razoabilidade das leis na nova Constituição do Brasil*, pp. 186 e ss.

nários e vinculados, inclusive aqueles que contribuem para as falhas de mercado, entre as quais as externalidades negativas.[23] Sublinhe-se: de fato e de direito, inclusive nos atos vinculados, há campo inextirpável de liberdade, ao menos em termos de discricionariedade cognitiva (uma das possíveis facetas da discricionariedade). Tornam-se insuprimíveis, desse modo, os espaços de escrutínio sobre a ponderação e a hierarquização axiológica, com a correspondente sindicabilidade pela Administração (autotutela), pelo Parlamento e pelo Judiciário.

Todavia, antes que haja interpretação equivocada (do tipo consequencial economicista), esclareça-se que não se ignoram as atividades administrativas plenamente vinculadas, como sucede, por exemplo, no lançamento tributário.[24] O que se defende é que a vinculação, entendida de maneira sistemática, está condicionada não só à legalidade, mas à totalidade daquelas referências máximas do Direito, que são os princípios fundamentais. Ou seja, jamais se pode dispensar a autoridade pública de motivar os atos administrativos que afetarem direitos, mesmo que atos vinculados.[25]

Dito sem elipse: a vinculação não se presta à negação, por obscuridade ou incongruência, da fundamentalidade do direito à boa administração pública. Tampouco se afigura crível, no século XXI, sustentar a subsunção automática das regras ao caso, como se o automatismo tivesse o condão de afastar preocupações com a razoabilidade, por exemplo.

É que o princípio da legalidade é um dos princípios. Bem aplicá--lo supõe bem aplicar os demais.[26] A anulação, para retomar exemplo, embora vinculada, conhece limitações ditadas especialmente pelos princípios da segurança jurídica e da confiança legítima.[27] Não se afigura sequer plausível que a liberdade seja totalmente posta entre parênteses

23. V. Joseph Stiglitz, *Economics of the Public Sector*, cit., p. 90, inclusive "information failures" (p. 83) e externalidades negativas: "Instances where one individual's actions impose a cost on others are referred to as negative externalities" (p. 80).

24. Não se nega o caráter plenamente vinculado do lançamento, mas é preciso notar que se exige respeito, na decisão, ao conjunto dos princípios. V., a propósito, Marco Aurélio Greco, *Dinâmica da tributação: uma visão funcional*, 2ª ed., p. 197.

25. Eventualmente com a motivação *aliunde*, aceita pelo art. 50 da Lei 9.784/1999.

26. V., para ilustrar, no STJ, REsp 163.185-ES, REsp 611.797-DF e RMS 15.229-PR.

27. V. Almiro do Couto e Silva, "Os princípios da legalidade da administração pública e da segurança jurídica no Estado de Direito contemporâneo", *Revista da PGE*, vol. 18, n. 46, pp. 11-29.

e fora do alcance dos controles, como se houvesse espaço juridicamente vazio, imune à vigilância contra baixezas, iniquidades e crimes sem castigo.

Trata-se de falha grave de gestão querer transmudar o agente em *res* irracional de suposta legalidade, induzindo-o, por apreço à passividade, negligenciar os comandos principiológicos indescartáveis. Nesse prisma, o controle dos atos administrativos alarga os seus horizontes, a ponto de englobar a íntegra dos motivos dados (fundamentos de fato e de direito), abarcando referências à economicidade, à eficiência, à eficácia e à sustentabilidade.

Logo, em matéria de atos vinculados, deles se pode dizer que, configuradas manifestas violações à Carta, impõe-se deixar de praticá-los, por não se aderir à subsunção mecânica das regras à vida. Ao contrário do que se pode imaginar à primeira vista, a vinculatividade, nessa perspectiva, resulta fortalecida ao se tornar subordinada à otimização global do sistema.

É que o sistema condiciona a decisão do agente e este molda o sistema, necessariamente em via dupla, irrenunciável à busca de generalizações que vençam a malsinada subsunção acrítica e enviesada.

Em afinidade com Gadamer, é tempo de abandonar a ilusão de uma dogmática total operando por mera subsunção.[28] O sistema apresenta-se, por assim dizer, dotado de conformação plástica, derivada da imbricação dos princípios, ainda naquelas hipóteses em que a rigidez aparente sugerir solução cabalmente vinculada. Só aparenta. A vinculação do administrador se dá, como cabe atestar a motivação, em face da totalidade das diretrizes e das prioridades enfeixadas no direito fundamental à boa administração pública.

De outra parte, elucide-se que, ao se pleitear uma motivação idônea e consistente dos atos administrativos discricionários e vinculados, não se adota aquela noção de sistema segundo a qual as normas guardariam entre si uma relação apenas de forma, destituída de conteúdo. Assim, resta afastada, por sem sentido, qualquer visão acentuadamente normativista, pois a Ciência do Direito requer fundamentação racional da escolha valorativa (sem embargo de atenção a ser devotada à imperatividade). Resultam prejudicadas, via de consequência, aquelas posições consoante as quais se deveria pensar o sistema administrativo

---

28. V. Hans-Georg Gadamer, *Verdad y método*, p. 402. V. Leonel Pires Ohlweiler, *Direito Administrativo em perspectiva: os termos indeterminados à luz da hermenêutica*, 2000.

sob o enfoque de que as normas jurídicas seriam deriváveis unicamente de postulados gerais – abordagem improcedente e desencontrada dos fatos.

Merece realce que o Direito Administrativo – e o Direito em geral – é aberto. Vale dizer, a concepção de suposto conjunto auto-suficiente de regras – mesmo que dotadas de textura aberta – não apresenta praticabilidade no plano empírico. Como objeto de cognição, o sistema aperfeiçoa-se no intérprete, sendo ele quem outorga, por assim dizer, unidade, significado e abertura ao sistema administrativo.

Dessa maneira, para além da distinção entre "compreender" e "explicar", imperioso tornar vívida e, especialmente, concreta a compreensão de que o núcleo do sistema é constituído de valores e de princípios que transcendem o âmbito da lógica estrita, por ter o decisor que operar com inferências não-dedutivas e alheias à lógica formal, eis que a sua cognição não comporta rígida dicotomia entre sujeito e objeto.[29]

O sistema administrativo não se constrói dotado de estreitos e definitivos contornos, sobretudo porque o dogma da completude não resiste à constatação de que as contradições e as lacunas acompanham as normas, à feição de sombras. Dado que a decisão administrativa transcende a esfera do discurso descritivo e da lógica formal em termos dedutivos, verifica-se que o formalismo não abarca o todo do fenômeno administrativo, em profundidade e extensão. Não só porque existem "zonas de penumbra" nos discursos normativos,[30] mas porque a decisão sobre a existência de "zona de penumbra" é já o resultado da discricionariedade[31] na eleição ou hierarquização das premissas, diversamente do que sucede no raciocínio lógico-formal.

De maneira que a tentativa de "axiomatização" dos atos administrativos jamais pode ser absoluta, por infirmar a natureza do multifacetado fenômeno jurídico. Em certo sentido – sem exagero na afirmação –,

29. Ainda de acordo com Hans-Georg Gadamer, a pretensão objetivista, que se encontra por trás da separação entre sujeito e objeto, constitui uma deformação do problema hermenêutico original, que é o acordo dialógico com os outros sobre a realidade do mundo exterior (*Die Universalität des hermeneutischen Problems. Hermeneutik II*, pp. 219-231).

30. V., sobre "zona de penumbra", além de Herbert Hart, Genaro Carrió, "Sull'interpretazione giuridica", in *La regola del caso*, a cura di M. Bessone e R. Guastini, 1995.

31. V. Riccardo Guastini: "São fruto de decisões interpretativas as próprias fronteiras incertas entre 'luz' e 'penumbra'; em outras palavras, a própria penumbra é o resultado da discricionariedade dos intérpretes" (*Das fontes às normas*, p. 149).

revela-se altamente duvidosa a possibilidade de axiomas na seara jurídica. Contudo, ainda que a admitamos, mister excluir qualquer conceito que suponha realista a pretensão de totalidade cabal.[32]

Recapitule-se: uma exigência alastrada de motivação é resultado de postura consistente (intertemporalmente) sobre a racionalidade jurídica. Assim, quer-se uma fundamentação que não se revele paralisadora de outras angulações, sob pena de supressão do processo dialógico. Como observa Carlos Ari Sundfeld, "o que há de fundamental no processo é obrigar quem decide a dialogar com as partes. Não para saber se elas estão de acordo com a decisão. É um diálogo com os argumentos".[33]

Concomitantemente, no sistema administrativo cumpre considerar insuprimível o pluralismo inerente às tensões características dos sistemas democráticos. Vez por todas, tanto as falácias hiperintegrativas como as desintegrativas – para usar expressões de Laurence Tribe e Michael Dorf – precisam ser afastadas.[34] Observe-se: não se trata de deflacionar a liberdade (ao contrário).

Então, nessa época marcada por voláteis e turbulentas[35] transformações de parâmetros, o reconhecimento do peso genuíno dos direitos fundamentais[36] acarreta a intensificação da cobrança do dever de motivar, segundo propósitos relevantes, com boa-fé. Em outras palavras: saindo da zona de conforto e de omissão inconstitucional, importa extrair os efeitos da premissa de que o poder existe para os direitos fundamentais, não o contrário.

Nesse passo, sobe a ênfase para a motivação, que não se deixa burlar em manifestações lacônicas, genéricas e mutiladoras, como sói acontecer nas criticadas posturas reducionistas e identificadoras de di-

---

32. V. Claus-Wilhelm Canaris: "A confecção de um sistema axiomático-dedutivo não é, assim, possível e contradiz a essência do Direito. Semelhante tentativa decorre (...) da utopia de que, dentro de determinada ordem jurídica, todas as decisões de valor necessárias se deixam formular definitivamente" (*Pensamento sistemático e conceito de sistema na Ciência do Direito*, pp. 44-45).

33. V. Carlos Ari Sundfeld, "Processo administrativo: um diálogo necessário entre Estado e cidadão", *Revista A & C* 23/46-47. Sobre o Estado a partir de um contexto de interação permanente com outros atores, internos e externos, v. Jacques Chevallier, "As novas fronteiras do serviço público", *IP* 51, p. 166

34. V. Laurence Tribe e Michael Dorf, *On reading the Constitution*, pp. 20 e ss.

35. V. Anthony Giddens, *Turbulent and mighty continent*, Cambridge, Polity Press, 2014.

36. V. Virgílio Afonso da Silva, "O conteúdo essencial dos direitos fundamentais e a eficácia das normas constitucionais", *RDE* 4/23-51.

reitos e leis.[37] Mais uma razão para exigir justificação "explícita, clara e congruente"[38] dos pressupostos e das escolhas.[39]

As precedentes observações colimam realçar que, a sério, a autoridade administrativa precisa expor os fundamentos fáticos e jurídicos da eleição de prioridades. Indispensável reter, ao fim e ao cabo, que o controle das motivações passa a ocorrer nesse patamar mais alto, isto é, no atinente à vinculação dos resultados ao sistema (rede de princípios, regras e valores), seja ao tratar da indeterminação dos conceitos normativos (inclusive nos atos vinculados), seja na escolha das consequências diretas e indiretas (nos atos discricionários), apenas em abstrato igualmente válidas.

Reitere-se: no plano concreto não são indiferentes as várias opções. Bem por isso, quadra salientar que a motivação visa, antes de tudo, a facilitar o trabalho de coibir os vícios da discricionariedade por excesso ou omissão, além de integrar a própria higidez do ato administrativo.

Como pondera Hartmut Maurer, "a motivação serve, em primeiro lugar, como autocontrole para a autoridade que, por meio dela, é obrigada a estudar com rigor a sua decisão, tanto do ponto de vista material como do ponto de vista jurídico, cercando-se, assim, de garantias suficientes. Ela serve, igualmente, ao cidadão, que, graças à motivação, e só a ela, adquire condições de apreciar a legalidade do ato administrativo e as conveniências de um recurso. Ela facilita, enfim, o controle jurisdicional, uma vez que a autoridade competente para examinar o recurso administrativo ou o tribunal administrativo podem comprovar qual situação e quais considerações levaram a autoridade a tomar a sua decisão".[40]

37. Sem deixar de reconhecer alguma razão nas advertências quanto à flexibilidade excessiva em relação às leis, como pondera Frederick Shauer (*Playing by the rules*, 1998).
38. V. Lei 9.784/1999, art. 50, § 1º.
39. Aqui, identifica-se justificação, fundamentação e motivação. Para uma distinção portuguesa (justificação quanto aos pressupostos e motivação quanto às escolhas discricionárias), v. José Vieira de Andrade, in *Lições de Direito Administrativo*, Coimbra, Imprensa da Universidade de Coimbra, 2010, p. 173. V., ainda, Marcelo Rebelo de Sousa e André Salgado de Matos, *Direito Administrativo Geral*, t. III, 2ª ed., Lisboa, Dom Quixote, 2009, p.156, que entendem o fundamento como requisito de conteúdo do ato (não de forma). No enfoque adotado, reputa-se vício de forma e de substância, que produz anulabilidade.
40. V. Hartmut Maurer, *Allgemeines Verwaltungsrecht*, p. 186: "Die Begründung dient zunächst der Selbstkontrolle der Behörden, die dadurch gezwungen wird, ihre Entscheidung in tatsächlicher und rechtlicher Hinsicht genau zu überlegen und

Verdade que há muito o dever de tornar públicas as razões do administrador (para praticar ou deixar de praticar determinado ato) adquiriu foro amplo. Na Espanha,[41] na Itália,[42] na Alemanha[43] e no berço da *common law*,[44] "in interests of fairness, reasons must be given" ("no interesse da justiça, razões devem ser dadas"). Reportando-se à lição de Lord Denning, adverte Hilaire Barnett que "o dar razões é 'um dos fundamentos da boa administração".[45] De fato, a motivação surge como um facilitador democrático do controle de legitimização da atuação administrativa.[46] Não sem resistências e tensões internas, o tema avança no direito comparado.[47]

No cenário nacional, porém, falta muito para que o dever de motivar seja realmente observado, na linha que toma a discricionariedade como vinculada aos princípios constitutivos do sistema e aos direitos fundamentais.[48] Há quase uma rebelião silenciosa contra o cumprimento desse dever, à medida que aumenta a liberdade no exercício das competências públicas.

Não por acaso, há muito alertava Caio Tácito: "É mister, assim, que o intérprete não se contente com a letra dos motivos determinantes, mas mergulhe em seu espírito, atente a suas omissões e contradições, pondere a veracidade e a proporcionalidade dos meios em razão do fim colimado, preferindo, em suma, verificar sob a roupagem do ato os verdadeiros

---

ausreichend abzusichern. Sie dient ferner dem Bürger, der in der Regel erst durch die Begründung in die Lage versetzt wird, die Frage der Rechtsmässigkeit des Verwaltungsakts und die Chancen eines Rechtsmittels zu beurteilen. Sie erleichtert schliesslich die Überprüfung im Rechtsmittelverfahren, da die Widerspruchs Behörden bzw. das Verwaltungsgericht feststellen können, von welcher Grundlagen und von welchen Erwägungen die Behörde ausging".

41. V. Fernando Garrido Falla, *Tratado de Derecho Administrativo*, vol. I, p. 482.
42. V. Umberto Fragola, *Gli atti amministrativi*, pp. 32-36.
43. V. Hartmut Maurer, *Allgemeines Verwaltungsrecht*, pp. 185-186.
44. V. Hilaire Barnett, *Constitutional & Administrative Law*, p. 776.
45. Idem, p. 775: "According to Lord Denning MR, the giving of reasons is 'one of the fundamentals of good administration'".
46. V., para ilustrar o exemplo italiano, Antonella Sal, in *La proporzionalità nei sistemi amministrativi complessi*, Milano, Franco Angelli, 2013, pp. 218-219. V, ainda, Monica Cocconi, in "L'obbligo di motivazione degli atti amministrativi generali", *Rivista Trimestrale di Diritto Pubblico*, vol. 59, 2009, pp. 707-740.
47. V. Jean-Louis Autin in "La motivation des actes administratifs unilatéraux, entre tradition nationale et évolution des droits européens", *Revue Française d'Administration Publique* 2011/1-2, n. 137-138, pp. 85-89.
48. V. Juarez Freitas, *O controle dos atos administrativos e os princípios fundamentais*, 5ª ed.

contornos de sua ossatura".⁴⁹ Deveras, a cada passo agudizam-se os riscos de banalização do abuso de poder e do desvio de finalidade.

Mas agentes públicos e controles, em boa hora, despertam para as novas concepções. Sirva de ilustração o controle sobre a vinculação do arrecadado pelo Poder Público, reputadas inaceitáveis as falsas razões de Estado.⁵⁰

Sirva de outro exemplo o combate firme contra as remoções com clara finalidade punitiva ou sem motivação consistente. Como assinalou o STJ, "o princípio da motivação possui natureza garantidora quando os atos levados a efeito pela administração pública atingem a seara individual dos servidores. (...). No caso dos autos, o ato que ordenou as remoções encontra-se desacompanhado do seu motivo justificador. Consequentemente, trata-se de ato eivado de nulidade por ausência de motivação (...)".⁵¹ No campo jurisprudencial, ainda, o Poder Judiciário tem oferecido alvissareira sinalização ao entender que, mesmo perante margem de escolha de conveniência e oportunidade outorgada à administração pública, é obrigatória a adequada motivação do ato administrativo. E tem havido o gradual reconhecimento de que não observa tal exigência o administrador que faz mera alegação vazia de suposto interesse público.

Enfim, há sinais auspiciosos de que a era da motivação adequada e suficiente começa a se consolidar. Animadoramente, em convergência com o prescrito no citado art. 50 da Lei 9.784/1999, o rigor na cobrança do dever de motivar é compartilhado pela ampla maioria dos doutrinadores nacionais. Nesse sentido, Celso Bandeira de Mello destaca a motivação como requisito indispensável de validade.⁵² Ainda para ilustrar, Marçal Justen Filho assinala que "a validade formal de todo e qualquer ato administrativo de cunho decisório depende de uma motivação, porque nenhuma competência administrativa é atribuída para que o agente realize o intento que bem desejar ou decida como bem entender".⁵³

49. V. Caio Tácito, *Direito Administrativo*, p. 133.

50. V. a ADI 2.925 e a ADI 2.010, julgadas pelo STF. A calhar, v. Fernando Facury Scaf, "Como a sociedade financia o Estado para a implementação dos direitos humanos no Brasil", *IP* 39/188 e ss., alertando sobre os riscos das desdestinações orçamentárias.

51. V. STJ, RMS 12.856-PB, rel. Min. Gilson Dipp.

52. V. Celso Antônio Bandeira de Mello, *Discricionariedade e controle jurisdicional*, 2ª ed., 9ª tir., pp. 104-105.

53. V. Marçal Justen Filho, *Curso de Direito Administrativo*, p. 258.

Entretanto, em face das resistências culturais cinzentas, impositivo, mais que nunca, ressaltar o dever de motivação suficiente.[54] Com tal desiderato, convém arrolar os principais argumentos em defesa desse tipo de motivação.

Em primeiro lugar, só uma motivação consistente oferece razões democraticamente aceitáveis, isto é, universalizáveis e satisfatórias, para além dos formalismos.[55] E o faz mercê da *racionalidade intersubjetiva*, não mais linear, monológica e instrumental. Naturalmente, sem submissão à tirania dos enviesamentos típicos da política contemporânea. Portanto, motivar é oferecer razões imparciais, universalizáveis e aceitáveis, em vez de sucumbir ao culto dos impulsos autocentrados.

Em segundo lugar, ao lado de desmascarar o culto desenfreado do irracional, a obrigatoriedade da motivação dos atos administrativos tende a valorizar a eficácia ao princípio da impessoalidade (tema do Capítulo anterior) e a prestigiar a independência do agente público.[56] Impossível não lembrar, a propósito, as atualíssimas palavras de Sérgio Buarque de Holanda a respeito de nossa herança primordial: "No Brasil, pode-se dizer que só excepcionalmente tivemos um sistema administrativo e um corpo de funcionários puramente dedicados a interesses objetivos e fundados nesses interesses. Ao contrário, é possível acompanhar, ao longo de nossa história, o predomínio constante das vontades particulares, que encontram seu ambiente próprio em círculos fechados e pouco acessíveis a uma ordenação impessoal".[57]

Com efeito, o dever de motivar propicia a inversão de tal predomínio e a afirmação de uma cultura na qual o complexo bem de todos experimente chances reais, não retóricas, de primazia na eleição das premissas da gestão estatal. Assim, vital remover as resistências à motivação imprescindível à boa governança, especialmente por parte dos agentes que se negam a evoluir para a sadia impessoalidade.

54. V. Paulo de Tarso Dresch da Silveira, "O controle administrativo e a Lei federal 9.784/1999", *Revista da FEMARGS* 4/25.
55. Para além, nesse momento, da polêmica interessante entre Habermas e Rorty (v. José Crisóstomo de Sousa (org.), *Filosofia, Racionalidade, Democracia*, 2005), inegável que mesmo Habermas (com mais razões que Rorty e sem abdicar do papel de guardião da razão – p. 60) admite convergências pragmáticas.
56. V. Timothy Edincott, in *Administrative Law*, 2ª ed., Oxford, Oxford University Press, 2011, p. 167: "Independence is structural feature of decision makers that tends to improve their capacity to act with impartiality."
57. V. Sérgio Buarque de Holanda, *Raízes do Brasil*, p. 146.

Em terceiro lugar, a motivação tende a inibir danos juridicamente injustos. Em outras palavras, a motivação revela-se prestimosa para evitar danos indenizáveis, em decorrência de excessos ou deficiências inconstitucionais. Talvez aqui resida um dos argumentos mais poderosos em prol do controle de suficiência das motivações das condutas do Poder Público.

Em quarto lugar, o dever de motivação ampara as expectativas legítimas e se mostra útil à criação de ambiente juridicamente confiável e previsível para relações administrativas de longo prazo. Planejamento combina com racionalidade dialógica, não com pressões abruptas do imediato. É dizer, a motivação assegura – ou tende a assegurar – a continuidade e a estabilidade na ativação criteriosa das políticas públicas. Só uma motivação adequada estabelece a postura pluralista, dialética e não-adversarial, em lugar da imposição odiosa e arbitrária, indiferente às prioridades constitucionais vinculantes.

Por tais argumentos, jamais se pode aceitar a mera invocação de conveniência e oportunidade (prática tão comum como lamentável), nem nas hipóteses de discricionariedade expressa ou implícita, tampouco nas hipóteses de discricionariedade inerente ou resultante.[58] Aliás, andou bem o legislador ao exigir, por exemplo, que as revogações, entre outros atos discricionários, sejam motivadas de modo explícito, claro e congruente (art. 50, VIII, e § 1º, da Lei 9.784/1999).

Quanto à principal objeção, é nada convincente. Diz que a motivação poderia emperrar, atrasar ou, no limite, paralisar a máquina pública. Na realidade, nenhuma obra pública atrasou por ter sido motivadamente planejada, mas, ao revés, pela falta de planejamento cuidadoso.

Há, ainda, objeção de que seria falha menor. Ora, há erros e erros, no campo das escolhas administrativas. Importa, porém, ter nítido que não é erro menor o deixar de motivar adequadamente. Claro, há muito que a melhor doutrina, com o objetivo de purgar os anacronismos formalistas, tem ponderado que pequenos enganos ou omissões do Poder Público não fulminam o ato administrativo ou os direitos de seus destinatários. Hans Julius Wolff e Otto Bachof,[59] Ernst Forsthoff,[60] Norbert Achterberg,[61] Hartmut Maurer[62] e muitos outros já advertiram

---

58. V., sobre vários tipos de discricionariedade, Timothy Edincott, ob. cit., pp. 235-237.
59. V. Hans Julius Wolff e Otto Bachof, *Verwaltungsrecht*, vol. I, p. 427.
60. V. Ernst Forsthoff, *Traité de Droit Administratif Allemand*, p. 349.
61. V. Norbert Achterberg, *Allgemeines Verwaltungsrecht*, 1982, pp. 383-384.
62. V. Hartmut Maurer, *Allgemeines Verwaltungsrecht*, p. 239.

que equívocos de menor envergadura não têm nenhuma influência na validade dos atos administrativos. Assim, a citação errônea de um dispositivo de lei, a incorreta designação de um nome ou meros lapsos de grafia, sem impedir o acesso ao preciso significado ou ao alcance do texto, não acarretam a invalidade do ato ou a subversão do seu verdadeiro sentido, podendo, assim, ser simplesmente corrigidos *ex officio* pela administração. Afinal, não se combatem moinhos de vento como se gigantes fossem.[63]

Todavia, aqui convém caminhar com atenção. É que nem todo erro ajusta-se ao arquétipo do erro material. De acordo com a opinião majoritária, erro material é o que não conspira contra a substância do ato, podendo ser perfeitamente tolerado, sem prejudicar o interesse das partes. Isso significa que o erro que, para além do senso comum, reclama leituras complexas e cuja elucidação induz acareações com outras fontes, não se acomoda, nem de longe, ao figurino do erro material.

Mais: seria disparatado tratar o erro manifesto da falta de motivação como simples erro material. Tal erro não pode se converter em ferramenta que, sempre à mão, o agente político transforma em álibi para suas repentinas e desencontradas mudanças de rumo. Não é por outra razão que a doutrina alerta para a circunstância elementar de que "é preciso distinguir retificação e modificação".[64] Ou seja, trata-se de erro grave a falta de motivação. E, na condição de erro grave, merece ser tratada, se se quiser vivenciar a era da motivação dos atos administrativos discricionários e vinculados.

3. Conclusões

Em síntese: a conduta administrativa tem de estar motivada, interna e externamente.[65] Estende-se – como salientado – ao bom administrador público o mandamento democrático e intersubjetivo – imposto ao juiz

63. V. Miguel Cervantes, *O engenhoso fidalgo D. Quixote de La Mancha*, 1997.
64. V. Ernst Forsthoff, *Traité de Droit Administratif Allemand*, p. 349, nota 7 ("Il faut distinguer rectification et modification").
65. Sobre justificação interna e externa, v. Jerzy Wróblewski, "Conceptions of justification in legal discourse", *Rivista Internazionale di Filosofia del Diritto*, 66 (4) pp. 679-705. V., ainda, Aulis Aarnio, *Lo racional como razonable*, 1991, mostrando que a justificação interna, de acordo com Jerzy Wróblewski, significa derivar a interpretação das premissas de acordo com as regras aceitas de inferência, ao passo que na justificação externa se trata da validade das próprias premissas e das regras de inferência.

no exercício da tutela jurisdicional[66] – de fundamentar os atos vinculados e discricionários, no intuito de coibir famigerados erros manifestos e recorrentes vícios de excesso (*acolasia*) ou de exercício insuficiente (omissão). Por tudo, a não fundamentação, apesar da presunção (cada vez mais) relativa de legitimidade dos atos administrativos,[67] traduz-se como vício apto a ensejar anulação.

Assentado esse ponto, força precisar, em inovadoras bases, a relação entre discricionariedade administrativa, responsabilidade e o princípio da proporcionalidade, seja como vedação de excessos, seja como vedação de inoperância ou omissão. É o que será feito no Capítulo a seguir.

---

66. CF, art. 93.
67. V. Ney José de Freitas, *Ato administrativo. Presunção de validade e a questão do ônus da prova*, p. 70.

Capítulo IV
O DIREITO FUNDAMENTAL
À BOA ADMINISTRAÇÃO PÚBLICA
E A RESPONSABILIDADE DO ESTADO

Direi que o melhor é atrair a vontade e a afeição.
(MICHEL DE MONTAIGNE, *Ensaios*, Livro I, Cap. XXVI)

1. Introdução. 2. Responsabilidade proporcional por ações e omissões. 3. Conclusões.

1. Introdução

O direito fundamental à boa administração pública, assimilado com rigor, favorece a releitura da responsabilidade do Estado, notadamente para combater, além dos excessos da discricionariedade, a omissão inconstitucional, isto é, a falta do exercício devido de competências discricionárias. De fato, a discricionariedade administrativa pode resultar contaminada por abusividade (arbitrariedade por excesso) ou por inoperância (arbitrariedade por omissão), no tocante à materialização das prioridades constitucionais vinculantes. Em ambos os casos é violado o princípio da proporcionalidade, que determina ao Estado Democrático não agir com demasia, tampouco de maneira deficitária.

Desproporções – para mais ou para menos – caracterizam violações antijurídicas. Para exemplificar, se a Administração Pública decidir começar uma escola em vez de dar prioridade a escolas inacabadas, provavelmente configurar-se-á arbitrariedade por excesso, com vício comissivo de descomedimento e antieconomicidade. No polo oposto, quando a Administração Pública não escolhe o momento certo de praticar determinado ato, recolhendo-se em inércia injustificável, peca por omissão, e resta igualmente quebrada a proporcionalidade, agora pela escolha de conduta aquém do cumprimento de diligências cogentes.

Do nexo causal direto e "imediato" (primeiro requisito) e do dano juridicamente injusto (segundo requisito) dimanam o dever reparatório ou compensatório, incumbido o ônus da prova da não formação do nexo causal[1] ao Poder Público ou a quem faça o seu papel.[2]

Força notar que o princípio da proporcionalidade não estatui simples adequação meio-fim. Para ser preciso, a ofensa à proporcionalidade ocorre, não raro, quando, na presença de valores legítimos a sopesar, o agente confere prioridade errônea a um deles, em detrimento imotivado de outro.

Em nenhuma circunstância um direito fundamental deve suprimir inteiramente o outro, na colisão de exercícios. Apenas pode preponderar topicamente. A razão disso está em que os princípios e direitos fundamentais nunca se eliminam legitimamente, à diferença do que sucede com as regras antinômicas, e ainda assim por preponderância principiológica.

Certo, há sacrifícios aceitáveis na aplicação do direito. O vício ocorre na instauração do sacrifício iníquo. Assim, se aplicada penalidade demissória quando a punição menos rigorosa se apresentar a mais consentânea, verifica-se uma demasia que macula a sanção administrativa, sem que o Poder Judiciário, para coibir tal prática, tenha de invadir o cerne da discricionariedade.[3] Basta enfrentar o desvalor, isto é, a desproporcionalidade ou a antijuridicidade.

2. *Responsabilidade proporcional por ações e omissões*

2.1 O agente público está obrigado a sacrificar o mínimo para preservar o máximo dos direitos fundamentais. Esta máxima apresenta-se rigorosamente indescartável em sede de responsabilidade das pessoas

---

1. V. Juarez Freitas in *O controle dos atos administrativos*, 5ª ed., cit., 2003, Capítulo sobre Responsabilidade Extracontratual do Estado.

2. Afigura-se convergente – embora com diferença a ser explicitada adiante, em relação à responsabilização do agente – a abordagem de Marçal Justen Filho (*Curso de Direito Administrativo*, pp. 796-799) no ponto específico em que afirma a antijuridicidade como indispensável à responsabilização do Estado, assim como ao pretender o tratamento unitário para ações e omissões.

3. V. José dos Santos Carvalho Filho, "A discricionariedade: análise de seu delineamento jurídico", in Emerson Garcia (org.), *Discricionariedade administrativa*, p. 23.

jurídicas de direito público e de direito privado prestadoras de serviço público, se se quiser proteção confiável ao núcleo indisponível[4] dos direitos fundamentais de todas as dimensões.

Para ilustrar, eis possíveis derivações do princípio da proporcionalidade, assim compreendido:

(a) Não é proporcional impor o dever de o Poder Público indenizar pelo exercício regular do poder de polícia administrativa, embora, uma vez configurada a omissão do dever de fiscalizar, emerge (cristalina) a obrigação indenizatória.[5]

(b) É proporcional evitar a desapropriação se a imposição do ônus real for suficiente.

(c) Não é proporcional regular, na esfera estatal, as matérias que a sociedade mostrar aptidão para gerir por si de modo satisfatório, pois, no Estado contemporâneo (sem renúncia às conquistas do "Estado Social"), imprescindível atentar para as democráticas exigências de atuação subsidiária[6] e voltada à produção de ambiente institucionalmente maduro,[7] sem prejuízo das irrenunciáveis funções regulatórias estatais (para enfrentar as falhas de mercado e de governo).

(d) Não é proporcional indenizar quem invoca violação à intimidade, quando a revelação de sua informação prestar-se a proteger bem maior.[8]

(e) É proporcional a responsabilização (objetiva) pela falha (omissiva) de guarda da integridade física de servidor em local de trabalho.[9]

4. V., sobre indisponibilidade dos direitos fundamentais, Marçal Justen Filho, *Curso de Direito Administrativo*, p. 45. Não por outro motivos, a jurisprudência reconhece hipóteses de imprescritibilidade, como se vê no julgamento do REsp 1.374.376-CE, rel. Min. Herman Benjamin, que trata de pretensão indenizatória por dano moral causado por tortura imposta durante regime de exceção.

5. V. REsp 647.493-SC, rel. Min. João Noronha.

6. V., acerca do *princípio da subsidiariedade*, Paola Nery Ferrari e Regina Macedo Nery Ferrari, *Controle das Organizações Sociais*, pp. 38-42.

7. V., a propósito do *papel das instituições*, Douglas North, *Institutions, institutional change and economic performance*, 1990.

8. V. REsp 1195995, rel. Min. Massami Uyeda, em cuja ementa se lê: "Sob o prisma individual, o direito de o indivíduo não saber que é portador do vírus HIV (caso se entenda que este seja um direito seu, decorrente da sua intimidade), sucumbe, é suplantado por um direito maior, qual seja, o direito à vida, o direito à vida com mais saúde, o direito à vida mais longeva e saudável".

9. V. AgRE 663.647-AgR, rel. Min. Cármen Lúcia, em cuja ementa se lê: "Professora. Tiro de arma de fogo desferido por aluno. Ofensa à integridade física em local de trabalho. Responsabilidade objetiva. Abrangência de atos omissivos".

(f) É proporcional exigir que o Estado zele pelo ambiente ecologicamente equilibrado, podendo ser responsabilizado por omissão fiscalizatória, que sonegue o direito à sustentabilidade.[10]

(f) É proporcional afirmar a responsabilidade por danos morais causados pela demora anômala e irrazoável de prestação de atendimento médico que gera prejuízo à saúde.[11]

(g) É proporcional determinar judicialmente que o Poder Público cumpra o dever de efetuar as adaptações necessárias em escola para garantir o pleno acesso das pessoas com deficiência, sem admitir que juízos de conveniência e oportunidade encubram inércia inconstitucional.[12]

(h) É proporcional determinar judicialmente ao município que amplie e melhore o atendimento em hospital de sua alçada, sem que se consinta a persistência de omissão transgressora da Carta, com vedação de invocar a fórmula da reserva do possível para se evadir do cumprimento de prestação cogente, relacionada à saúde (CF, arts. 196 e 197).[13]

(i) É proporcional afirmar o direito a medicamento de uso contínuo, oponível ao Poder Público,[14] com os devidos cuidados para evitar favorecer mercado secundário ou outros desvios. Até o bloqueio de contas públicas pode ser excepcionalmente autorizado pelo Poder Judiciário.[15] E o descumprimento desse dever de boa administração, ao acarretar a morte do paciente ou o agravamento de seu quadro, revela-se apto a ensejar o dever indenizatório.

(j) É proporcional determinar judicialmente, em matéria de controle das políticas públicas, que município tome providências para fornecer a estrutura necessária ao funcionamento de conselhos tutelares, em respeito ao art. 227 da Carta.[16]

Por tudo, é vital evitar as arbitrariedades por ação e por omissão. Ambas desrespeitam prioridades constitucionais e causam (não apenas oferecem condições favoráveis, mas *causam*) danos juridicamente injustos.

10. V., sobre o direito à sustentabilidade, por exemplo, art. 34 da Lei 12.852/2013.
11. V. AgRg no AREsp 183.960-RJ, rel. Min. Napoleão Maia.
12. V. RE 440.028, rel. Min. Marco Aurélio.
13. V. AI 759.543-RJ, rel. Min. Celso de Mello. Do mesmo relator, v. AgR no RE 581.352-AM.
14. Sobre o direito ao fornecimento de remédio, v., para ilustrar, STJ, REsp 686.208-RJ e REsp 699.550.
15. V. AI 553.712-RS AgR, rel. Min. Ricardo Lewandoski.
16. V. RE 488.208, rel. Min. Celso de Mello.

Em face disso, seria antijurídico deixar de coibir tanto a prática abusiva como a escassa, preferencialmente no nascedouro. Força, nessa medida, desenvolver efetiva tutela inibitória do abuso de poder e da ilícita omissão do Estado-Administração.

2.2 De passagem, interessante sulcar que a influência do princípio da proporcionalidade deita raízes longínquas. Foi no contexto do "poder de polícia administrativa" que a proporcionalidade fez a sua primeira aparição no mundo jurídico moderno.[17]

Na virada do século XIX para o século XX, Otto Mayer destacava que "a condição da proporcionalidade, inerente a todas as manifestações do poder de polícia, deve produzir seu efeito" também quando se tratar de zelo pela boa ordem da coisa pública (*guter Stand des Gemeinwesens*).[18]

Na prática dos atos de "polícia administrativa", já então, a conduta do Estado deveria ser a mais suave e branda possível, observadas, como medidas de intensidade, as exigências ditadas pelo interesse social.

Ao disciplinar o exercício dos direitos à liberdade e à propriedade, o Estado só deveria lançar mão das medidas mais enérgicas como derradeira *ratio*, pois ninguém poderia ser constrangido a suportar restrições acima do grau necessário à satisfação dos interesses superiores da comunidade.

Exprimindo de modo sugestivo o âmago do princípio, Fritz Fleiner fez coro a Walter Jellinek, ao proclamar que "a polícia não deve utilizar

17. Peter Badura assinala que o princípio da proporcionalidade, no início, estava ligado ao exercício do poder de polícia (*Der Grundsatz ist zuerst im Polizeirecht entstanden*) (*Staatsrechts*, p. 84). Algum tempo depois, transformou-se em limite geral à intervenção do Poder Executivo (*allgemeine Grenze des Einschreitens der Exekutive*). Ainda de acordo com Badura, as intervenções do Poder Público somente seriam consideradas legítimas (*rechtsmässig*) quando atendessem aos requisitos da necessidade (*Erforderlichkeit*) e da proporcionalidade (*Proportionalität*) – requisitos que se encontrariam fundidos debaixo da ideia de vedação de excessos (*Übermassverbots*). J. J. Gomes Canotilho corrobora essa avaliação histórica ao escrever que "o princípio da proporcionalidade dizia primitivamente respeito ao problema da limitação do Poder Executivo, sendo considerado como medida para as limitações administrativas da liberdade individual. É com este sentido que a teoria do Estado o considera, já no século XVIII, como máxima suprapositiva, e que ele foi introduzido, no século XIX, no direito administrativo, como princípio geral do direito de polícia" (*Direito Constitucional*, p. 386).

18. V. Otto Mayer, *Le Droit Administratif allemand*, vol. II, p. 60: "(...), la condition de la proportionnalité, inhérente à toutes les manifestations du pouvoir de police, doit produire son effet".

canhões para abater pardais".[19] Como se nota, nos albores da sistematização do direito administrativo a doutrina operava apenas com o clássico trinômio "lei/finalidade/proporcionalidade".

Pois bem, com a mesma energia que realçou a estrutura teleológica dos preceitos normativos (toda lei pressupõe finalidade), boa parte da doutrina aceitou, sem muito hesitar, que os fins inerentes às normas deveriam ser perseguidos dentro e nas fronteiras da proporcionalidade. Mas as virtudes benfazejas do princípio, a passo e passo, evoluíram para iluminar outros segmentos do Direito, notadamente na seara constitucional.[20]

Uma das novas fronteiras desbravadas pela máxima do equilíbrio entre meios e fins foi a produção legislativa. Em meados do século passado, Ernst Forsthoff noticiava que o princípio da proporcionalidade ganhara *status* constitucional, aplicável também ao Poder Legislativo.[21] De lá para cá, a força vinculante da proporcionalidade não cessa de se mostrar prestimosa à vigilância no tocante à qualidade da conduta do agente público, em sentido lato.

Os avanços doutrinários[22] e o trabalho jurisprudencial[23] contribuíram, quase em uníssono, para aperfeiçoar e, acima de tudo, tornar correntes os instrumentos concretizadores da ideia de que o Poder Público está obrigado, sob pena de responsabilização, a sacrificar o mínimo para preservar o máximo da eficácia direta e imediata dos direitos fundamentais.

Claro, a evolução do princípio da proporcionalidade está apenas esboçada, a requerer aprofundamento de sindicabilidade. O que falta? Falta, sobretudo, introjetar a proibição de inoperância ou omissão, numa

19. V. Fritz Fleiner, *Institutionen des deutschen Verwaltungsrechts*, p. 404 ("Die Polizei soll nicht mit Kanonen auf Spatzen schiessen").
20. V., para ilustrar, o capítulo sobre o princípio da proporcionalidade de Paulo Bonavides, *Curso de Direito Constitucional*, 29ª ed., 2014.
21. V. Ernst Forsthoff, *Traité de Droit Administratif allemand*, p. 130: "Sous le régime de la Loi Fondamentale, le principe de la proportionnalité des moyes au but est également devenu un principe ayant valeur constitutionnelle et qui s'impose ainsi au respect du législateur (...)".
22. V. Hartmut Maurer, *Droit Administratif allemand*, pp. 248-249: "Les principe de proportionnalité au sens large découle du principe de l'État de Droit et doit toujours être respecté. Il ne s'applique du reste pas seulement à l'administration, mais aussi au législateur".
23. V., a propósito do papel da jurisprudência, Anne Jacquemet-Gauche in *La responsabilité de la Puissance Publique en France et en Allemagne*, Paris, LGDJ, 2013.

perspectiva intertemporal. Sob a pressão e a insegurança derivadas do déficit prestacional em sede de direitos fundamentais, a aplicação do princípio, nesse ângulo, pressupõe, sem tardar, o foco no combate às omissões insustentáveis (sociais, econômicas e ambientais).

Com isso em mente, na seara administrativa – e em justa homenagem ao direito fundamental à boa administração pública –, convém extrair da trajetória do princípio em tela os critérios que permitem aferir, no atinente à responsabilidade extracontratual do Estado, a proporcionalidade das condutas omissivas e comissivas.

2.3 Nesse ponto há, pelo menos, três subprincípios de cuja confluência depende a aprovação, ou não, no teste da proporcionalidade:[24]

(a) o subprincípio da adequação entre meios e fins – tal diretriz exige relação de pertinência entre os meios escolhidos pelo administrador e os fins colimados pela lei ou pelo ato administrativo. Guardando parcial simetria com o princípio da proibição de excesso (*Übermassverbotes*), a medida implementada pelo Poder Público precisa se evidenciar não apenas conforme aos fins almejados (*Zielkonformität*), mas, também, apta a realizá-los (*Zwecktauglichkeit*).[25] Igualmente se mostra inadequada a inoperância[26] antijurídica e causadora de dano;

(b) o subprincípio da necessidade – o que esse subprincípio impõe não é tanto a necessidade dos fins, mas a justificável inafastabilidade dos meios mobilizados pelo Poder Público. Quando há muitas alternativas, o Estado deve optar em favor daquela que afetar o menos possível os interesses e as liberdades em jogo.[27] É que "o cidadão tem direito

---

24. A reprovação no teste tríplice da proporcionalidade acarreta o dever de indenizar. Sobre outro teste (*NESS test*), v. Richard Wright e a abordagem clássica de Herbert Hart e Tony Honoré. V., ainda, Peter Cane e John Gardner (eds.), *Relating to Responsibility*, 2001. Entre nós, sobre razoabilidade no sistema inglês, v. José Roberto Pimenta Oliveira, *Os Princípios da Razoabilidade e da Proporcionalidade no Direito Administrativo Brasileiro*, pp. 65-86.

25. Em outras palavras, "la mesure en cause n'est appropriée que si elle est de nature à atteindre à coup sûr le résultat recherché" (Hartmut Maurer, *Droit Administratif allemand*, p. 248).

26. V. Ingo Sarlet, "Constituição, proporcionalidade e direitos fundamentais: o direito penal entre proibição de excesso e de insuficiência", in *Anuario Iberoamericano de Justicia Constitucional* 10/303-354.

27. Como sublinha Maurer, "la mesure appropriée n'est nécessaire que si d'autres moyens appropriés affectant de façon moins préjudiciable la personne concernée et la collectivité ne sont pas à la disposition de l'autorité en cause" (*Droit Administratif allemand*, p. 248).

à menor desvantagem possível"[28] (*Gebot des geringstmöglichen Eingriffs*[29]);

(c) o subprincípio da proporcionalidade em sentido estrito – a cláusula da proporcionalidade *stricto sensu* decorre do reconhecimento de que os meios podem ser idôneos para atingir o fim, mas desproporcionais em relação ao aludido custo-benefício ampliado (levando em conta aspectos não apenas econômicos, mas sociais e ambientais). Sem incorrer no simplificador cálculo utilitário, a proporcionalidade em sentido estrito indaga pelo "preço a pagar". Vale dizer, faz a conta dos ganhos e das perdas, ao apurar se os ônus (diretos e indiretos, sob a forma de externalidades negativas) não são desmesurados. Aqui, o princípio se entrelaça com os princípios da economicidade, da eficiência,[30] da eficácia e da sustentabilidade.

Logo, inadiável aplicar, com amplitude, o tríplice teste da proporcionalidade no controle das ações e das omissões das pessoas jurídicas de direito público e de direito privado prestadoras de serviço público, atacando, de modo frontal, os vícios da discricionariedade por excesso e por inoperância. Assim entendido, o princípio da responsabilidade do Estado pelas condutas causadoras de lesão antijurídica passa a experimentar a chance de sindicabilidade aprofundada, mormente em face dos riscos inerentes à intervenção estatal,[31] ou da falta dela.

2.4 Afirma-se a inaceitabilidade do Estado tecnocrático que insiste em paternalismo não emancipatório. Contudo, defende-se, ao mesmo tempo, a aplicabilidade direta e imediata dos direitos fundamentais (CF,

28. V. J. J. Gomes Canotilho, *Direito Constitucional*, p. 387.
29. V. Hartmut Maurer, *Droit Administratif allemand*, p. 248.
30. É mais do que hora de reler o princípio constitucional da eficiência, estampado no art. 37 da Carta. De plano, só eficiência não serve. Assim como só o resguardo da economicidade é pouco. É preciso mais: o cumprimento sistemático do princípio da eficácia, vale dizer, o cumprimento dos objetivos e princípios superiores que devem reger as relações internas e externas da administração pública, bem como da sustentabilidade (CF, art. 225). Com efeito, para além das noções típicas de comando-e-controle, mister focar o exame no âmbito de consequências. Sim, o Estado, por sua conduta, tem o dever de agregar qualidade de vida à sociedade. Não pode ser omisso, tampouco eleger mal, ou determinar coisas sabidamente erróneas e desencontradas com os princípios. Deveras, convém ler eficiência (CF, art. 37), economicidade (CF, art. 70), em sintonia com a eficácia (CF, art. 74) e sustentabilidade (CF, art. 225), nas instâncias de controle interno, externo, jurisdicional e social. Apenas desse modo a atividade administrativa resguardará, de maneira acertada, a primazia dos direitos fundamentais
31. V. Romeu Bacellar Filho, *Direito Administrativo*, 2005, pp. 192-195.

art. 5º, § 1º) como anteparo contra a procrastinatória tendência de fuga das obrigações constitucionais.

Com efeito, à luz da proporcionalidade, os elementos[32] ou requisitos da responsabilidade estatal são, em grandes traços, os seguintes:

(a) a existência de dano material ou imaterial, juridicamente injusto e desproporcional, causado a terceiros (não necessariamente usuários de serviços públicos[33]), afrontando o direito fundamental à boa administração;

(b) o nexo causal (sem excludentes provadas pelas pessoas jurídicas de direito público ou de direito privado prestadoras de serviços públicos); e

(c) a conduta omissiva ou comissiva de agente, nessa qualidade, da pessoa jurídica de direito público ou de direito privado prestadora de serviço público.

O nexo causal há de ser direto: não se perfectibiliza o dano juridicamente injusto se a vítima lhe houver dado causa exclusiva, nem na hipótese de força maior (irresistível por definição, diversamente do caso fortuito, que pode resultar de causa interna), tampouco por ato ou fato de terceiro alheio à prestação do serviço público. E não se estabelece o nexo se (comprovadamente) inviável o cumprimento do dever ("reserva do possível").[34] No entanto, vale ressalvar que se deve nutrir reservas à reserva do possível, ou seja, não será esta invocável para deixar de adotar, em tempo útil, as providências ligadas a prioridades constitucionais vinculantes.

Claro, não seria aceitável a presença de liame causal na hipótese de inviabilidade motivada do cumprimento das diligências públicas. Afasta-se, desse modo, a erronia dos que enveredam para a teoria do risco integral ou que pretendem, em nome do paternalismo mágico e fiscalmente temerário, que o Estado se converta em segurador universal.

2.5 Por sua vez, o dano juridicamente injusto, que prejudica direito ou interesse legítimo (individual ou transindividual), caracteriza-se por ser: (i) certo, (ii) especial (não-eventual), ainda que reflexo, e (iii) discrepante dos parâmetros do normalmente aceitável. Numa palavra: desproporcional.

32. V. RE 481.110-AgRg, rel. Min. Celso de Mello. V. ARE 663.647-AgRg, Rel. Min. Cármen Lúcia.
33. V. RE 591.874, rel. Min. Ricardo Lewandowski.
34. V. Paulo Modesto, "Responsabilidade civil do Estado", *RDA* 227/291-308.

Imprescindível, nessa releitura da responsabilidade por atos estatais, transcender o vetusto e rígido corte dicotômico entre atos lícitos e ilícitos.[35] No próprio Código Civil, aliás, não é correto asseverar que haja apenas responsabilidade por atos ilícitos[36]. Trata-se de regra que comporta exceção.[37] Além disso, dizer que as empresas estatais (sociedades de economia mista e empresas públicas) que explorem atividade econômica terão responsabilidade subjetiva, pelo só fato de se submeterem ao regime próprio de direito privado, ignora que se a atividade for enquadrada nas hipóteses de risco para os direitos de outrem, nos termos do art. 927, parágrafo único, do Código Civil,[38] a responsabilidade será objetiva.

De mais a mais, no âmbito da responsabilização estatal, regida pelo direito constitucional administrativo, impõe-se sobrepassar tal dicotomia, pois inegável que a apuração de condutas públicas (comissivas e omissivas), presa à lógica antiga, não guarda simetria com os avanços de controle de legitimidade e de boa governança, nos moldes preconizados.[39]

35. Tome-se como indicativo da necessária superação dessa dicotomia o tema da responsabilização por ato legislativo declarado inconstitucional. A rigor, não ocorre dano causado pela lei, mas por sua aplicação ou execução. V. Eduardo García de Enterría, *La Responsabilidad Patrimonial del Estado Legislador en el Derecho Español*, p. 20.
36. V. RE 456.302-AgR.
37. V., por exemplo, as hipóteses previstas no art. 188 do CC.
38. V. Art. 927, do CC: "Aquele que, por ato ilícito (arts. 186 e 187), causar dano a outrem, fica obrigado a repará-lo. Parágrafo único. Haverá obrigação de reparar o dano, independentemente de culpa, nos casos especificados em lei, ou quando a atividade normalmente desenvolvida pelo autor do dano implicar, por sua natureza, risco para os direitos de outrem".
39. De acordo com Ernst Forsthoff (*Lehrbuch des Verwaltungsrechts*, pp. 359 e ss.), as grandes transformações conhecidas pela teoria da responsabilidade civil do Estado se processaram "no silêncio da lei" (*unter dem Schweigen des Gesetzes*). O alargamento das funções do Estado provocou mudanças nas relações entre Poder Público e indivíduo, as quais, por sua vez, promoveram marcantes alterações na tradicional concepção acerca de responsabilidade civil do Estado. Condições sociais e políticas inéditas reclamaram – primeiro da jurisprudência, depois da legislação – soluções ajustadas às novas circunstâncias. O marco inicial dessa troca de paradigma ocorreu com o chamado "*arrêt* Blanco", ao qual se liga o surgimento da teoria da *faute du service public*, cuja superação, passado algum tempo, resultou na célebre concepção do "risco administrativo". Adotando linha de pensamento semelhante, Paul Duez e Guy Debeyre sustentam: "La responsabilité de la Puissance Publique est œuvre du Conseil d'État qui là édifiée en toute liberté, en dehors des textes législatifs. Sans doute il y a bien des lois qui consacrent formellement la responsabilité de la Puissance Publique, certaines mêmes sont anciennes, mais elles ne visent que des cas particuliers. La théorie générale de la responsabilité n'est pas incluse dans

2.6 Improtelável, assim, a incorporação do entrelaçamento fecundo entre os princípios da proporcionalidade e da responsabilidade objetiva por ação ou omissão, nas hipóteses previstas no art. 37, § 6º, da Carta. Dessa conexão de princípios decorrem as seguintes proposições:

(a) O Estado e os prestadores de serviços públicos devem arcar com os riscos inerentes à conduta comissiva ou omissiva. Vai daí que a vítima das decisões administrativas, em razão de sua presumida vulnerabilidade, não tem o ônus de provar a culpa ou o dolo do agente. Suficiente que nada exclua, no curso do processo, a formação do nexo causal direto e "imediato" entre a ação ou a inatividade e o evento danoso. No entanto, a responsabilidade extracontratual não pode ser entendida como imputação cega do dever indenizatório. Tal intelecção mostrar-se-ia conducente ao destempero do risco absoluto. Ao revés, acolhe-se a presunção *juris tantum* da existência do nexo de causalidade, resguardadas as excludentes em contrário, inclusive (com sublinhadas cautelas) a "reserva do possível".[40]

ces textes. Elle se trouve dans les arrêts du Conseil d'État" (*Traité de Droit Administratif*, pp. 417-418). Sobre o *princípio da responsabilidade do Poder Público*, v., ainda, André de Laubadère, *Manuel de Droit Administratif*, p. 125, e Marcel Waline, *Précis de Droit Administratif*, pp. 519-594. A propósito, especificamente, da natureza juspublicista do instituto, já advertia Santi Romano: "E, in verità, è da riconoscersi che, nel campo del diritto amministrativo, acquistano un particolare rilievo, in modo da divenire fondamentali, alcuni principii che sono o ignoti al diritto privato, o vi ricorrono raramente o in esso hanno una importanza soltanto secondaria" (*Corso di Diritto Amministrativo*, p. 306). V. o clássico José de Aguiar Dias, *Da responsabilidade civil*, vol. 2, p. 33. No que diz com a evolução da ideia da responsabilidade do Estado, bem descreve as fases (ob. cit., p. 154) da irresponsabilidade ("noção de fundo essencialmente absolutista"), civilística ("de fundo individualista") e publicista ("onde se afirma a predominância do direito social"). Já elucidava o igualmente clássico Amaro Cavalcanti, acerca da *soberania estatal*, que esta "significa sem dúvida poder supremo, isto é, a função mais elevada e compreensiva de todas as mais, que se manifestam na ordem jurídica; mas não que ela seja absoluta, ou menos sujeita ao Direito, do que qualquer outra forma de função social" (*Responsabilidade Civil do Estado*, t. I, p. XII). Ainda com atualidade no ponto, útil lembrar que para Léon Duguit a difusão da responsabilidade civil do Estado, por assim dizer, caracteriza o desaparecimento da noção de *Puissance Publique*: "On parle, à l'heure actuelle, de la transformation du droit public; on a raison. Cette transformation est rapide e profonde; il faudrait être aveugle pour na pas l'apercevoir; et cette transformation, elle apparaît d'une manière particulièrement caractéristique (...) surtout dans la responsabilité de plus en plus grande de l'État, reconnue par une jurisprudence constante à propos du fonctionnement de tous les services publics" (*Traité de Droit Constitutionnel*, vol. II, p. 40).

40. V. José Nilo de Castro, "Responsabilidade do Município – Política de saúde", in Juarez Freitas (org.), *Responsabilidade Civil do Estado*, p. 168.

(b) Na sistemática brasileira não se vai ao ponto de preconizar a indenização por danos alheios à administração, sequer na hipótese de danos nucleares (CF, art. 21, XXIII, "d"), eis que se admitem, também nessa situação, determinadas excludentes.

(c) Crítico efetuar o contraste do comando constitucional (CF, art. 37, § 6º) com os arts. 43 (menos abrangente), 186 e 927 do CC, em face da proposta releitura da teoria do risco administrativo, distinta de teorias como a do risco-proveito.[41] Consoante a intelecção temperada pelos princípios, sempre que se formar, sem interrupção, o nexo causal (direto e "imediato") entre os agentes públicos, nessa qualidade, e o dano injusto causado a terceiro (não necessariamente usuário de serviços públicos), haverá dever de indenizar, distribuído o ônus da prova no que concerne às excludentes ao Estado-Administração ou aos delegados da execução indireta dos serviços públicos.[42]

(d) Mister sublinhar que, sem prejuízo do conceito de "culpa anônima" (culpa não-individualizável) em sede de responsabilidade pelas condutas omissivas do Poder Público, a falta do cumprimento de deveres (ou o cumprimento parcial e insuficiente) pode acarretar o dever de indenização, salvo se constatada excludente. Em outras palavras, a omissão é uma possível causa de dano anômalo e injusto. Desaconselhável enquadrá-la como simples condição para o evento danoso, tampouco descrevê-la como mera situação propiciatória. A omissão carrega, por assim dizer, o frustrado "princípio ativo" de um dever estatal não cumprido.[43] Desse modo, se se cuidar de inércia estatal, determinada ou determinável, ensejadora do nexo causal direto, o ônus da prova das excludentes incumbe às pessoas jurídicas de direito público e de direito privado prestadoras de serviço público, independentemente de indagação sobre culpa ou dolo. Por tudo, despicienda a perquirição adstrita à noção de omissão "voluntária", negligência ou imprudência, nos termos do CC, art. 927, *caput*, porque, à semelhança do que sucede com as condutas comissivas, a responsabilidade extracontratual do Estado por

---

41. V., sobre os *modelos de responsabilidade civil*, v. Eugênio Facchini Neto, "Funções e modelos da responsabilidade aquiliana no novo Código", *RJ* 309/24-33.
42. V. René Chapus: "La responsabilité de la personne à qui réparation est demandée ne peut être engagée que si le fait qu'on lui impute a été cause ('directe', insistent les arrêts) du préjudice" (*Droit Administratif Général*, 13ª ed., t. 1, p. 1.193). Em nosso sistema adota-se a teoria do dano direto e "imediato", sem endossar a teoria da equivalência das causas.
43. Possível cogitar de conduta comissiva por omissão. No entanto, apenas com reserva, aconselhável a distinção entre inatividade formal e material. Sobre o tema, v. Marcos Gómez Puente, *La inactividad de la Administración*, 2002.

omissão haverá de ser proporcional, com a mencionada inversão do ônus da prova, a qual não se confunde com a simples presunção de culpa do Poder Público.[44]

Nesse horizonte interpretativo, consolidam-se os argumentos que corroboram as assertivas favoráveis à responsabilidade proporcional e objetiva do Estado, tanto por ações como por omissões, no intuito de melhor concretizar o direito fundamental à boa administração pública.

Em primeiro lugar, não dimana do art. 37, § 6º, da CF nenhuma rigidez dicotômica entre ação e omissão, no regime da responsabilidade do Estado, no tocante às condutas dos agentes públicos *lato sensu*, mormente se se acolher a noção de causalidade aqui defendida – a saber, aquela que não reduz a omissão à mera condição para o dano.

Em segundo lugar, não se defende a culpa presumida, mas a inversão do ônus da prova do nexo de causalidade toda vez que se discutir o dano injusto causado por uma conduta omissiva ou comissiva, sem prejuízo das excludentes trazidas pelo Poder Público. A este cabe – dada a vulnerabilidade da vítima, constitucionalmente reconhecida – o encargo de evidenciar a falta de sequência da cadeia causal, oportunidade que não simplesmente põe entre parênteses, senão que afasta a equivocada responsabilização.

Em terceiro lugar, sem pretender argumentação *ad baculum*, inquestionável que, na vida real, a perquirição de culpa ou dolo nos casos de omissão representa a persistência de danos sem a merecida e tempestiva reparação, haja vista a reiterada inércia do Estado, que não respeita, no núcleo essencial, os direitos fundamentais (notadamente, saúde, educação, segurança e mobilidade). Naturalmente, continua sempre subjetiva a responsabilidade do agente, sob pena de destempero na responsabilização.

Em quarto lugar, a Constituição Federal, no art. 5º, § 1º, determina a aplicabilidade imediata dos direitos fundamentais (inclusive os so-

---

44. Para Marçal Justen Filho o tratamento jurídico dos atos omissivos e comissivos é único e equivalente: a responsabilização civil dependerá da infração a um dever jurídico de diligência, que importa a objetivação do elemento subjetivo da conduta (*Curso de Direito Administrativo*, p. 802). Defende a presunção de culpabilidade derivada da existência de um dever de diligência especial (p. 803). No enfoque aqui esposado, no entanto, defende-se mais propriamente a presunção da existência do nexo causal, tanto nas ações como nas omissões, subordinada às excludentes, com inversão do ônus da prova. O resultado é semelhante, com a diferença importante de que se mantém intacto o caráter subjetivo da responsabilidade do agente, isto é, sem objetivação da culpa.

ciais, relacionados a serviços públicos – tais como o direito à saúde[45] e à educação), donde segue a imprescindibilidade da escolha administrativa apropriada à concretização eficacial. Nesse contexto, a técnica da responsabilização objetiva (e da correspondente sindicabilidade aprofundada) desponta como a mais aconselhável jurídica e sociologicamente, ao se observar que o Poder Público oscila impunemente entre dois pecados assaz comuns: a negação da eficácia dos direitos fundamentais e a sua afirmação claudicante. Desproporcional em ambas as situações.

Em quinto lugar, como o princípio da proporcionalidade veda excesso e, simultaneamente, inoperância, a omissão se apresenta violadora da juridicidade. Consubstanciada a ilicitude, não há indagar psiquicamente sobre a responsabilidade no caso de condutas omissivas, fazendo-se impositiva a justiça retificadora. Caem, ademais, como folhas de outono as dúvidas quanto à responsabilidade no caso de guarda de pessoas ou bens, hipótese em que o descumprimento do dever (inoperância) faz presumido o nexo causal, até prova em contrário. Para além disso, perante a omissão administrativa, o acertado é reputar irrelevante a consideração sobre culpa ou dolo, salvo em relação à ação regressiva. Ou seja, em qualquer caso (ação ou omissão do Estado), importa transcender a abordagem limitada acerca da prova da imperícia, da imprudência, da negligência ou da intencionalidade.[46]

Em sexto lugar, não deve ser utilizada a distinção entre omissão e falha de vigilância no contexto de guarda de pessoas ou de coisas peri-

---

45. V. AgRg no REsp 110.7511-RS, rel. Min. Herrman Benjamin, em cuja ementa se lê: "Tratando-se de direito essencial, incluso no conceito de mínimo existencial, inexistirá empecilho jurídico para que o Judiciário estabeleça a inclusão de determinada política pública nos planos orçamentários do ente político, mormente quando não houver comprovação objetiva da incapacidade econômico-financeira da pessoa estatal".

46. Para completar o rol ilustrativo, cite-se a conduta omissiva no cumprimento tardio pela administração pública de decisão judicial. Ora, uma vez formado o nexo de causalidade, haverá o correspondente dever de indenizar.

Naturalmente, no plano concreto, pode-se atribuir o dano à deficiência do treinamento do agente, que teria provocado o retardamento das medidas tendentes a evitar o resultado maléfico. Mas não importa à vítima a prova dessa deficiência: basta verificar que as medidas exigíveis não foram tomadas. Para constatar a exigibilidade, raciocina-se sobre o dever de diligência à luz do tríplice critério e da motivação ministrada. Coisa completamente distinta seria afirmar que a culpa remanesce objeto de indispensável atenção no campo da vítima, ao se investigar se ela concorreu, e em que medida, para o evento danoso. Importa que não se adote culpa presumida, muito menos imputação objetiva de culpa, mas a indiferença quanto à culpabilidade individual ou anônima no reconhecimento do nexo causal.

gosas, como se somente em relação a essas houvesse responsabilidade estatal objetiva, dado que não se sustenta distinção de fundo entre as várias espécies de inatividade.

Note-se a incongruência: a deficiência de ação seria caso de responsabilidade objetiva. A ausência de ação pura e simples seria de responsabilidade subjetiva. Ora, melhor solução lógica é adotar a responsabilidade proporcional para toda e qualquer omissão causadora de dano injusto, inclusive porque a técnica da responsabilização proporcional é a que melhor se coaduna com o imperativo enfrentamento dos danos causados pela ausência tempestiva das medidas de prevenção e de precaução.

Em sétimo lugar, sem efetuar argumentação com base em casos paradigmáticos,[47] quadra referir exemplo de julgamento do STF (a despeito de ainda oscilar na matéria), confluente com o enfoque defendido: "Os elementos que compõem a estrutura e delineiam o perfil da responsabilidade civil objetiva do Poder Público compreendem (...) a causalidade material entre o *eventus damni* e o comportamento positivo (ação) ou negativo (omissão) do agente público (...). O Poder Público, ao receber o estudante em qualquer dos estabelecimentos da rede oficial de ensino, assume o grave compromisso de velar pela preservação de sua integridade física, devendo empregar todos os meios necessários ao integral desempenho desse encargo jurídico, sob pena de incidir em responsabilidade civil pelos eventos lesivos ocasionados ao aluno. A obrigação governamental de preservar a intangibilidade física dos alunos, enquanto estes se encontrarem no recinto do estabelecimento escolar, constitui encargo indissociável do dever que incumbe ao Estado de dispensar proteção efetiva a todos os estudantes que se acharem sob a guarda imediata do Poder Público nos estabelecimentos oficiais de ensino".[48] E ainda: a inércia estatal que permite reiterada fuga e o breve tempo que se segue ao crime cometido por foragido configura o nexo de causalidade, com responsabilidade objetiva por omissão.[49]

Merece realce tal guinada, pois lança olhar renovado sobre a responsabilidade estatal por omissão.[50] Desnecessário cogitar, em situações desse jaez, de culpa ou dolo dos agentes, e incumbe ao Poder Público provar a não formação do nexo causal. Ainda: para frisar que se emitem sinais de que não mais serão toleradas omissões injustificáveis, inclina-

---

47. Até porque seria possível uma coleção de contra-exemplos na matéria.
48. STF, RE 109.615-RJ, rel. Min. Celso de Mello.
49. V. RE 573.595-AgRg.
50. Claro que há casos em que a omissão não forma o liame causal. V., para exemplificar, o RE 220.999-PE.

-se a jurisprudência no rumo de emprestar interpretação mais efetiva ao mandado de injunção.[51] E mais: em boa hora, numa fina sintonia com os melhores rumos do direito público, o STF deixou assentado: "O desrespeito à Constituição tanto pode ocorrer mediante ação estatal quanto mediante inércia governamental. A situação de inconstitucionalidade pode derivar de um comportamento ativo do Poder Público, que age ou edita normas em desacordo com o que dispõe a Constituição, ofendendo-lhe, assim, os preceitos e os princípios que nela se acham consignados. (...). A omissão do Estado – que deixa de cumprir, em maior ou em menor extensão, a imposição ditada pelo texto constitucional – qualifica-se como comportamento revestido da maior gravidade político-jurídica, eis que, mediante inércia, o Poder Público também desrespeita a Constituição, também ofende direitos que nela se fundam e também impede, por ausência de medidas concretizadoras, a própria aplicabilidade dos postulados e princípios da Lei Fundamental."[52]

Desse modo, sinais positivos de mudança de atitude dos controles felizmente se acumulam. À base, pois, dessa série de argumentos, emerge – renovada e fortalecida – a teoria da responsabilidade por ação ou omissão do agente estatal, de sorte que, tendo presente o direito fundamental à boa administração pública, a responsabilidade do Estado, inclusive nos casos de omissão inconstitucional, jamais deve ser afastada por suposta imunidade habitante numa zona de discrição pura.

Naturalmente, isso não significa que os contribuintes devam arcar com os danos exclusivamente atribuíveis às vítimas ou inerentes a seus riscos negociais. Numa fórmula, o Estado não pode ser convertido em segurador universal, contudo já não se admite a Administração Pública descumpridora, sem motivo consistente, de seus deveres prestacionais, regulatórios ou de defesa.

Em outras palavras, sob o prisma da proporcionalidade, a Administração Pública tem o ensejo, em todas as situações, de evidenciar a ausência de configuração do liame de causalidade, mas de nada valerá a cândida alegação da inocorrência de culpa ou dolo, uma vez que também na omissão se impõe a prova estatal da exclusão do nexo de causalidade.

Tudo considerado, uma vez presente a antijuridicidade de ação ou omissão anômala e desproporcional, por falta ou excesso, formar-se-á o nexo de causalidade e, conseguintemente, surgirá o dever de indenizar. Não se mostra razoável perquirir sobre culpa ou dolo do agente público,

51. V. STF, Mandados de Injunção 670, 708 e 712.
52. V. STF, RE 283.989-PR, *RTJ* 185/794-796, rel. Min. Celso de Mello.

nessa qualidade, mas simplesmente acerca da antijuridicidade e da sua extensão.

3. Conclusões

Nessa perspectiva, impositivo sublinhar que:

(a) A Administração Pública deve ser proporcionalmente responsabilizada por toda e qualquer quebra nuclear de proporcionalidade. Assim, as condutas comissivas ou omissivas, havendo nexo causal com evento danoso injusto, serão sempre antijurídicas, no mínimo por violarem o referido princípio da proporcionalidade.

(b) Faz-se necessário apagar o regalismo, de ordem a cuidar dos interesses existenciais legítimos da sociedade e das prioridades constitucionais vinculantes, na marcha para a performance administrativa tendente a honrar os poderes-deveres. Por exemplo, a aposentação morosa ou tardia, sem justo motivo, por simples inércia do Estado-Administração, é causa de dano juridicamente injusto, eis que macula o princípio da proporcionalidade.

(c) Se configurada a antijuridicidade (ação ou omissão anômala e desproporcional), haverá nexo causal e dever de indenizar: não há motivo para indagar sobre ilicitude (culpa ou dolo) do agente, mas somente acerca da antijuridicidade dos efeitos. Presente o vício por ofensa aos princípios, haverá dano anômalo, ainda que a conduta do agente possa ser catalogada como lícita, em sentido estrito. Trata-se de solução pertinente para as preocupações com relação ao "objetivismo" da responsabilidade (aliás, em boa hora, aplicável também à pessoas jurídicas de direito privado pela prática de atos contra a Administração Pública, nacional ou estrangeira).[53] Dito em outros termos, com a devida parcimônia, a teoria do risco administrativo, reequacionada à base do princípio da proporcionalidade, conduz à teoria da responsabilidade que viabiliza a tempestiva prevenção e, se cabível, a precaução justificada (tema de Capítulo próprio).

No exercício das competências administrativas (discricionárias e vinculadas), o agente público, em última análise, precisa zelar pela eficácia direta e imediata do direito fundamental à boa administração pública, sob pena de responsabilização do Estado. Apresenta-se condenável toda e qualquer ação ou omissão despida de motivos plausíveis. Afinal, os princípios e direitos fundamentais vinculam de modo cogente e, vez por

---

53. V. Lei 12.846/2013.

todas, têm de gozar da primazia nas relações administrativas, para além das afirmações retóricas e protelatórias.

Independe, portanto, de culpa ou dolo a configuração do nexo causal – na leitura proposta do art. 37, § 6º, da CF – toda vez que a ação ou a inoperância do Estado prejudicar o âmago dos princípios e direitos fundamentais sem que resultem provadas, pelo Poder Público, as excludentes. Faz-se, nessa linha, indispensável reconhecer, com todos os consectários, que a arbitrariedade pode ocorrer por excesso e por omissão.

Em suma, almeja-se, com forte anelo, ver os princípios da proporcionalidade e da responsabilidade compreendidos e aplicados, de maneira sistemática e concatenada, a favor da eficácia direta e imediata dos direitos fundamentais, notadamente do direito à boa administração pública. Para tanto, indispensável aprofundar a sindicabilidade das decisões administrativas, como se constata a partir da reflexão sobre institutos tradicionais, tais como o "poder de polícia administrativa". Não é coincidência: o estudo de institutos emblemáticos é o tema do Capítulo seguinte.

Capítulo V
OS EMBLEMÁTICOS INSTITUTOS DA AUTORIZAÇÃO DE SERVIÇO PÚBLICO, DA CONVALIDAÇÃO E DO "PODER DE POLÍCIA ADMINISTRATIVA": RELEITURA EM FACE DO DIREITO FUNDAMENTAL À BOA ADMINISTRAÇÃO PÚBLICA

> *Quantas coisas que ontem considerávamos artigo de fé,*
> *hoje julgamos fábulas!*
> (MICHEL DE MONTAIGNE, *Ensaios*, Livro I, Cap. XXVII)

1. Introdução. 2. Releitura de institutos. 3. Conclusões.

1. Introdução

Em íntima conexão com a sindicabilidade aprofundada dos atos administrativos, providencial efetuar o estudo de institutos tradicionalmente associados à discricionariedade, tendo em mente o direito fundamental à boa administração pública, entendido como direito à administração pública eficiente e eficaz, proporcional cumpridora de seus deveres, com transparência, motivação, sustentabilidade, imparcialidade e respeito à moralidade, à participação social e à plena responsabilidade por suas condutas omissivas e comissivas.

Nessa releitura, o direito administrativo assume pertinente postura adaptativa, de sorte a retificar várias pré-compreensões. Ainda mais que determinados conceitos produzem a falsa ideia de que são intocáveis.

2. Releitura de institutos

2.1 Tome-se, emblematicamente, a autorização de serviço público. De fato, em algum lugar no século XIX foi atribuído às autorizações, de forma indiscriminada, o *status* de ato administrativo precário e, como tal, revogável a qualquer tempo pelo Poder Público, num movimento de liberdade pura, antitético com o aqui sustentado. Ora, não há, legitimamente, liberdade pura. Discricionariedade administrativa como escolha balanceada de resultados ou determinação de conceitos, sim. Discricionariedade total, nunca.

O ponto nevrálgico é que expressiva parcela de agentes repete o entendimento despido de maiores cuidados. Por meio de automatismo perigoso e nivelador, nuanças são, por isso, sacrificadas em nome da artificial unidade do conceito. Aliás, na Administração Pública, um dos erros mais frequentes é o da ênfase excessiva: palavras e ideias que postulam firmeza maior que a real.

É comum a ambição de tecer definições absolutas que, como um arquétipo platônico, não se desgastem com os anos. Brada-se, de modo peremptório: "A autorização é puro ato administrativo discricionário e precário". Não é bem assim. A sentença, entretanto, ressoa categórica e irretorquível. Pior: esquece que, há décadas, excelentes autores, não raro amparados em documentos legislativos, ponderam que, ao menos em certas circunstâncias, não se deve enquadrar a autorização em tais moldes restritivos e prenhes de intolerável discricionariedade pura (arbitrariedade, por definição).

Eis, portanto, elucidativo exemplo de como as concepções rígidas, as concepções nas quais nada pode ser alterado, revelam-se as mais frágeis. Nesse caso, a rigidez conceitual trabalha contra a própria rigidez. Nenhuma definição purista contém o mundo em receptáculo estanque. O conteúdo, mais cedo ou mais tarde, escapa.

Percebeu-se, faz tempo, que o Direito não convive bem com a imobilidade, de maneira que nele não há domicílio para a geometria conceitual que não reconhece o movimento dialético da vida.

Com efeito, por mais persistente que tenha sido a acolhida da precariedade e da discricionariedade nas autorizações, a evidência das nuanças, desde o início, acabou por se fazer notar. Fritz Fleiner, citando o Tratado sobre Ordenamento Industrial de Landmann-Röhmer, bem como os pronunciamentos convergentes de Bühler e Vervier, afirmava que "a autorização de polícia industrial confere ao seu titular um direito subjetivo público e privado, que não pode ser revogado arbitrariamente, e em cuja posse tem de ser protegido".[1]

Por sua vez, Otto Mayer, com a autoridade de quem foi responsável pela primeira grande sistematização do moderno direito administrativo alemão,[2] depois de reproduzir o pensamento de alguns no sentido de que "a revogação da autorização de polícia é, em princípio, livre", logo se apressou em exclamar: "Somente em princípio!".[3]

Vale dizer: para Otto Mayer, antecipando-se às mais recentes doutrinas na matéria, havia situações em que o efeito constitutivo, presente em determinadas autorizações, repeliria a revogação sumária. Dando continuidade, no ponto, a Otto Mayer, vários autores tiveram o cuidado de destacar que certas autorizações – entre as quais a de serviço público – têm a natureza de "atos administrativos constitutivos" (*rechtsgestaltende Verwaltungsakte*).

Na Itália, Renato Alessi registrou que "i provvedimenti autorizzatori, invero, (...), presentano (...) la nota caratteristica che la costitutività dell'effetto concerne, (...)".[4] Na mesma senda, Massimo Severo Giannini chegou a abrir tópico específico para comentar as *autorizzazioni costitutive*.[5] Sabino Cassese, nos dias de hoje, fala em autorizações "não--discricionárias, transparentes e justificadas".[6]

1. V. Fritz Fleiner, *Les principes généraux du Droit Administratif allemand*, trad. de Ch. Eisenmann, Paris, Librairie Delagrave, 1933, p. 250 ("(...) l'autorisation de police de l'industrie confère à son titulaire un droit subjectif public et privé qui ne peut pas lui être retiré arbitrairement et dans la possession duquel il doit être protégé"). Fleiner informa, ainda, que "cette thèse est défendue avec une particulière énergie par Bühler (...)". Ainda de acordo com Fleiner, Vervier chega a "parler d'un 'accroissement du statut juridique d'une personne'".

2. Segundo Ernst Forsthoff (*Traité de Droit Administratif allemand*, 1960, p. 105), Otto Mayer "mérite d'être appelé le créateur véritable et le représentant classique de la méthode moderne du droit administratif allemand".

3. V. Otto Mayer, *Le Droit Administratif allemand*, vol. II, p. 77, nota 24 ("'... la révocation de la permission de police est, en principe, libre'. Seulement en principe!"). Para evitar interpretações apressadas, cumpre assinalar, desde logo, que Otto Mayer emprega o vocábulo "permissão" com o significado de autorização. É ele quem esclarece, na abertura do § 21, que, "au lieu du mot 'permission' (*Erlaubnisse*), on se sert souvent, dans le même sens, des expressions 'autorisation' (*Ermächtigung*) (...)" (p. 55, nota 1). Além disso, é preciso ter presente que a edição francesa aqui citada foi preparada pelo próprio Otto Mayer, que tinha, como se sabe, intimidade com o idioma francês.

4. V. Renato Alessi, *Principi di Diritto Amministrativo*, vol. I, p. 387.

5. V. Massimo Severo Giannini, *Diritto Amministrativo*, p. 1.105.

6. V. Sabino Cassese, "De la vieja a la nueva disciplina en los servicios públicos", *Actualidad en el Derecho Público* 8/21.

Na Alemanha, o citado Hartmut Maurer, ao examinar os "atos administrativos constitutivos", assevera, por sua vez, que "são também atos administrativos constitutivos as autorizações (...)".[7] Como se percebe, a despeito da força do hábito e da perseguição inatingível do "conceito absoluto", o equívoco no âmbito da autorização de serviço público decorre de mal-entendido de fundo histórico.

Em realidade, muitos assimilaram, desavisadamente, a autorização como puro ato administrativo precário e discricionário sob o pressuposto de que, ao longo de sua trajetória evolutiva, ninguém jamais relativizara criticamente o enfoque classificatório. É como se, de repetição em repetição, a rotina tivesse apagado o vestígio das exceções constitutivas mencionadas.

Para número considerável de agentes públicos tudo se passou como se a doutrina nunca houvesse se defrontado com autorizações diferenciadas. Entretanto, manifestações tão insuspeitas como confluentes de Fleiner, Landmann-Röhmer, Bühler, Vervier, e Otto Mayer, sem falar nas preleções contemporâneas, põem em evidência dado diametralmente oposto.

Quando se estuda o assunto em profundidade, constata-se que não é de agora que se criticam a precariedade e a discricionariedade na esfera das autorizações de serviços públicos. Em larga medida, o questionamento não faz mais que desdobrar as intuições seminais desses clássicos precursores do direito administrativo, que felizmente tende a ser mais dialógico e democrático, avesso à noção de discricionariedade ilimitada.

Assim como, no passado, a legislação alemã levara Bühler e Vervier à conclusão de que as autorizações tendo por objeto estabelecimentos industriais geravam autênticos direitos subjetivos, também a presente reformulação conceitual e legislativa dos serviços públicos brasileiros produz vasto conjunto de situações em que não se pode mais cogitar da precariedade, nos moldes de outrora.

Não foi propriamente suprimida, mas reduzida a precariedade em face da exigência de motivação (explicitação vinculada dos fundamentos de fato e de direito). Além disso, sob o influxo saudável dos princípios constitucionais, são abundantes os registros normativos e doutrinários que dão conta de consideráveis mudanças na órbita das autorizações ad-

---

7. V. Hartmut Maurer, *Allgemeines Verwaltungsrecht*, p. 161: "Rechtsgestaltende Verwaltungsakte sind auch die (...) Erlaubnisse".

ministrativas. Quer dizer, o próprio legislador começa a levar em conta sua função racionalizadora e, sobretudo, estabilizadora.[8]

Como o funcionamento ordenado dos serviços e a própria convivência humana exigem, em todos os planos, mínima certeza e estabilidade nos padrões de regulação,[9] tanto na Constituição como nas leis ordinárias são muitas as alusões à autorização em que o propósito parece ter sido o de relativizar a anterior precariedade, sem confundi-la inteiramente com as concessões e permissões de serviços públicos.[10]

É avanço significativo rumo à consensualidade e à segurança jurídica. Entre nós, cumpre exemplificar: imbuída desse espírito de gradual substituição da imposição unilateral pela consensualidade e pela cooperação, a Lei 12.815/2013, art. 8º, § 1º, prescreve, com todas as letras, que a "autorização será formalizada por meio de contrato de adesão (...)". Com idêntica finalidade, o art. 27, V, da Lei 10.233/2001, ao fixar as atribuições de agência reguladora, menciona como umas das incumbências dessa autarquia "celebrar atos de outorga de permissão ou autorização de prestação de serviços (...) gerindo os respectivos contratos e demais instrumentos administrativos".

Os exemplos não param por aí. Logo, nem se precisa argumentar com o que fez o legislador, no setor de telecomunicações, ao tipificar a "autorização de serviço de telecomunicações [*como*] ato administrativo vinculado (...)" (Lei 9.472/1997, art. 131, § 1º), abolindo a precariedade. Na realidade, apesar do nome jurídico, aqui se trata inegavelmente de licença para operar, no regime dito privado de telecomunicações.

O certo é que se faz impossível deixar de reconhecer, até pelo exame no plano das regras, a natureza não precária (ou, melhor, não precária como antes) das autorizações administrativas de serviços públicos. Tudo leva a crer, pois, que as autorizações de serviços públicos não podem mais ser vistas e controladas fora dos parâmetros exigidos pela noção

---

8. Konrad Hesse põe em realce a função de "racionalização, estabilização e de desoneração" ("... Rationalisierung, Stabilisierung und Entlastung" – *Grundzüge des Verfassungsrechts der Bundesrepublik Deutschland*, p. 205) realizada pela legislação e pelo próprio Poder Público nos Estados Democráticos de Direito. No Direito Italiano, para ilustrar, v. Francesco Viola e Giuseppe Zaccaria: "L'impresa giuridica è volta a dar stabilità ai rapporti sociali per combattere l'incertezza e l'imprevedibilità" (*Diritto e interpretazione*, 4ª ed., p. 69).

9. V. Reinhold Zippelius: "Das geordnete Funktionieren menschlichen Zusammenlebens erfordert (...) Orientierungsgewissheit. Die Einzelnen haben (...) ein elementares Bedürfnis nach 'psychischer Stabilität'" (*Allgemeine Staatslehre*, p. 263).

10. Sobre tais conceitos, v. capítulo específico do meu livro *O controle dos atos administrativos e os princípios fundamentais*, 5ª ed. (2013).

da menor precariedade possível. Nessa medida, urge assimilar as consequências dessa nova filosofia dialógica das relações administrativas no âmbito da responsável sindicabilidade dos atos administrativos em face do direito fundamental à boa administração.

Dito em outros termos, força atentar, por exemplo, para que, quando o legislador incluiu a autorização entre os "contratos de adesão", não desejou realizar simples trabalho nominal, mas realçar que, algo "contratualizada" e despida da precariedade excessiva, ela produz efeitos vocacionados à estabilidade.

Por conta de seguro e benfazejo nexo, os autorizatários foram, desse modo, investidos não só de obrigações mas, como não poderia deixar de ser, de direitos e garantias que, nos limites constitutivos do pacto, criam halo de relativa inviolabilidade em torno de cláusulas essenciais viabilizadoras do empreendimento. E impedem súbitas e desmotivadas revogações sem direito à indenização, em face dos efeitos constitutivos inegáveis.

Por tudo, já não se deve sustentar a possibilidade de revogação puramente discricionária da autorização, faculdade cada vez mais criticável em todas as esferas do direito administrativo. Ou seja, não se deve simplesmente dizer que as autorizações administrativas são revogáveis sumariamente, sem direito à indenização.

Mister deitar temperamentos oriundos da regência cogente dos princípios constitucionais. Em outras palavras, além de evidenciar os efeitos constitutivos relevantes desse ato discricionário, o criterioso exame do instituto presta-se, de maneira vívida, para recomendar o aludido aprofundamento da sindicabilidade da obrigatória motivação.

No exame das autorizações, portanto, o controle precisa operar na condição de "administrador negativo", ou seja, não deve admitir o exercício (ou o não exercício) da competência discricionária, em flagrante transgressão contra o sistema e suas incontornáveis exigências de motivação e respeito aos efeitos constitutivos.

O exemplo merece ser extrapolado, na era da motivação dos atos administrativos e da discricionariedade vinculada ao direito fundamental à boa administração pública.

Nesse sentido, outro estudo altamente revelador é o da convalidação. Decididamente, não se trata de mera faculdade. É o que se verá a seguir.

2.2 Discricionariedade administrativa não é mera faculdade. Para ilustrar a assertiva, evoque-se a Lei de Processo Administrativo, que adotou solução elogiável ao garantir, no art. 55,[11] que, uma vez clara a inexistência de lesão ao interesse público ou prejuízo a terceiros, os atos que apresentarem defeitos sanáveis podem ser convalidados pela própria Administração Pública. Pena que a disposição normativa utilize expressão imprecisa, que denota mera faculdade ("poderão ser convalidados").

Melhor teria andado se tivesse reconhecido que situações há em que o dever de convalidar se apresenta superior ao de anular. É que não se admite o ato discricionário puro. Dessa maneira, presentes os pressupostos de incidência, como reconhece a melhor doutrina,[12] a convalidação revela-se imperativa. Poder-se-á considerá-la até, sob certo aspecto, ato vinculado, mas não é disso que se trata. Tem-se propriamente uma discricionariedade objetivamente vinculada ao sistema. Por isso, embora o dispositivo represente progresso, reclama exegese corretiva, do mesmo modo que, por exemplo, o art. 11 da Lei 10.177 do Estado de São Paulo ao insistir na suposta e, no fundo, inexistente mera faculdade de convalidar. Acerta, porém, ao dizer que a convalidação será sempre formalizada por ato motivado.

Bem verdade que na seara civilista, a propósito de negócio jurídico, há dispositivo expresso que contempla a faculdade de confirmação pelas partes de negócio anulável, salvo direito de terceiro.[13] Nesse caso, entretanto, a mera faculdade torna-se facilmente compreensível pela peculiar dominância dos princípios de direito privado. Não assim na esfera pública, quando o administrador precisa salvaguardar princípios cogentes.

O certo é que o tema dos atos administrativos constitutivos de direitos foi por muito tempo dominado tão-somente pelo princípio da legalidade, cuja vigorosa e soberana prevalência determinava, de modo invariável, a supressão, com efeitos *ex tunc*, de todos os atos irregulares da administração pública.

Todavia, esse posicionamento doutrinário e jurisprudencial começou, a pouco e pouco, a ceder lugar à nova concepção, segundo a qual nem todos os atos inválidos são suscetíveis de anulação. É que a aparência de legalidade, a passagem do tempo, o imperioso dever de preservar

11. Lei 9.784/1999: "Art. 55. Em decisão na qual se evidencie não acarretarem lesão ao interesse público nem prejuízo a terceiros, os atos que apresentarem defeitos sanáveis poderão ser convalidados pela própria administração".
12. V. Weida Zancaner, *Da convalidação e da invalidação dos atos administrativos*, 3ª ed., 2008.
13. Trata-se do art. 172 do CC.

a segurança das relações jurídicas e, por fim, o justo respeito à boa-fé[14] e à confiança que os administrados depositam na Administração impedem o puro e simples desfazimento dos efeitos favoráveis produzidos por atos do Poder Público. Assim, em torno desse problema da supressão dos atos administrativos inválidos já consolidados pelo tempo, pelo hálito da legitimidade e pelos princípios da boa-fé, da confiança e da estabilidade das relações jurídicas, formou-se, paulatinamente, um consenso bastante apreciável.

Atualmente faz-se possível constatar que a jurisprudência não diverge da doutrina e que, em salutar sintonia, também a doutrina nacional não dissente da estrangeira. Observa-se que os pontos de vista parecem convergir para sólido paradeiro: a convalidação e a irretratabilidade dos atos administrativos dos quais decorram, sedimentados pelo influxo da confiança, efeitos favoráveis.

Há, todavia, uma ressalva de pronunciada importância: a má-fé – não importa qual a extensão do lapso de tempo – jamais convalida. A doutrina, com força idêntica, proclama a proteção convalidatória em homenagem à boa-fé e profliga a manutenção de situações jurídicas forjadas pela malícia e pela astúcia esquiva. Numa frase: no direito administrativo da motivação consistente, a má-fé constitui vício insanável. A propósito, esse é o testemunho de Hartmut Mauer, ao por em realce que o caminho da convalidação deve ser interditado (a) quando o beneficiário da situação jurídica a provocou por malícia (= má-fé) e por meio desleal ou (b) quando conhecia a ilegalidade ou deveria, necessariamente, conhecê-la ou, ainda, (c) quando ele é o responsável direto pela ilegalidade cometida, notadamente quando pratica algum tipo de falsidade.[15]

Nesse particular, a melhor tradição francesa não dissente da alemã. Ainda quando entre os franceses não se cogitasse, de início, para efeitos da convalidação, de boa-fé, confiança ou estabilidade das relações jurídicas, bastando tão-só o transcurso inexorável do tempo, a jurisprudência

14. A propósito, convém ter presente o seguinte julgado: "Embora a lei inconstitucional pereça mesmo antes de nascer, os efeitos eventualmente por ela produzidos podem incorporar-se ao patrimônio dos administrados, em especial quando se considere o princípio da boa-fé" (STF, RE/AgRg 359.043).

15. "La caractère digne de protection doit être refusé à la confiance manifestée par le bénéficiaire de l'acte, lorsque: (a) cette personne en a provoqué l'émission par ruse ou par tout autre moyen déloyal, ou (b) elle connaissait l'illégalité ou devait nécessairement la connaître, ou encore (c) elle est en quelque sorte responsable de l'illégalité commise (notamment parce qu'elle a fait de fausses déclarations; peu importe qu'elle ait commis ou non une faute à cette occasion)" (Hartmut Maurer, *Droit Administratif allemand*, p. 292).

do Conselho de Estado não deixou de afastar do fenômeno da convalidação as hipóteses urdidas pela má-fé. No extenso rol das fraudes alijadas dos efeitos consolidatórios decorrentes da prescrição administrativa acha-se, por exemplo, o caso "do diploma obtido com base em documentação fraudulenta".[16]

Ao escrever sobre o tema, André Demichel, lembrando que, depois do "*affaire* Dame Cachet", a anulação dos atos administrativos somente poderia se dar dentro do prazo do recurso por excesso de poder, cuidou de advertir que em certas situações bem determinadas, entre as quais se encontrava "a anulação de atos obtidos por fraude",[17] tal invalidação poderia ocorrer. Vale dizer: também na França a má-fé não é estabilizada pelo tempo. No Brasil as coisas não se passam de forma diversa. Tanto a doutrina como a legislação, em geral, mostram-se contrárias à possibilidade de coonestar embustes. Logo, a hipnótica concentração no princípio da estabilidade das relações jurídicas e no mero curso do tempo não deve nublar a correta avaliação, permitindo que se cristalize uma situação cuja visceral irregularidade é justamente imputável àquele que pretende se beneficiar com a inventiva tese da convalidação.

Pois bem, o instituto da convalidação foi trazido, nesse momento, apenas para evidenciar que, ainda que a lei processual administrativa (art. 55) utilize o termo "poderão", o sistema determina, em certas circunstâncias, o exercício de competência convalidatória, ou seja, a discricionariedade administrativa jamais será mera faculdade. A par disso, intenta-se ressaltar que tal competência requer o rigoroso exame à luz dos princípios, inclusive o da moralidade. Em última análise, considera-se a convalidação subordinada à eficácia direta do direito fundamental à boa administração pública, assim como o "poder de polícia administrativa" – instituto a ser abordado na sequência – com idêntico desiderato ilustrativo.

2.3 O poder público existe para os direitos fundamentais e para respeitar as prioridades constitucionais vinculantes. Falar, portanto, em "poder de polícia administrativa" não é cogitar de mera faculdade estatal. Acima de tudo, trata-se de um dever perante a sociedade. No Estado Democrático, o exercício do poder vincula e responsabiliza, pois os direitos fundamentais não são singelas expressões de contrapartida

---

16. V. André Demichel, *Le Droit Administratif – Essai de réflexion théorique*, p. 114 ("... de diplôme obtenue sur la base de documents frauduleux ...)".
17. Idem, ibidem ("Le retrait peut cependant, dans certains cas bien déterminés, avoir lieu à tout époque. Ces cas sont au nombre de trois: (...) – retrait des actes obtenus par fraude").

dos direitos atribuídos ao Poder Público: configuram autênticos direitos fundadores do Estado. Por isso, nas relações administrativas o direito fundamental à boa administração precisa ser visto como gerador do correspondente dever incontornável de observar a totalidade dos princípios constitucionais.

Sacrifícios razoáveis, por boas razões, mostram-se admissíveis, contanto que não resultem do arbítrio "legalizado" pela ordem vigente. Sem dúvida, restrições há – designadamente ao exercício dos direitos à propriedade e à liberdade – que se mostram plausíveis sem que o sacrifício seja de molde a exigir reparação. Contudo, urge compreender que a limitação não onerosa do exercício de direitos apenas se justifica como derivação do imperativo maior de respeitar a totalidade dos direitos fundamentais.

Resultam tais limitações não onerosas do que se tem denominado, de maneira algo imprópria,[18] exercício do "poder de polícia administrativa". Para além da terminologia – que não é das mais felizes –, força salientar que tais limitações (mesmo as de cunho regulatório) somente são justificáveis se acatarem o somatório dos princípios cimeiros que regem as relações de administração. Não é suficiente o respeito isolado à legalidade se, por exemplo, uma desproporcionalidade restar configurada. Deveras, o ato de "polícia administrativa" pode estar lastreado numa lei violadora dos deveres de proporcionalidade, o que caracteriza condenável exercício abusivo do poder, com todos os consectários.[19]

Reitere-se: o direito fundamental à boa administração pública foi incorporado implicitamente pelo discurso constitucional brasileiro como outra face do dever da administração de acatar princípios, isto é, não serve a simples invocação da conformidade legal como argumento para deixar impune qualquer ato atentatório a tal direito. Dito em outras palavras: o exercício do "poder de polícia administrativa" há de estar em conformidade com o direito-síntese à boa administração pública, ou será irregular.

Fiel a esse modo de compreender tais restrições, deve-se cuidar de rever o "poder de polícia" como inerência da "soberania",[20] pois a sóbria

18. Percebem-se, na expressão, os ecos do sombrio Estado de Polícia. De há muito, por exemplo, Agustín Gordillo vem chamando a atenção para os inconvenientes da expressão e para seu significado equívoco (v. o Capítulo V de seu *Tratado de Derecho Administrativo*, 7ª ed., t. 2, 2002).

19. Pense-se numa multa desproporcional, baseada em lei inconstitucional.

20. V. Rui Barbosa, *Comentários à Constituição Federal Brasileira*, vol. V, p. 314.

releitura do "poder de polícia administrativa" favorece o objetivo de "constitucionalizar" as relações de administração, estimulando o controle marcadamente de benefícios diretos e indiretos. Nessa linha, convém notar que a limitação administrativa dos direitos individuais, sob pena de se converter em condenável abuso ou omissão de poder, não pode transgredir os prudentes limites da intervenção que se quer motivável.

Eis por que se devem sindicar, com maior esmero, tais restrições impostas ao particular ou a quem estiver na situação de particular,[21] não apenas sob o ângulo da legalidade, senão que também sob o da moralidade, da economicidade, da sustentabilidade e, enfim, de todos os princípios que ocupam o ápice da escala constitucional.

O exercício legítimo do "poder de polícia administrativa" significa intervenção reguladora,[22] nunca mutiladora da essência dos direitos. Derivando de *politia*, sem se confundir com mera atividade de tutela sobre entidades públicas ou com as atividades de controle interno, considera-se o "poder de polícia administrativa" uma restrição administrativa à esfera de exercício dos direitos fundamentais de propriedade e de liberdade, colimando viabilizar ordenadamente o convívio de iniciativas não raro antagônicas entre si. Bem por isso – acentuava Ernst Freund[23] –, tal limitação não pode acarretar absoluta e inquestionável subordinação do individual ao social.

Casos há em que pessoa jurídica integrante da administração pública pode sofrer restrição administrativa.[24] Registre-se o fenômeno que pode causar estranheza à concepção tradicional: inclusive pessoas

21. V. Paulo Affonso Leme Machado: "A atividade do poder de polícia não é dirigida somente contra os particulares. O Poder Público pode e deve sancionar-se, no sentido de que a administração pública pode autorizar ou licenciar obras e/ou atividades que serão exercitadas por organismos políticos (como, por exemplo, hidrelétricas ou centrais nucleares), como impor-lhes sanções" ("Poder de polícia ambiental na América Latina e inovações na jurisprudência", *Revista de Informação Legislativa* 121/146). Sobre "poder de polícia" e ambiente, v. a ADI 1.952 e a ADI 2.083. V., ainda, Carlos Ari Sundfeld, *Direito Administrativo ordenador*, 1ª ed., 3ª tir., pp. 21-23, especialmente ao sublinhar que a atividade "ordenadora" estaria voltada à organização do campo privado de atividades.

22. V. Ruy Cirne Lima, *Princípios de Direito Administrativo*, 7ª ed., p. 304.

23. V. Ernst Freund, *The Police Power*, pp. 11-12. Dizia, com surpreendente atualidade, no ponto: "The exercise of the police power over economic interests may be divided as follows: (1) protection against fraud; (2) protection against oppression and the promotion of economic liberty; (3) public convenience and advantage; (4) compulsory benefits" (p. 9).

24. Exemplo frequente: sociedade de economia mista multada por agência reguladora em função de reiteradas atividades poluidoras.

jurídicas de direito público podem experimentar, observados os limites de competência, as restrições características do "poder de polícia administrativa". A melhor explicação para o fenômeno está em que, em semelhantes circunstâncias, a Administração Pública tem sua atividade limitada em decorrência do caráter vinculante do direito fundamental em tela.

De mais a mais, o exercício do "poder de polícia administrativa" reveste-se, bem pensado, da característica de "obrigação estatal",[25] submetida ao controle do "demérito" por ação ou omissão, pois a intervenção da "polícia administrativa" torna-se obrigatória toda vez que presentes os pressupostos de atuação indispensável à coexistência ordenada das liberdades.[26]

Não se trata, em nenhuma hipótese, de faculdade puramente discricionária. Com efeito, a discricionariedade absoluta ou pura mostra-se decisionismo incompatível com a ideia de poder legitimamente exercido. Trata-se de competência ou dever de arcar com as responsabilidades inerentes a uma competência, sendo que a omissão lesiva pode acarretar danos não eventuais, anômalos e iníquos, ocasionando, assim, a obrigatoriedade de indenizar.

Frise-se, entretanto: por definição, o exercício legítimo e "regular" do "poder de polícia administrativa" jamais provocará tais danos. Então, só o descumprimento viciado do dever de realizar as limitações administrativas (vícios de omissão ou excesso) é que gera a responsabilização extracontratual do Estado.

Por ser, antes de tudo, uma competência-dever, toda restrição carrega o correspondente dever de assegurar a efetividade do comando legal que a prevê, sem prejuízo da aplicabilidade direta e imediata do núcleo essencial dos direitos fundamentais. Em função disso, a discricionariedade, se e quando admitida no exercício do "poder de polícia administrativa", resta, por assim dizer, objetivamente vinculada aos deveres decorrentes do direito fundamental à boa administração pública.

Claro, momentos haverá em que a discrição será a tônica. Importa sublinhar, porém, que nunca o procedimento de "polícia administrativa"

25. V. Andreas Krell, "As competências administrativas do art. 23 da CF, sua regulamentação por lei complementar e o 'poder de polícia'", *IP* 20 (2003).
26. V. Heleno Taveira Tôrres, in "Pena de perdimento de bens nas importações e seus limites constitucionais", *IP* 37/235: o exercício desse poder "será tido como *regular* sempre que desempenhado nos limites legais e com respeito dos direitos individuais, aplicado pelo órgão legalmente competente, com observância do devido procedimento legal e, cabendo a discricionariedade, sem abuso ou desvio de poder".

será puramente discricionário, inclusive porque o exercício desse "poder" estará sempre vinculado ao *due process*. Dito em outras palavras, precisará respeitar a garantia do processo justo na procura de resultados igualmente justos (= meios e fins justos).

Força, ainda, em obséquio ao direito fundamental à boa administração, incorporar, vez por todas, o teste da proporcionalidade ao exame dos "atos de polícia administrativa",[27] se se quiser cumprir e concretizar o *substantive due process of law*, não apenas o *procedural process of law*. Os meios só são juridicamente adequados se se prestarem a realizar o fim almejado (adequação meio/fim), mas, ao mesmo tempo, devem ser adequados, necessários e razoáveis.[28]

Já a auto-executoriedade, traço apenas contingente do exercício regular do "poder de polícia administrativa", limita-se pelo primado simultâneo do interesse público e dos direitos fundamentais e pela não menos relevante viabilização prática das medidas de "polícia administrativa", assim como pela presunção de legitimidade, que não pode ser afastada unilateralmente.[29]

Acolhe-se, de outra parte, a posição de Fritz Fleiner[30] ao dizer que todo ato administrativo, dotado ou não de auto-executoriedade, precisa de fundamento plausível. Daí resulta – transfigurada a lição – o mencionado dever de motivação lastreadora do exercício do "poder de polícia administrativa", de sorte a evidenciar pertinência legal e legítima.

A ausência de motivação – como afirmado em Capítulo específico – representa vício grave.[31] No Estado Democrático, a limitação administrativa demanda fundamentação explícita, congruente e límpida, dado que afeta direitos.[32] Assim, os "atos de polícia" devem ser motivados prévia

27. A aplicação, no exercício do poder de polícia, de multa administrativa desproporcional (v. ADI 1.975 e o julgamento do MS 79.924 do TRF-5ª Região), ainda que erigida em lei (liminarmente suspensa pelo STF, no caso em tela), encontra-se irremediavelmente viciada. Ou seja: força respeitar a íntegra dos princípios e regras que regem as relações de administração.
28. Tome-se o combate às infrações cometidas contra a ordem econômica, nos termos da Lei 12.529/2011.
29. V. o RE 158.543-9-RS.
30. V. Fritz Fleiner, *Institutionen des Deutschen Verwaltungsrechts*, p. 131 ("Jeder Verwaltungsakt bedarf der gesetzlichen Grundlage").
31. V., para ilustrar, o julgado no RMS/AgRg 18.388-PB, STJ, rela. Min. Laurita Vaz.
32. Sobre o tema, após sublinhar que "ao poder de polícia deverá se opor a polícia do poder", averbou Caio Tácito: "O controle de legalidade evoluiu para verificar a existência real dos motivos determinantes da decisão administrativa, a

ou concomitantemente (salvo situações emergenciais, em que se admite motivação posterior), em face da referida subordinação ao dever de fundamentação sistemática[33] e da intersubjetividade que os caracteriza.

A par disso, a prática legal e legítima das limitações administrativas impõe sacrifícios socialmente aceitáveis, ou seja, afeta direitos, mas não o núcleo dos direitos de propriedade e de liberdade; motivo pelo qual não se apresenta ensejadora de indenização, uma vez que se cinge a obstar a que determinado dano à coletividade ocorra ou prossiga, longe de impor prejuízos desproporcionais ao particular. Nisso se diferencia, por exemplo, da desapropriação, que implica sacrifício total de direitos patrimoniais, enquanto aquela é tão-só uma limitação ao exercício dos direitos – especialmente os de liberdade e de propriedade –, habitualmente impondo abstenção, nunca o despojamento. Como dito, o "poder de polícia administrativa" em hipótese alguma pode acarretar dano injusto, ao menos como resultado de seu regular exercício. Desse modo, o exercício regular (legal e legítimo) da "polícia administrativa", por definição, é caracterizado pela gratuidade, no sentido de não provocar dano ou prejuízo a ser reparado.

Sublinhe-se: para ser regular, não basta que seja legal; deve estar em conformidade com o sistema e suas prioridades. É imprescindível a conjugação da legalidade (que supõe inexistência de afronta às competências privativas[34]) com a legitimidade (conformidade maior com a tábua de princípios e objetivos constitucionais). Em outras palavras, o "poder de polícia administrativa", regularmente exercitado, impõe a abstenção de práticas ou ações,[35] mas não acarreta qualquer prejuízo ou dano injusto.

No entanto, a omissão no exercício do "poder de polícia administrativa", desde que comprovadamente causadora de dano não eventual e

importar no acesso à motivação (...). O conceito de legalidade pressupõe, como limite à discricionariedade, que os motivos determinantes sejam razoáveis e o objeto do ato proporcional à finalidade declarada ou implícita na regra de competência" ("Princípio de legalidade e poder de polícia", *RDA* 227/44-45). De sua vez, Odete Medauar assinala que "a limitação decorrente do poder de polícia deve ser motivada" (*Direito Administrativo moderno*, p. 394).

33. A exigência dimana, antes de tudo, do art. 93 da CF, devidamente interpretado.

34. V. ADI 1.666.

35. Por exemplo, na regulação do sistema financeiro pode ser estabelecido que determinados valores terão de ser recolhidos ao Banco Central. Naturalmente, o princípio da proporcionalidade será decisivo, no citado tríplice aspecto, no diagnóstico concreto da pertinência de semelhante imposição de ação, mais que de mera abstenção.

anômalo, faz impositiva a reparação. A omissão lesiva – frise-se –, não o exercício lícito e proporcional, é que gera a responsabilização.

Convém ressaltar que o "poder de polícia administrativa" é uma atividade de prevenção ou de repressão, a qual pretende alcançar, em regra, uma abstenção do particular e, às vezes, uma ação positiva (*e.g.*, art. 182, § 4º, I, da CF), limitando o desfrute dos direitos fundamentais (especialmente a liberdade ou a propriedade), sem macular a essência de tais direitos.

Tendo em conta o direito fundamental à boa administração pública, trata-se de limitação que tem a potencialidade de se impor coativamente (às vezes a partir da escolha discricionária de consequências, às vezes de modo mais intensamente vinculado)[36] a particulares ou à própria Administração na condição de particular, nos limites da respectiva competência. Em todo caso, o agente público há de se pautar de modo o mais dialógico possível, de sorte a aplicar preferencialmente sanções positivas ou de incentivo, sem a obsessiva fixação nos velhos métodos de comando e controle.

Assim, sem prejuízo das elaborações precedentes, sugere-se compreender o "poder de polícia administrativa" como o exercício motivado de uma competência (não mera faculdade) que consiste em regular, restringir ou limitar administrativamente, de modo legal e legítimo, o exercício dos direitos fundamentais de propriedade e de liberdade, de maneira a obter, mais positiva que negativamente, uma ordem pública capaz de viabilizar o direito fundamental à boa administração pública, sem render ensejo à indenização, por não impor dano injusto.

Menos que "poder", proclama-se a obrigação administrativa de praticar limitações, fiscalizando, prevenindo e, em último caso, reprimindo o exercício dos interesses em dissonância com a promoção efetiva dos intangíveis direitos fundamentais em bloco. Trata-se do exercício motivado dos deveres que fundam o Estado, preservada a esfera de singularidade indevassável em face do Poder. Em síntese, é uma competência administrativa que visa a proteger e a harmonizar os direitos fundamentais, com suficiente justificação e capacidade de compatibilizar desenvolvimento e equidade.

3. Conclusões

Tudo considerado, o estudo desses institutos emblemáticos (autorização, convalidação e "poder de polícia administrativa") lembra que

36. V. Clóvis Beznos, *Poder de Polícia*, p. 76.

mudanças certas são as que ocorrem nos momentos certos. É o tempo, à busca de governança inteligente,[37] de promover a reformulação das ideias sobre a discricionariedade administrativa, sob o prisma dos princípios constitucionais, tais como o da prevenção e o da precaução, da sustentabilidade e da eficácia, no encalço de conferir máxima efetividade ao direito fundamental à boa administração. Eis o tema a ser desdobrado no próximo Capítulo.

---

37. V., sobre os desafios de governança, Nicolas Berggruen e Nathan Gardels, *Intelligent governance for the 21st Century: a middle way between West and East*, Cambridge, Polity Press, 2013, pp.75-179.

Capítulo VI
O DIREITO FUNDAMENTAL
À BOA ADMINISTRAÇÃO PÚBLICA
E OS PRINCÍPIOS DA PREVENÇÃO
E DA PRECAUÇÃO

*(...) é preciso pôr de nosso lado
as maiores probabilidades de êxito.*
(MICHEL DE MONTAIGNE, *Ensaios*, Livro I, Cap. XLVIII)

1. Introdução. 2. Princípios da prevenção e da precaução. 3. Conclusões.

1. Introdução

O direito fundamental à boa administração pública (entendido como direito à administração eficiente e eficaz, suntentável e com plena responsabilidade por suas condutas omissivas e comissivas), acarreta o dever de observar, em tempo útil, os princípios da prevenção e da precaução, tema do presente Capítulo.

2. Princípios da prevenção e da precaução

2.1 O princípio da prevenção, no Direito Administrativo, estatui que a Administração Pública, ou quem faça as suas vezes, na certeza de evento danoso, tem a obrigação de evitá-lo, desde que no rol de suas atribuições competenciais e possibilidades orçamentárias. Quer dizer, tem o dever incontornável de agir preventivamente, não podendo invocar meros juízos de conveniência ou oportunidade em sentido contrário.

Claro, a certeza restará condicionada pelos conhecimentos dominantes à época da decisão, porque no mundo jurídico não existe certeza apodíctica ou mecânica.[1] Como quer que seja, é possível alcançar certeza suficiente de que determinado prejuízo ocorrerá, de modo que, nesses casos, a rede de causalidade precisa ser tempestivamente interrompida.

Além disso, situações há em que novos consensos se formam, daí nascendo certezas supervenientes – como ocorreu, nos últimos anos, a propósito dos danos devastadores e genocidas causados pela poluição. Por exemplo, significativo Relatório da ONU[2] enuncia várias dessas certezas acumuladas. Em razão disso, é dever evitar a conduta (pública e privada) fáustica, desregulada e desprevenida, que põe em risco a sobrevivência humana, com a preliminar supressão de várias espécies.

O ponto é que não se admite a inércia administrativa perante qualquer dano previsível. Outra vez, verifica-se que a omissão passa – ou deveria passar – a ser encarada como possível causa de evento danoso, não mera condição.

2.2 Eis – sem tirar nem acrescentar – o princípio da prevenção, nos seus elementos de fundo:

(a) altíssima e intensa probabilidade (certeza) de dano especial e anômalo;

(b) atribuição e possibilidade de o Poder Público evitá-lo; e

(c) o ônus estatal de produzir a prova da excludente reserva do possível ou outra excludente de causalidade, na eventualidade de configuração do evento danoso.

1. V. John Lukacs, *At the end of age*, 2002, ao salientar didaticamente a diferença entre causalidade mecânica e outras causalidades históricas. Em relação a estas, aquilo que acontece é inseparável do que as pessoas pensam que acontece.
2. V. *Relatório do Desenvolvimento Humano*, Nova York, PNUD, 2013, p.6: "O custo da inação será provavelmente elevado. Quanto mais tempo se mantiver a inação, maior o custo. Para garantir economias e sociedades sustentáveis, são necessárias novas políticas e mudanças estruturais que alinhem os objetivos do desenvolvimento humano e das alterações climáticas em matéria de estratégias de baixas emissões e de resiliência (...)". Tudo, em larga medida, por culpa humana, em face da emissão desenfreada de poluentes. Logo, passou da hora de romper com a letargia. O que mudou? Hoje, muitos percebem que se precisa inadiavelmente investir em tecnologias limpas de produção energética e induzir consumo consciente. Enfim, a chave reside na prevenção e na precaução, princípios que passam a ser determinantes para uma adequada e proporcional regulação administrativa, pois o desenvolvimento só será lícito se ocorrer de mãos dadas com o resguardo do equilíbrio ecológico. V. Juarez Freitas, *Sustentabilidade: direito ao futuro*, 2ª ed., cit.

Em outras palavras, na hipótese de prevenção, antevê-se, com segurança, o resultado prejudicial. Correspondentemente, nos limites das atribuições, nasce a obrigação[3] administrativa de escolher hábeis medidas interruptivas da rede causal, de maneira a impedir o dano antevisto.

2.3 Constata-se, de modo iniludível, o dever de prevenção, em certas circunstâncias. Eis ilustrações:

(a) Existe o dever de combater, de várias formas, os danos trazidos pela prática do tabagismo em ambientes públicos, uma vez que tais malefícios são sobejamente conhecidos.

(b) Existe o dever de oferecer defesa civil tempestiva aos que habitam áreas de grave risco em função de previsíveis precipitações pluviométricas.

(c) Existe o dever de banir alimentos com efeitos comprovadamente nocivos à saúde.

(d) Existe o dever de cobrar itens essenciais de segurança em veículos,[4] sem procrastinação.

(e) Existe o dever de exigir o alvará (em processo com duração razoável) de prevenção contra incêndio como requisito para funcionamento de prédios públicos e privados.

(f) Existe o dever de fixar regras de segurança do paciente e de boas práticas dos serviços de saúde.[5]

(g) Existe o dever de estatuir regras de contratação de empréstimo consignado por aposentados, aptas a evitar fraudes e endividamento excessivo.

(h) Existe o dever de evitar doenças cardíacas, mediante regras de redução do teor de sódio nos alimentos.

(i) Existe o dever de cobrar segurança e saúde em ambiente de trabalho decente e sustentável.[6]

Não se mostra remotamente plausível, nesses casos, a argumentação baseada em dúvida, salvo por arte do sofisma. Viável até a outorga

---

3. Sobre o tema da obrigação de "tomar providências quando está em jogo o interesse público", v. Odete Medauar, *Direito Administrativo moderno*, 8ª ed., p. 124.

4. V Resoluções 311/2009 e 312/2009 do Contran, que versam sobre a obrigatoriedade do sistema ABS e da instalação de *air bag*.

5. V. Resolução da Diretoria Colegiada, RDC-36/2013, da Anvisa.

6. V. *Promoting safety and health in a green economy*, Genebra, OIT, 2012.

de tutela específica para que o Poder Público tome as pertinentes providências de caráter preventivo. Não há nisso qualquer traço de paternalismo autoritário estatal. Ao revés: a inação é que revela condescendência autoritária na preservação do *status quo* lesivo.

2.4 Já o princípio constitucional da precaução, igualmente dotado de eficácia direta e imediata, estabelece (não apenas no campo ambiental), a obrigação de adotar medidas antecipatórias[7] e proporcionais, mesmo nos casos de incerteza quanto à produção de danos fundadamente temidos (juízo de forte verossimilhança). A inobservância do dever configura omissão antijurídica, que, à semelhança do que sucede com a ausência da prevenção cabível, tem o condão de gerar dano (material e/ ou moral) injusto e, portanto, indenizável, dispendiosamente absorvido pela castigada massa dos contribuintes.

Nessa ótica, para fixar o conteúdo do princípio da precaução, no exercício da discricionariedade administrativa, de antemão convém dissipar confusões terminológicas, assim como ocorrem entre risco e perigo.[8] Urge distinguir, com a máxima nitidez, os princípios da prevenção e da precaução,[9] ainda que mereça registro que um não exclui o outro. Há dispositivos, aliás, que consagram, implicitamente, a ambos. Sirva de exemplo o art. 196 da CF.[10]

O princípio da precaução, com a sua alta carga simbólica,[11] acarreta o dever de a administração pública motivadamente evitar, nos limites de suas atribuições e possibilidades orçamentárias, a produção do evento que supõe danoso, em face de fundada convicção (juízo de verossimilhança e de forte probabilidade) quanto ao risco de, se não for interrompido tempestivamente o nexo de causalidade, ocorrer prejuízo

7. Sobre ação antecipada e o princípio da precaução, v. Paulo Affonso Leme Machado, *Direito Ambiental brasileiro*, 22ª ed., 2014, pp. 60 e ss. V., ainda, Bertrand Mathieu, "Observations sur la portée normative de la Charte de l'Environnement", *Études et doctrine. Cahiers du Conseil Constitutionnel* n. 15.

8. Sobre a distinção entre perigo e risco, v. Ulrich Beck, *Políticas ecológicas en la edad del riesgo*, p. 115.

9. Preferindo adotar o princípio da prevenção como gênero que engloba a precaução (v. Édis Milaré, *Direito do Ambiente*, 3ª ed., pp. 144-146). Todavia, no sentido da distinção aqui preconizada, v. Michel Prieur, *Droit de l'environnement*, 4ª ed., 2001.

10. A propósito, v. Marga Tessler, "O juiz e a tutela jurisdicional sanitária", *IP* 25/51-52.

11. V., sobre essa dimensão simbólica, Timothy O. Riordan e James Cameron in *Interpreting the precautionary principle*, Nova York, Earthscan, 1994.

desproporcional,¹² isto é, manifestamente superior aos custos (sociais, econômicos e ambientais) da eventual atividade interventiva.¹³

Por exemplo, não se pode liberar um medicamento sem segurança quanto a possíveis efeitos colaterais, o que supõe tempo de monitoramento. Outro exemplo: o "poder geral de cautela" que se confere aos Tribunais de Contas, na aplicação da teoria dos poderes implícitos no art. 71 da CF:¹⁴ trata-se do poder-dever de, motivadamente, tomar providências assecuratórias da própria decisão final. Não há, aqui, certeza do dano, tampouco com relação ao conteúdo da decisão definitiva, mas forte verossimilhança. Mais: não se deve liberar para consumo um alimento exposto a determinada contaminação provavelmente deletéria. Em todos os casos, não há certeza da nocividade, mas a cautela se impõe.

No cotejo, pois, com o princípio da prevenção,¹⁵ a diferença sutil reside no grau estimado de probabilidade da ocorrência do dano (certeza *versus* verossimilhança). Assim, ao implementar¹⁶ a precaução, a Administração Pública, no exercício de suas competências, igualmente precisa agir na presunção de que a interrupção do nexo de causalidade consubstancia, no plano concreto, atitude mais adequada que a liberação do liame.

Decerto, inadmissível a tomada das medidas de precaução como fruto de temores excessivos ou desarrazoados. Escusado assinalar que a insuficiência reticente e a dose irrealista de precaução, cada uma a seu modo, conduzem à idêntica frustração do direito à boa administração pública.

No direito administrativo ambiental, mais especificamente, o princípio da precaução brota do art. 225 da CF e consta – vertido com

---

12. V. Ana Gouveia Freitas Martins, *O Princípio da precaução no direito do ambiente*, p. 88.

13. Sobre custo economicamente aceitável, v. Bernard Dobrenko, "A caminho de um fundamento para o direito ambiental", in Sandra A. S. Kishi, Solange T. da Silva e Inês V. P. Soares (orgs.), *Desafios do Direito Ambiental no Século XXI*, p. 70.

14. V., a propósito do poder geral de cautela do Tribunal de Contas, numa aplicação acertada da teoria dos poderes implícitos, o julgamento do STF, no MS 26.547, rel. Min. Celso de Mello; v., também, o julgamento do MS 24.510, rela. Min. Ellen Gracie Northfleet.

15. Sobre diferenças entre prevenção e precaução, v. José Rubens Morato Leite e Patryck Ayala, *Direito Ambiental na sociedade de risco*, p. 62. V., ainda, Marcelo Abelha Rodrigues, *Instituições de Direito Ambiental*, p. 149.

16. V., sobre a experiência nórdica, Nicolas de Sadeleer (ed.), *Implementing the precautionary principle*, Londres, Earthscan, 2007.

indeterminação deliberada e desafiadora do formalismo argumentativo[17] – entre outras, nas Leis de Biossegurança[18] e de Mudanças Climáticas.[19] Historicamente, pode-se localizá-lo nos anos 60 do século passado, por exemplo, na Suécia[20] e na Alemanha.[21] Contudo, força destacar a *Declaração Rio-92*, que o estabeleceu cogentemente,[22] no Princípio 15: quando houver ameaça de danos certos ou irreversíveis, a ausência de absoluta certeza científica não deve ser utilizada como razão para postergar medidas destinadas a evitar a degradação ambiental.

Como soa intuitivo, ainda que evidente a mistura atécnica dos conceitos de prevenção e de precaução, este último princípio já aparece com feições próprias. Bem mais rigorosa e arredondada, no ponto, merece registro a contribuição francesa, com La Charte de l'Environnement, de 2005, por melhor diferenciar prevenção e precaução. Com efeito, o art. 5º consagra o princípio da precaução ao prescrever que, quando a ocorrência de um dano, apesar de incerto em face do estado de conhecimentos científicos,[23] puder afetar de modo grave e irreversível o ambiente,

17. Esclareça-se, para evitar qualquer mal-entendido, que, ao se criticar o formalismo, não se descura da forma, mas se tem em mente aquela inaceitável acepção de "formalismo argumentativo", na classificação tríplice de Riccardo Guastini (*Das Fontes às Normas*, p. 159). Tal formalismo está preso aos apelos somente normativos, ao passo que aqui se admite e preconiza a consideração de efeitos e conteúdos axiológicos das decisões administrativas.

18. Lei 11.105/2005, art. 1º.

19. Lei 12.187/2009, art. 3º: "A PNMC e as ações dela decorrentes, executadas sob a responsabilidade dos entes políticos e dos órgãos da administração pública, observarão os princípios da precaução, da prevenção, da participação cidadã, do desenvolvimento sustentável e o das responsabilidades comuns, porém diferenciadas, este último no âmbito internacional (...)".

20. V. Swedish Environmental Protection Act (1969).

21. Sobre a evolução do princípio da precaução no Direito doméstico alemão e o tema dos princípios na seara internacional, v. Gerd Winter, "A natureza jurídica dos princípios ambientais em Direito Internacional", in Sandra A. S. Kishi, Solange T. da Silva e Inês V. P. Soares (orgs.), *Desafios do Direito Ambiental no Século XXI*, pp. 121-146, apresentando a precaução como dever de tomar medidas em situação de incerteza, porém de plausibilidade da ocorrência de graves riscos. No caso da Alemanha o princípio da precaução apresenta dimensões material e instrumental. Segundo a dimensão material, "consequências distantes tanto em tempo como em lugar, danos a bens particularmente sensíveis, meros distúrbios e pouca probabilidade de dano devem ser investigados na avaliação de risco. A dimensão instrumental refere-se ao arsenal de medidas pertinentes" (p. 144).

22. V. Álvaro Luiz Valery Mirra, "Direito ambiental: o princípio da precaução e sua aplicação judicial", *Revista de Direito Ambiental* 21/95-98.

23. V., sobre incerteza científica que não justifica inércia estatal, Caroline Foster, *Science and the precautionary principle in International Courts and Tribunals*, Cambridge, Cambridge University Press, 2011, pp. 3-31.

as autoridades públicas providenciarão, nas áreas de suas atribuições, a implementação de procedimentos de avaliação dos riscos[24] e a adoção de medidas adequadas à finalidade de evitar a concretização do dano. Diversamente, o princípio da prevenção consta no art. 3º, segundo o qual toda pessoa, nas condições disciplinadas em lei, deve prevenir os prejuízos que eventualmente possa causar ao meio ambiente ou, na omissão, limitar as consequências.

2.5 A fronteira entre prevenção e precaução mantém-se tênue, facetas teleológicas que são de uma só prudência.[25] Contudo, a distinção afigura-se de grande valia, porque reforça o dever de agir proporcional, inclusive quando da verossimilhança (não quimera simplista ou timorata). Como assinalado, no tocante à precaução o dano se afigura provável, a partir de indícios e presunções. A despeito disso, sobressaem motivos ponderáveis para as medidas antecipatórias, devidamente indicadas na motivação do ato precavido.

São, com efeito, de elevada monta os custos sociais, econômicos e ambientais da inatividade. Importa, desse modo, realçar que o bom equacionamento, aqui como na prevenção, só se faz lícito em harmonia com o princípio da proporcionalidade.[26] Este é que permite ver se foram cumpridos, ou não, os requisitos de fato e de direito (motivação) a embasar a escolha das medidas interventivas, sem exacerbação ou falta de diligência.

Bem a propósito, para coibir excessos e carências de precaução, mister atentar, no ponto, para as considerações de Cass Sunstein.[27] Alerta para os medos exacerbados, tão nocivos como a carência de temores justificados. Impende não dar resposta errônea aos medos da sociedade, isto é, não sucumbir ao estilo populista, irresponsável e irracional. O populismo preocupa-se desmedidamente com riscos triviais e, com frequência inaudita, desconsidera os riscos graves.[28]

24. V., sobre riscos, Joakin Zander, *The application of the precautionary principle in practice*, Cambridge, Cambridge University Press, 2010, pp. 12-32.
25. V. Carlos Massini, *La Prudencia Jurídica*, 1983.
26. V. Patryck de Araújo Ayala, "O princípio da precaução e a proteção jurídica da fauna brasileira", *Revista de Direito Ambiental* 39/147 – texto no qual sustenta: "O princípio da precaução vem estabelecer no domínio da regulação dos riscos e da proteção jurídica do ambiente uma autêntica proibição de *non liquet*, mesmo perante o conhecimento indisponível, inacessível ou inexistente" (p. 167).
27. V. Cass Sunstein, *Laws of fear*, 2005.
28. "(...) well-functioning governments aspire to be deliberative Democracies. (...). Responsiveness to public fear is, in this sense, both inevitable and desirable.

Nessa senda, força rejeitar a versão exagerada do princípio da precaução, pois se torna literalmente incoerente, dado que permite, simultaneamente, ação e inação.[29] Indispensável, pois, atentar para as ciladas e os enviesamentos que reinam no tema. Como dito, o excesso de controle equivale ao não controle. E a paralisia irracional pode desencadear danos juridicamente injustos e indenizáveis.

Numa frase: o Estado precisa agir com precaução, na sua versão balanceada, se e quando tiver motivos idôneos a ensejar uma intervenção antecipatória proporcional. Se não o fizer, aí sim, poderá ser partícipe da cristalização de dano irreversível ou de difícil reparação. Em outros termos, forçoso que o Poder Público, no exercício da discricionariedade administrativa, deixe de operar com demasia ou com apática indiferença no cumprimento de seus deveres, inclusive de precaução e prevenção,[30] na implementação das políticas públicas.[31]

O princípio da precaução pode ser entendido, antes de mais – no dizer de Philippe Kourilsky –, como "incitamento à ação, uma atitude de gestão ativa do risco".[32] Todavia, não uma medida qualquer, mas eficaz e calibrada.[33] Tem de ser um agir suficientemente motivado, como de-

But responsiveness in complemented by a commitment to deliberation, in the form of reflection and reason giving. If the public is fearful about a trivial risk, a deliberative Democracy does not respond by reducing that risk. It uses its own institutions to dispel public fear that is, by hypothesis, without foundation. Hence deliberative democracies avoid the tendency of populist systems to fall prey to public fear when it is baseless. (...). In a Democracy, people's reflective values prevail. But values, and not errors of fact, are crucial" (Cass Sunstein, *Laws of fear*, pp. 1-2).

29. "In strongest forms, the precautionary principle is literally incoherent, and for one reason: there are risks on all sides of social situations. It is therefore paralyzing; it forbids the very steps that it requires. Because risks are on all sides, the precautionary principle forbids action, inaction, and everything in between" (Cass Sunstein, *Laws of Fear*, p. 4).

30. "Of course overregulation can be found in many places, and of course it is a problem; but the problem of under-regulation is also serious. In many domains, government is indispensable, particularly in the context of health, safety, and the environment. Nothing said here should be taken to suggest otherwise" (Cass Sunstein, *Laws of fear*, p. 9).

31. V., para reflexão multifacetada, *Politique de santé et principe de précaution*, sous la direction, de André Aurengo, Daniel Couturier, Claude Sureau, Dominique Lecourt e Maurice Tubiana, Paris, PUF, 2011.

32. V. Philippe Kourilsky, "Le principe de précaution", *Chroniques du CREA* de Grenoble, p. 12.

33. No modelo francês, v. art. 110-1 do Code de l'environnement: "Le principe de précaution, selon lequel l'absence de certitudes, compte tenu des connaissances

terminam a Constituição e a Lei de Processo Administrativo (art. 50): o dever de motivação (exposição concatenada e congruente dos argumentos de fato e de direito) – assim como enfatizado em Capítulo próprio – opera como antídoto contra os riscos do decisionismo.

Vale dizer, a exigência alastrada de motivação (oferecimento de razões e argumentos em cadeias silogísticas[34]) funciona, também aqui, como escudo contra o exercício imprudente e coisificante do poder pela ausência da fundamentação reflexiva e consequente quebra da sistematicidade. Claro, a precaução bem motivada jamais significa precaução medrosa, insuflada por fobias ou sem lastro jurídico-racional. A forte verossimilhança milita no sentido de que, não obstante a episódica ausência de certeza científica, o dano grave e irreversível pode ocorrer e deve ser evitado.

O dever de justificação (interna e externa)[35] das decisões de precaução supõe a presença de dúvida lastreada ou lastreável em indícios fortes, além da postura ética de cuidado.[36]

Não se trata de qualquer justificação. Não pode ser o produto imaturo da aversão a todo e qualquer risco nas decisões intertemporais, mas do balanceamento técnico e jurídico dos benefícios líquidos, não apenas econômicos, da medida.

2.6 Em síntese, as providências de precaução e prevenção requerem motivação decente e consistente: os fundamentos[37] de fato e de direito para as decisões administrativas de precaução (ameaça fundada à saúde humana ou ao ambiente) e de prevenção (certeza de dano) são de rigorosa inafastabilidade. Admite-se só excepcionalmente a motivação superveniente, desde que a urgência o requeira.

Portanto, uma decisão proporcional não poderá ser a de, na simples dúvida, nada fazer ou tudo impedir, muito menos aceitar as falsas

---

scientifiques et techniques du moment, ne doit pas retarder l'adoption de mesures effectives et proportionnées visant à prévenir un risque de dommages graves et irréversibles à l'environnement à un coût économiquement acceptable".

34. V. Aulis Aarnio, *Lo racional como razonable*, 1991.

35. V. Dan Beauchamp e Bonnie Steinbock (eds.), *New Ethics for Public's Health*, New York, Oxford University Press, 1999.

36. V. Carlos Alberto Molinaro: "A emergência de uma ética ecológica efetiva se faz necessária; necessária para corrigir o estilo de vida que levamos (...)" (*Direito Ambiental*, p. 117).

37. Claro que seria possível, noutro acordo semântico, fazer a distinção entre fundamentação e justificação.

evidências produzidas por pressões momentâneas. Na abordagem intersubjetiva e dialógica da discricionariedade administrativa, os princípios em estudo não se coadunam com a compreensão precipitada e unilateral, sobremodo tendo em conta o fenômeno da tolerância indevida perante riscos familiares.[38]

O relevante é notar que as projeções relacionadas à precaução[39] e à prevenção determinam inovadora lógica de atuação do Estado: a lógica das estratégias prudenciais de longa duração,[40] que se ocupam em evitar situações adversas e efeitos colaterais indesejados.

Eis adicional e robusto motivo para erigir o direito administrativo mais de Estado do que de governo, de molde a soerguer instituições reguladoras dotadas de qualitativas metas, mensuráveis a longo prazo.

Em mundo complexo,[41] os princípios da precaução e da prevenção, assimilados à luz da proporcionalidade, prescrevem o fim da tirania do curto-prazo no enfrentamento dos maiores fatores de risco.

---

38. V. Cass Sunstein, *Laws of Fear*, pp. 43 e 69 ("People are far more willing to tolerate familiar risks than unfamiliar one, even if they are statistically equivalent").

39. Sobre precaução, v., ainda, no Direito Comparado: Chantal Cans, "Le principe de précaution, nouvel élément du contrôle de légalité", *Revue Française de Droit Administratif* 15-4/750; Pascale Martin-Bidou, "Le principe de précaution en droit international de l'environnement", *Revue Générale de Droit International Public* 1999-3.

V., ainda, Neil Carter: "The sustainable development paradigm deals with the complexity and uncertainty that surrounds so much environmental policy-making, particularly where technical and scientific issues are involved, by insisting on the widespread application of the precautionary principle. This principle states that the lack of scientific certainty shall not be used as a reason for postponing measures to prevent environment degradation" (*The Politics of the Environment: Ideas, Activism, Policy*, 3ª ed., p. 207). Mais, v. Joel A. Tickner: "The precautionary principle deals with the question of what appropriate actions should be taken to protect health and environment in the face of scientific uncertainty. (...) In any case, in EC law the precautionary principle has the status of a mandatory treaty principle" (*Precaution, Environmental Science, and Preventive Public Policy*, p. 243).

40. Sobre o tema da nova lógica como transformação da *raison publique*, v. Olivier Godard, "Le principe de précaution, une nouvelle logique d'action entre Science et Démocratie", *Philosophie Politique*, maio/2000.

41. V. Jared Diamond, *Colapso. Como as sociedades escolhem o fracasso ou o sucesso,* p. 624: o enfrentamento de grandes desafios, mormente na área ambiental, demanda a "coragem de praticar raciocínio de longo prazo, e tomar decisões antecipadas (...). Este tipo de tomada de decisão é o oposto da tomada de decisão reativa de curto prazo que muito frequentemente caracteriza nossos políticos".

2.7 O cortejo de males e externalidades negativas não pode ser exitosamente atacado com a miopia[42] daqueles que, no geral das vezes, são prosélitos do conformismo, a conspirar para a confirmação de suas tenebrosas profecias. À vista disso, essencial ter em mente que:

(a) Na esfera da discricionariedade administrativa, a aplicação direta e imediata dos princípios da prevenção e da precaução induz novo estilo intertemporal de hierarquização axiológica das escolhas públicas, com vistas ao primado dos direitos fundamentais,[43] notadamente do direito à boa administração pública.[44]

(b) Embora autônomos, os princípios da prevenção e da precaução devem ser compreendidos entrelaçadamente com os demais, isto é, relativizados, embora tidos como superiores às regras, por definição.

(c) A efetividade dos princípios da precaução e prevenção demanda gestão pública inteligente e garantida pelas carreiras de vínculo institucional típico, na perspectiva do direito administrativo do Estado Democrático, em vez de preso ao fisiologismo acorrentado ao imediato.

Diante disso, força reiterar a responsabilidade[45] proporcional do Estado no tocante às decisões omissivas (falta de precaução ou de prevenção) ou comissivas (exorbitância de precaução ou de prevenção).

Mais: o controle da omissão, em face da demora na tomada de providências administrativas de precaução ou de prevenção, não precisa se perder nas névoas da "culpa" anônima. Ou seja, não configuradas as excludentes, forma-se o liame causal, em função da antijuridicidade provocada pela quebra do princípio da proporcionalidade. Resulta insofismável, sob todos os aspectos, a responsabilidade estatal por omissão do

---

42. Sobre o tema da "miopia" temporal, vista como "atribuição de um valor demasiado grande ou intenso ao que está mais próximo de nós no tempo, em detrimento daquilo que se encontra mais afastado", v. Eduardo Gianetti, *O valor do amanhã*, p. 174.

43. Acerca do primado dos direitos fundamentais como contraponto à discricionariedade, v. Marco Maselli Gouvêa, "Balizamentos da discricionariedade administrativa na implementação dos direitos econômicos, sociais e culturais", in Emerson Garcia (org.), *Discricionariedade administrativa*, pp. 358-361.

44. Mais especificamente sobre o direito fundamental ao meio ambiente, v. Antônio Herman Benjamin, "O meio ambiente na Constituição Federal de 1988", in Sandra A. S. Kishi, Solange T. da Silva e Inês V. P. Soares (orgs.), *Desafios do Direito Ambiental no Século XXI*, pp. 380-385. Com acerto, critica a interpretação retórica da Constituição (p. 397).

45. Sobre a responsabilidade objetiva por dano ambiental, v. Vladimir Passos de Freitas, *A Constituição Federal e a efetividade das normas ambientais*, 3ª ed., pp. 175-179.

agente público, nessa qualidade, nos casos de carência ou insuficiência do exercício dos poderes de prevenção e de precaução.

O exposto corrobora, com dose calibrada de cautela, a mudança vertical na sindicabilidade das decisões administrativas. Os princípios da precaução e da prevenção, vivenciados com equilíbrio e senso de urgência, abrem espaço para expressivos avanços no campo da responsabilidade do Estado, no rumo da superação da negligência crônica e da inércia patológica, que deitam raízes no período colonial.[46]

2.8 Nessa ordem de considerações, acolhe-se a responsabilidade objetiva do Estado por danos causados por seus agentes, nessa qualidade, pela inobservância dos deveres de precaução e de prevenção, por dois argumentos centrais:

(a) tais princípios determinam condutas comissivas, no geral das vezes; e

(b) a omissão também se mostra, em si, causadora de danos iníquos: o Estado não pode chegar tarde.

Sublinhe-se: necessário apagar o regalismo irresponsável e cuidar dos interesses existenciais legítimos das atuais e futuras gerações, numa performance que honre a rede constitucional dos poderes-deveres públicos.

2.9 Útil observar que os princípios da prevenção e da precaução estão intimamente associados à segurança e à sustentabilidade. Sem prevenção e precaução, não funcionam os modelos desenhados para promover o desenvolvimento com equidade e a prosperidade econômica com qualidade de vida.

Além disso, precaução e prevenção são princípios que nada têm de anticientífico ou de conservador; menos ainda de refratário às inovações tecnológicas. Têm a ver, sim, com a proteção da segurança, em sentido amplíssimo, que acarreta, por exemplo, o dever de exigir, no processo produtivo, a substituição de materiais arriscados por outros seguros para a saúde, sem protelações baseadas no economicismo indefensável.

Essa preocupação-chave com a segurança torna-se provida de expressivos reflexos, sobremodo na órbita do direito administrativo da regulação. Não por acaso, almeja-se preservar as relações jurídicas contra

---

46. V., a propósito, Caio Prado Jr., *Formação do Brasil contemporâneo: Colônia*, p. 335.

as disrupturas intempestivas, tais como o estouro de bolhas e a eclosão de crises sistêmicas.

Noutro contexto, Norbert Achterberg destacava que, "em sentido material, Estado de Direito significa um Estado em que a justiça e a segurança jurídica, inclusive a paz jurídica, devem ser procuradas e desenvolvidas".[47] Isso quer dizer que "o conceito de Estado – desenvolvido pela Teoria Geral do Estado – e o princípio da segurança jurídica dependem um do outro".[48] Correto, mas é preciso acrescentar que uma das funções regulatórias típicas consiste em resguardar, preventiva e precavidamente, o razoável grau de adaptabilidade humana.

Como lembra Fritz Schulz, também o Direito Romano confrontou-se com o imperativo de proteção da segurança. Não foi acaso que a *Gravitas* e a *Constantia*, latentes no apreço latino pelas tradições, se transformaram nas principais virtudes romanas.[49] Hoje, entretanto, para que se possa edificar lídima segurança, notadamente para os mais vulneráveis, cumpre pugnar pela congruência das decisões administrativas no curso do tempo – donde segue o papel crucial dos princípios da prevenção e da precaução. De fato, cabe ao administrador público velar tanto pela continuidade funcional do sistema administrativo como se antecipar, de sorte a evitar retrocessos e tragédias, graças ao apurado manejo dos riscos.

O Estado Democrático jamais cumprirá as suas funções, perante os velhos e novos danos, se insistir em se manter hostil às intervenções necessárias, erro simétrico ao de tentar controlar tudo. Quer dizer, o que se pretende é o justo equilíbrio dinâmico das decisões administrativas.

No jogo concertado entre mobilidade e continuidade, não pode haver lugar nem para a falta de antecipação, nem para o imobilismo da perplexidade, pois ambos os fenômenos abrem espaço à sórdida aventura à custa do risco alheio.

Para adaptar observação de Reinhold Zippelius, "aqui a resposta adequada não pode residir em uma simples opção disjuntiva de 'ou ...

47. V. Norbert Achterberg, *Allgemeines Verwaltungsrecht*, 1985, § 5º, I, 1, p. 73 ("Im materiellen Sinne wird Rechtsstaat ein Staat genannt, der Gerechtigkeit und Rechtssicherheit einschliesslich Rechtfrieden zu verwirklichen sucht").
48. Idem, § 5º, I, 1, p. 73 ("Der Begriff Staat – dessen Klärung der Staatstheorie aufgegeben ist – und das Prinzip Rechtssicherheit mögen dabei hier auf sich beruhen").
49. V. Fritz Schulz, *Prinzipien des Römischen Rechts*, p. 57 ("Die Tradition ist im römischen Leben eine Grossmacht. 'Gravitas' und 'Constantia' sind dem Römer nationale Kardinaltugenden").

ou'".⁵⁰ A busca pela prevenção e pela precaução é a busca de inovação e segurança. Não faz sentido criar empecilho para o progresso verdadeiro, contudo o salutar anelo de inovação não pode frustrar a função de segurança do sistema jurídico.

3. Conclusões

Ao fim e ao cabo, o grande desafio, no exercício da discricionariedade administrativa, é o de inovar conservando. Prever e precaver, sem sufocar a ousadia. Na prática, ainda tem preponderado o exato oposto dessa diretiva: em vez de inovar com segurança, perdura, aqui e ali, a filosofia do curto prazo, mediante golpes erráticos de voluntarismo.⁵¹ Em vez de conservar inovando, introduzem-se elementos desagregadores da consistência de políticas públicas.

Força alterar tal panorama, no intuito de que o exercício dos poderes administrativos se mostre preordenado a assegurar estabilidade dinâmica. Somente assim se alcançará ambiência propícia aos investimentos produtivos em escala para garantir, no âmbito das escolhas públicas, as condições do imprescindível desenvolvimento multidimensional.

Nesse passo, o direito fundamental à boa administração pública é outra maneira de dizer direito ao desenvolvimento sustentável, que implica o exercício projetivo da discricionariedade com prevenção, precaução e real apreço à promoção do bem-estar das gerações presentes e futuras.

Em face do exposto, o direito fundamental à boa administração pública, doravante, precisa do incremento enfático dos princípios da prevenção e da precaução. Para tanto, entre outras medidas, torna-se inadiável a valorização das carreiras de Estado, tema do Capítulo que segue.

---

50. V. Reinhold Zippelius, *Teoria geral do Estado*, p. 177.
51. Para uma visão crítica do decisionismo arbitrário, v. Paulo Bonavides, *Teoria geral do Estado*, 9ª ed., 2012, p. 327.

Capítulo VII
O DIREITO FUNDAMENTAL À BOA ADMINISTRAÇÃO PÚBLICA, A VALORIZAÇÃO DO VÍNCULO INSTITUCIONAL E A DEFESA DAS CARREIRAS DE ESTADO

Não há vício real que não nos ofenda (...).
Tudo o que é bom satisfaz uma natureza de escol.
(MICHEL DE MONTAIGNE, *Ensaios*, Livro III, Cap. II)

1. Introdução. 2. Carreiras de Estado. 3. Conclusões.

1. Introdução

As relações de administração, segundo a boa governança, devem ser pronunciadamente de Estado, mais que "de governo", ou voltadas para o curto prazo.[1] Ou seja, os agentes públicos têm compromisso precípuo com o direito fundamental à boa administração pública, incluídos os que exercem atividades por delegação.[2]

Nessa linha, ao lado da importância estratégica de tornar sindicáveis, em profundidade, as decisões administrativas, indispensável assegurar a continuidade da gestão pública, para além do timbre episódico de políticas conjunturais, transitórias por definição.

1. V. meu livro *O controle dos atos administrativos e os princípios fundamentais*, 5ª ed., 2013, ao revisar categorias à luz da premissa mencionada. Para cotejo, sobre as mudanças em curso, v. Sabino Cassese, "Tendenze e problemi del Diritto Amministrativo", *Rivista Trimestrale di Diritto Pubblico* 54/901-912.

2. De fato, inclusive os concessionários. Sobre a vinculação do próprio conceito de serviço público com os direitos fundamentais, v. Marçal Justen Filho, *Curso de Direito Administrativo*, p. 480.

Assim, avulta, entre outras medidas aqui sugeridas, a valorização das Carreiras de Estado, com autonomia e independência técnica. Tais Carreiras têm papel-chave em qualquer redesenho exitoso da sindicabilidade apta a evitar os males de regulação estatal falha. A par disso, não há exagero em asseverar que a própria viabilidade das parcerias público--privadas (em sentido amplo) depende do paradoxal reconhecimento da indelegabilidade de determinadas funções estatais.[3]

Noutros termos, mais que nunca, improtelável a correta valorização das Carreiras de Estado, robustecidas e consolidadas em regime institucional que confira incentivos e garantias compatíveis. Justamente essa ideia abre ensejo à reflexão sobre aspectos relacionados ao regime de algumas dessas Carreiras, tema do presente Capítulo, com o único desiderato de que funcionem como anteparos contra a discricionariedade desmesurada ou insuficiente.[4]

2. Carreiras de Estado

2.1 Convém retomar o fio da história: quando o desenvolvimento do Direito Administrativo ainda se achava em fase inicial, muitos, na falta de conceitos apropriados, cederam à tentação de pedir auxílio às categorias do direito privado,[5] optando pelas discutíveis vantagens do método extrapolativo, cuja lógica consiste em elucidar um ramo do Direito a partir do observado em outro mais antigo.

Foi Paul Laband quem ressaltou que, nesse período embrionário, a literatura, cedendo às meras semelhanças, resolveu buscar nas figuras negociais do mandato (Harprech, Eybel, Troplong, Merlin e Laurent), da locação de serviços (Paul Kress, Wilhelm Neumann e D. Strube) – e até no contrato inominado[6] (J. C. Leist e J. A. Feurbach) – a inspiração para

---

3. Sobre o tema, v. Cristiana Fortini e Frederico Costa Miguel, "Parcerias público-privadas: aspectos relevantes", *IP* 40/164 e ss.
4. Alinha-se o presente capítulo com meu livro *Carreira de Estado: Administração tributária*, 2007.
5. V. Pontes de Miranda (*Comentários à Constituição de 1967 com a Emenda n. 1 de 1969*, t. III, p. 418) já notara: "Como acontece quanto a qualquer relação jurídica menos conhecida, procurou-se explicar a relação jurídica entre o funcionário público e o Estado assimilando-a a algumas das relações mais vulgares no mundo do Direito, em subordinação do direito público ao direito privado, característica de séculos em que o direito civil representou a preocupação principal da burguesia, após a derrocada das instituições monárquico-feudais".
6. V. Paul Laband, *Le Droit Public de l'Empire Allemand*, t. II, pp. 114-115.

discernir sobre a natureza da relação jurídica articulada entre o Poder Público e seus funcionários.

Depois de rechaçar, uma a uma, as alternativas de cunho privatista, Laband, procurando harmonizar a ideia de bilateralidade com os princípios do direito público, animou-se a propor que tudo não passava de um contrato de direito público *sui generis*. Em seu entender, "a relação de serviço do funcionário público repousa sobre um contrato pelo qual, (...), o servidor se devota ao Estado, assume um particular dever de serviço e de fidelidade, engaja-se em um dever de obediência, e pelo qual o Estado, por sua vez, aceita tal promessa, assim como a singular relação de poder que lhe é oferecida, assegurando ao funcionário, em contrapartida, proteção e, também, sustento".[7]

Graças a esse pronunciamento, Laband pode ser apontado como precursor e um dos maiores expoentes da chamada *teoria contratualista*, que, influenciada pela atmosfera liberal reinante na segunda metade do século XIX, elegeu o princípio da autonomia como sua principal pedra de alicerce. Ocorre que as notórias inconsistências da teoria bilateral cedo vieram à tona: como compatibilizar o largo espectro das intervenções unilaterais do Poder Público, inclusive no plano dos direitos e obrigações dos servidores, com a máxima sinalagmática da mútua pactuação dos vínculos? Ainda quando se cogitasse de um "contrato *sui generis*",[8] o certo é que, antes de se incorporar ao serviço público, o funcionário, nesse regime bilateral, teria a possibilidade de debater as condições do trabalho, as quais, uma vez acordadas, fariam lei entre os contraentes, não podendo ser modificadas pela vontade exclusiva do Estado. Ora, salta à vista que esse resultado nunca refletiu a realidade que, já então, marcava as relações entre o Poder Público e seu corpo de funcionários.

O passo seguinte, nesse renhido debate, coube à criatividade de Otto Mayer. Insurgindo-se contra a tese contratualista de Laband, alertou para a circunstância de que o vínculo entre Estado e servidor público não tinha, propriamente, origem em contrato de trabalho (público ou priva-

---

7. Idem, pp. 119-120 ("Le rapport de service du fonctionnaire de l'État repose sur un contrat par lequel, ..., contracte un devoir particulier de service et de fidélité, s'engage à un dévouement particulier, à une obéissance particulier, et par lequel l'État accepte cette promesse, ainsi que le rapport de puissance particulier qui lui est offert et assure en retour au fonctionnaire protection et, d'ordinaire, entretien").

8. Entre nós, M. I. Carvalho de Mendonça e Clóvis Beviláqua incluem-se no rol dos juristas que acolheram a concepção do "contrato *sui generis*". Sobre o tema, v. Pontes de Miranda, *Comentários à Constituição de 1967 com a Emenda n. 1 de 1969*, t. III, p. 428.

do). Repousava, antes, numa "obrigação de servir de direito público".[9] Rejeitando, assim, as antigas concepções da gestão de negócios, da locação de serviços e do mandato, Mayer adverte que "a função é um círculo de atividades do Estado que devem ser geridas por uma pessoa ligada por uma obrigação de direito público de servir ao Estado".[10]

Mas o passo maior no sentido de superar a noção de contrato, ao se cogitar de servidores tipicamente estatais (entre os quais os encarregados de aprofundada sindicabilidade), foi dado por uma tríade de juristas franceses: Léon Duguit, Maurice Hauriou e Gaston Jèze. Ao dissociarem a realidade jurídica dos servidores públicos daquela de outras espécies de empregados da administração, cujas relações de trabalho eram disciplinadas por regras do direito privado, em uníssono, trataram de repudiar o processo de colonização do direito público pela doutrina privatista, demarcando – ato contínuo – as características assaz peculiares do estatuto publicista reservado aos "funcionários propriamente ditos" (*fonctionnaire proprement dit*).

Duguit, aludindo à "situação geral dos funcionários",[11] escreveu que "a palavra 'estatuto' designa a situação especial constituída para os funcionários pela aplicação das disposições legais ou regulamentares editadas para protegê-los contra todos os atos arbitrários dos governantes ou de seus agentes diretos.

"Esta definição do estatuto basta para mostrar que ele constitui, essencialmente, uma situação de direito objetivo resultante, diretamente, da aplicação do direito objetivo formulado pelas leis e pelos regulamentos do serviço público considerado".[12]

9. V. Otto Mayer, *Le Droit Administratif allemand*, t. IV, § 42, p. 8 ("La fonction publique, au contraire, est essentiellement liée à obligation de servir du droit public").

10. Idem, p. 8 ("La fonction est un cercle d'affaires de l'État, qui doivent être gérées par une personne liée par l'obligation de droit public de servir l'État"). Sobre o confronto entre Laband e Otto Mayer, v., por exemplo, Fritz Fleiner (*Droit Administratif allemand*, 1933), que, por sua vez, seguiu o pensamento de Otto Mayer, sustentando que a opinião de Laband "ne peut cependant pas être acceptée. La nomination du fonctionnaire comme la naturalisation de l'étranger sont l'œuvre d'une disposition unilatérale de l'autorité, mais d'une disposition que l'autorité ne peut édicter qu'avec l'assentiment de l'intéressé" (p. 123). Na década de 50, Friedrich Giese (*Allgemeines Verwaltungsrecht*, p. 55) também acolheu a ótica de que "die Ernennung ist kein öffentlich-rechtlicher Vertrag, sondern ein einseitiger Staatshoheitsakt". Atualmente, a visão que prevalece é a de que se trata de ato administrativo, como mostra Hartmut Maurer (*Allgemeines Verwaltungsrecht*, p. 146).

11. V. Léon Duguit, *Traité de Droit Constitutionnel*, vol. III, p. 159 ("(...) situation générale des fonctionnaires (...)").

12. Idem, ibidem ("Le mot 'statut' désigne la situation spéciale qui est faite aux fonctionnaires par l'application des dispositions légales ou réglementaires édictées

É o que, com idêntico sentido e linguagem assemelhada, enunciou Maurice Hauriou, ressaltando que, "se a concepção do contrato de serviço público deve ser afastada para os funcionários propriamente ditos e se, inclusive, se deve evitar dizer que, no todo de sua relação, o funcionário se liga à administração como uma parte à outra parte, pela boa razão de que funcionário e administração são um dentro da instituição administrativa, não resta outra solução jurídica possível senão a de que o funcionário seja incorporado à administração por uma requisição consentida que lhe confere um estatuto legal regulamentar e moral".[13]

Jèze também reproduziu esse prisma, consoante o qual, "na França, os agentes do serviço público propriamente ditos estão em uma situação jurídica legal e regulamentar. Isso significa que o sistema do contrato não intervém em nenhum momento. Não é um contrato que incorpora o agente ao serviço público. Não é um contrato que regula os direitos e obrigações dos indivíduos no serviço público. Não é um contrato que fixa a duração das funções e as condições de exoneração do serviço público. A sanção dos direitos e das obrigações dos agentes do serviço público não é aquela dos direitos e obrigações resultantes de um contrato".[14]

pour les protéger contre tous actes arbitraires de la part des gouvernants et de leurs agents directs. Cette définition du statut suffit à montrer qu'il constitue essentiellement une situation de droit objectif résultant directement de l'application du droit objectif formulée par les lois et règlements du service public considéré").

13. V. Maurice Hauriou, *Précis élémentaire de Droit Administratif*, p. 72 ("Si la conception du contrat de service public doit être écartée pour le fonctionnaire proprement dit et si même on doit éviter de dire que, pour l'ensemble de sa situation, le fonctionnaire soit lie à l'administration comme une partie à une autre partie, pour la bonne raison que fonctionnaire et administration ne font qu'un dans l'institution administrative, il reste qu'une solution juridique possible, à savoir que le fonctionnaire soit rattaché à l'administration par une réquisition consentie lui conférant un statut légal réglementaire et moral").

14. V. Gaston Jèze, *Les Principes Généraux du Droit Administratif*, pp. 244 e 245 ("En France, les agents au service public proprement dits sont dans une situation juridique légale et réglementaire. Cela signifie que le procédé du contrat n'intervient à aucun moment. Ce n'est pas un contrat qui fait entrer les agents au service public. Ce n'est pas un contrat qui règle les droits et obligations des individus au service public. Ce n'est pas un contrat qui fixe la durée des fonctions et les conditions de la sortie du service public. La sanction des droit et obligations des agents au service public n'est pas celle des droits et obligations résultant d'un contrat").

André de Laubadère, em 1968 (em trabalho que foi publicado nos *Annales de la Faculté de Droit et des Sciences Économiques de Toulouse* – Faculdade em que lecionara Maurice Hauriou – e também no vol. I das *Pages de Doctrine*, 1980), lembrou, com lucidez, que, apesar das abertas divergências, sobretudo quanto ao modo de pensar a ciência jurídica, "c'est également un accord des deux grands maîtres

2.2 Como não poderia deixar de ser, o eco das concepções francesa e alemã repercutiu entre nós. Pontes de Miranda foi um dos que bem meditaram sobre a matéria. Embora o sistema constitucional brasileiro – de 1946[15] para cá – tenha sofrido expressivas alterações na seara do regime jurídico dos servidores públicos, não se pode negar que nas linhas mestras a reflexão ponteana sobre o trabalho público ostenta o raro mérito de resistir a sobressaltos e às mudanças circunstanciais, transformando-se em fonte valiosa não só de orientação para os administradores mas, igualmente, de esclarecido alerta para os legisladores.

Depois de investigar as diferentes teorias que disputavam a preferência da comunidade jurídica, detendo-se na polêmica que acirrara os ânimos entre os adeptos do regime contratual (bilateralidade) e da corrente estatutária (unilateralidade), Pontes pondera que, para discernir qual o enfoque mais correto, convém, antes de mais nada, ter presente que, enquanto "a relação jurídica é sempre bilateral, porque exige, pelo menos, dois polos", apenas "a fonte da relação jurídica é que pode ser unilateral, ou bilateral, ou plurilateral".[16]

Quer dizer: embora toda relação jurídica seja bilateral, nem todas as relações jurídicas vêm ao mundo ungidas pela bilateralidade. É preciso não confundir a necessária bilateralidade dos efeitos com a eventual bilateralidade das fontes. Não se deve negligenciar a evidência de que a polaridade na relação é um *a posteriori* cujo *a priori*, não raro, é a unilateralidade.

Segundo Pontes, esse parece ser, sem rasuras, o caso da relação entre Estado e servidor público. Trata-se, de modo nítido, de posição jurídica da qual emergem incontáveis efeitos bilaterais.

Todavia, não há como despistar o dado concreto de que lá no princípio, no bojo originário de suas fontes, "a vontade dos figurantes como que desaparece: não só a vontade do funcionário público, ou do

[*Duguit e Hauriou*] que l'on rencontre, dans la théorie de la fonction public, sur des points fondamentaux, considérés depuis lors comme acquis: le rejet de la notion de contrat pour définir le lien unissant des fonctionnaire à l'intérieur de l'administration (...)" (*Pages de doctrine*, vol. I, p. 27).

15. A escolha da Constituição de 1946 como marco explica-se pelo fato de que foi ao comentá-la que Pontes parece haver amadurecido seu posicionamento sobre o tema dos funcionários públicos. Não se olvida, portanto, que Pontes, antes da Constituição de 1946, já comentara a de 1934.

16. V. Pontes de Miranda, *Comentários à Constituição de 1967 com a Emenda n. 1 de 1969*, t. III, p. 432.

candidato à investidura nos cargos públicos, mas, também, a do próprio Estado (...)".[17]

É por isso que Pontes, munido de bons argumentos, afirma que "o elemento institucional é predominante, quase exclusivo", motivo pelo qual "trata-se de relação jurídica (portanto, bilateral), mas institucional, o que repele a noção de pura contratualidade".[18] Como se nota, a conclusão de Pontes, a despeito de divergências laterais, não contradiz, no geral, o entendimento de Mayer, Duguit, Hauriou e Jèze – vale dizer: à diferença do chamado *empregado público*, cujo contrato de trabalho é regido basicamente pela Consolidação das Leis do Trabalho,[19] a situação jurídica do servidor público "propriamente dito" é, sim, estatutária ou legal.

Com efeito, a disciplina em vigor não tornou obsoletas, no particular, nenhuma das observações doutrinárias mencionadas. Ninguém ignora que a modificação do art. 39 da CF de 1988 promovida pela Emenda 19/1998 tentou[20] descontinuar o "Regime Jurídico Único", ampliando, em contrapartida, o âmbito de utilização da figura do empregado público, cujas relações com o Estado são disciplinadas, basicamente, pelas regras constantes da Consolidação das Leis do Trabalho. Afigura-se irretorquível, entretanto, que subsiste, incólume, o regime institucional.

Por mais que se entenda a proposta de flexibilização, o regime estatutário ou institucional é necessário para que se alcancem os desideratos constitucionais. O constituinte derivado, apesar das reformas que

17. Idem, p. 431.
18. Idem, ibidem.
19. O dualismo entre *servidores públicos estatutários* (vínculo institucional de direito público) e *empregados públicos* (contrato de trabalho) conserva-se na Alemanha, na França e, também, no nosso sistema. Entre os alemães, Konrad Hesse (*Grundzüge des Verfassungsrechts der Bundes-republik Deutschland*, p. 218) e Norbert Achterberg (*Allgemeines Verwaltungs-recht*, 1982, p. 194) confirmam esse dualismo entre *Beamter* (servidor público estatutário) e *Angestellte* (empregado público), que vem de longe (Constituição de Weimar). Entre os franceses, Yves Gaudemet, ao atualizar o *Tratado* de André de Laubadère, esclarece que, "a la différence du personnel fonctionnaire, uniformément soumis à une situation légale ou réglementaire de droit public, le personnel non fonctionnaire relève de régimes juridiques divers" (*Traité de Droit Administratif*, p. 40). Entre nós, a doutrina é uniforme no sentido de reconhecer a possibilidade de regime de emprego. No entanto, frise-se que as tarefas típicas de Estado devem ser exclusivamente desempenhadas no vínculo institucional.

20. V. ADI 2.135, na qual o STF, por maioria, concedeu liminar para suspender a vigência do art. 39, *caput*, da CF, em sua redação dada pela Emenda Constitucional 19/1998.

vem promovendo na esfera dos direitos dos servidores públicos – não raro, desafiadoras, para dizer o mínimo, da resiliência constitucional –, não abandonou, de um todo, a linha de que, para a segurança da sociedade, convém reservar aos ocupantes de certos cargos efetivos um tratamento especial, apto a propiciar a formação de Carreiras relativamente a salvo de cooptações partidárias[21] e da previsível descontinuidade governativa.

Alexander Hamilton, faz tempo, observou: só o que detém controle sobre o próprio sustento mantém altivo domínio sobre a vontade.[22] Pessoas cuja sobrevivência depende da maré oscilante e fortuita da sorte ou da ascendência calculista de terceiros transformam-se, não raro, em seres vulneráveis no mercado opressivo dos interesses econômicos e políticos. Dessa maneira, ontem como agora, ainda perdura intacta a ideia de que "o melhor meio de assegurar um bom funcionamento dos serviços públicos é conferir aos funcionários, legalmente, uma situação estável".[23] Não para justificar a inércia ou a paralisia, mas, ao contrário, para mais facilmente dizer não aos poderosos do momento, quando estes discreparem das políticas constitucionais obrigatórias.

O dramático inventário das tentativas de supressão radical do regime estatutário e de suas respectivas garantias institucionais – sobretudo a estabilidade –, atesta que jamais foram bem-sucedidas.

Um caso notável foi o de Andrew Jackson nos Estados Unidos da América. Apesar daquele célebre alerta de Hamilton no final do século XVIII, chamando a atenção para que se cuidasse de resguardar a independência dos servidores, o Presidente Jackson, em 1829, desnaturando o sistema da *due participation* criado por Thomas Jefferson, houve por bem introduzir a doutrina do *spoils system*. Tal sistema conseguiu ser pior que a mais equivocada aplicação da fórmula da "devida participa-

---

21. Como lembra Fritz Fleiner (*Droit Administratif allemand*, pp. 66-67), na Alemanha, já "la Constitution d'Empire a cherché à parer au danger d'une introduction de la politique dans l'administration (*Politisierung der Verwaltung*) et de l'exercice d'influences de parti sur les fonctionnaires en proclamant le principe – qui va de soi – que 'les fonctionnaires sont les serviteurs de la collectivité, non d'un parti' (art. 130, al. 1)".

22. Como sublinha Hamilton, "The Federalist", in *Encyclopaedia Britannica*, vol. 43, n. 79, p. 233: "In the general course of human nature, a power over a man's subsistence amounts to a power over his will".

23. V. Léon Duguit, *Traité de Droit Constitutionnel*, vol. III, pp. 149-150 ("Alors est née cette idée éminemment juste que le meilleur moyen d'assurer un bon fonctionnement des services publics, c'est de conférer légalement aux fonctionnaires une situation stable").

ção", que, concebida por Jefferson em bases de estrita igualdade entre os partidos, logo se converteu em reflexo do desempenho nas eleições.

O mecanismo da "devida participação" estava longe de ser o ideal; contudo, o substitutivo posto em voga por Jackson sobrepujou-o, em muito, nas mazelas.

Em contraste com o sistema da "devida participação", a alternativa prescrita por Jackson "degenerou em mero partidarismo".[24] O critério adotado por Jackson, sem apreço pela noção de profissionalismo, foi, em resumo, o da simples rotatividade nos cargos. (Qualquer semelhança com o que se vê, entre nós, não é mera coincidência).

Como percebeu Gaston Jèze, "Jackson preconizava a seguinte regra: a cada um a sua vez".[25] Vale a pena transcrever o juízo que o eminente jurista francês formou a respeito dessa proposta indefensável (e encontradiça em vários países emergentes): "O certo é que os resultados do sistema dos despojos foram deploráveis. Em poucos anos, os hábitos de concussão, imoralidade, introduziram-se na administração americana. Os abusos foram tais que levaram, em 1883, a uma reação que operou uma mudança radical no recrutamento da função pública (sistema do concurso)".[26]

Atualmente, em quadro tingido por escândalos e cooptações censuráveis, convém não perder de vista tal advertência histórica. Emendas Constitucionais promoveram sucessivas e substanciais alterações (intertemporalmente geradoras de tumulto), criando perigosos mecanismos de relativização da estabilidade e até reformando o que já havia sido reformado: novas regras aplicáveis às aposentadorias do setor público. Do ponto de vista publicista, as mudanças nem sempre foram de boa filosofia.

Mal compostas, algumas das modificações merecem críticas, tanto jurídicas como políticas. Nada obstante, seria unilateralismo negar que o constituinte derivado teve acertos. Assim, consciente de que o futuro das instituições depende, em larga medida, da salvaguarda de Carreiras

24. V. Leonard White, *Introduction to the study of Public Administration*, p. 18 ("Contrary to Jackson's expectation, rotation degenerated into mere partisanship").

25. V. Gaston Jèze, *Les principes généraux du Droit Administratif*, p. 405 ("En termes plus nets, Jackson préconisait la règles: chacun son tour!").

26. Idem, ibidem : "Ce qui est certain, c'est que les résultats du systême des dépouilles furent déplorables. En quelques années, les habitudes de concussion, l'immoralité, s'introduisirent dans l'administration américaine. Le abus furent tels qu'ils amenèrent en 1883 une réaction et firent opérer un changement radical dans le recrutement de la fonction public (système du concours)".

de Estado, sem as quais periclitam a continuidade e o funcionamento da administração pública (da União, dos Estados, do Distrito Federal e dos Municípios), o Congresso Nacional deixou, aqui e acolá, sinais de cautela.

É precisamente nesse rol que se encaixam o acréscimo do inciso XXII ao art. 37 e a nova redação conferida ao inciso IV do art. 167, todos da CF (Emenda Constitucional 42/2003), ao tratar da administração tributária como essencial ao funcionamento do Estado. Deveras, o sentido finalístico de ambos os dispositivos é confluente com a perspectiva de estatuir tratamento diferenciado para determinadas Carreiras de cuja atuação eficiente e proba depende, em larga medida, não só o funcionamento das instituições, mas também, e sobretudo, o exercício legítimo da discricionariedade administrativa e de seu controle.

A estabilidade na Carreira de Estado (nas hipóteses em que o constituinte não cuidou de vitaliciedade), para além de mudanças pontuais, deve ser vista como qualificada (sem que aceite, nesse caso, o enxugamento de que trata o art. 169 da CF), desempenhando valiosa tríplice finalidade. De fato, tal proteção de alçada constitucional colima garantir a priorização racional no âmbito da implementação das políticas públicas, uma vez que são os servidores estáveis que asseguram a permanência das metas do Estado (de longo prazo), sem prejuízo de alterações conjunturais, a cargo dos agentes políticos, mais ou menos passageiros.

A estabilidade oferece, ainda, ao servidor que responde por atividade essencial de Estado a salvaguarda contra a prepotência dos mandantes de turno, não raro travestida de "discricionariedade". A terceira função da estabilidade reside na contrapartida que o regime institucional (não contratual) oferece à vista da periclitante lâmina posta à disposição do Poder Público sob a forma de poderio unilateral (ainda que mitigado) de alteração das regras do regime.

No intuito de cumprir essa tríplice função, a estabilidade no serviço público pode ser compreendida como proteção de alçada constitucional contra os abusos e as omissões no exercício da discricionariedade. Inquestionável que se encontra subjacente ao asseverado o forte apreço devotado aos que deliberaram investir suas energias numa Carreira pública árdua, a qual, bem entendida, demanda pronunciada abnegação, mormente em face das restrições imanentes ao regime publicista.

2.3 Ao fim e ao cabo, a estabilidade representa uma contrapartida para as sérias restrições e desvantagens trazidas pela relação não contratual. Em apoio dessas assertivas, os administradores que exercem funções típicas e finalísticas de Estado (funções essenciais), além de terem a garantia de acesso impessoal do concurso público, merecem a proteção adicional de anteparos formais e substanciais contra voluntarismos residuais do coronelismo mandonista[27] e enxugamentos lineares e destituídos de motivação razoável. Não aceitar o patrimonialismo no uso poder[28] é outro pressuposto da autêntica legitimidade no campo da discricionariedade administrativa.

Tais anteparos não devem servir – está claro – para a acomodação corporativista dos agentes públicos, mas para que tenham uma espécie de couraça no exercício de atividades indelegáveis, como é o caso do "poder de polícia administrativa". Essa segurança mínima, em vez de estimular a indolência, é tendencialmente prestimosa ao cumprimento fiel dos princípios constitucionais, em lugar da obediência acrítica aos ditames ou influências de chefes e poderosos da hora.

Vez por todas, sem sectarismo, a garantia patrocinada pela estabilidade do art. 41 da CF deve ser concebida como proteção oferecida à sociedade – donde segue não haver motivo para antagonizar os qualificadamente estáveis.

A estabilidade qualificada ou, quando for o caso, a vitaliciedade e a verdadeira autonomia[29] das Carreiras de Estado devem ser entendidas como estratégias para impedir que se torne postiço o Estado Democrático, sem prejuízo da luta constante para que os agentes estatais pautem suas condutas sob o manto da eficácia direta e imediata dos direitos fundamentais.

3. Conclusões

Tendo em conta o exposto, eis proposições que se afiguram relevantes para a materialização das prioridades constitucionais:

(a) Há Carreiras essenciais ao funcionamento do Estado e à discricionariedade administrativa proporcionalmente exercida, o que determina regime peculiar de natureza institucional, a demandar autêntica autonomia.

27. V., numa perspectiva histórica esclarecedora, Víctor Nunes Leal, *Coronelismo, enxada e voto*, 1975.
28. V., a respeito, Raymundo Faoro, *Os donos do poder*, 2ª ed., 1975.
29. Digna de nota a decisão do STF na ADI 3.569, rel. Min. Sepúlveda Pertence, ao reputar inconstitucional dispositivo que vinculava a Defensoria Pública à Secretaria de Estado, por violação à autonomia funcional e administrativa.

(b) Na contramão das tendências hostis aos bons servidores públicos (que não compactuam com o burocratismo parasitário), força promover a incisiva valorização do vínculo institucional e da autonomia das Carreiras de Estado, condição para obter o exercício legítimo e eficaz da discricionariedade administrativa em consonância com o direito fundamental à boa administração pública e com aquela Regulação compatível com as novas exigências, exatamente o tema do Capítulo seguinte.

Capítulo VIII
DIREITO ADMINISTRATIVO DA REGULAÇÃO E BOA ADMINISTRAÇÃO PÚBLICA COMO DIREITO FUNDAMENTAL

Grande é tudo que é suficiente.
(MICHEL DE MONTAIGNE, *Ensaios*, Livro III, Cap. XIII)

1. Introdução. 2. Regulação sustentável como inerência do direito fundamental à boa administração. 3. Conclusões.

1. Introdução

A sequência de falhas graves do mercado mundial robustece a tese de que cumpre ao Estado, na tutela do direito fundamental à boa administração, materializar as prioridades constitucionais vinculantes, em vez de permanecer preso aos enviesamentos de curto prazo, às fraudes e às manipulações de mercado.

Desse modo, o objetivo primordial do Estado regulador, concebido em termos abrangentes (não limitado às agências) consiste em, com autonomia, cientificidade e planejamento rigoroso, garantir a precaução, a prevenção e a correção tempestiva das falhas de mercado e de governo e, na raiz, enfrentar os desvios comportamentais *lato sensu*.

Tudo de ordem a assegurar e calibrar (com as melhores ferramentas científicas disponíveis e com o proporcional sopesamento das escolhas públicas) aquelas intervenções estatais indiretas geradoras de benefícios de longo prazo (não apenas materiais), superiores aos custos sociais, ambientais e propriamente econômicos.

Nessa linha, vale desvendar o papel da regulação frente às disfuncionalidades de mercado e de governo, sugerindo, ato contínuo, estratégias para uma performance regulatória compatível com as suas complexas metas contemporâneas, em plena era da terceira "revolução industrial" (informática e internet) e das novas convergências.[1]

É certo que essa regulação não pode deixar de estar endereçada à correção intertemporal das "falhas de mercado" (assimetria de informação, externalidades negativas, poder dominante de mercado e desmesurados custos de transação). No entanto, não se limita a esse escopo.

Igualmente, precisa neutralizar os males do voluntarismo governamental ou dos omissivismos, com os riscos inerentes de captura em ambos os casos. De fato, os modelos excessivamente céticos quanto à possibilidade de correção das "falhas de governo",[2] ainda que involuntariamente, contribuem para uma desregulação alastrada, que desempenha parcela decisiva na gestação de crises e bolhas.

Mas tão importante quanto isso, a regulação tem de cuidar de restringir administrativamente os espaços para a apropriação de ganhos oriundos da exploração inescrupulosa de vulnerabilidades cognitivas por parte daqueles que dominam a técnica da manipulação. Esta leva ao bloqueio das opções de longo prazo (infraestrutura pública, por exemplo), preteridas por artimanhas populistas e consumismos inconsequentes.[3]

Em outras palavras, tem de enfrentar, simultaneamente, as falhas de mercado,[4] de governo e, com especial ênfase, da própria sociedade.

1. V. Michael Spence, *The next convergence*, Nova York, Farrar, Strauss and Giroux, 2011.
2. George Stigler in "The theory of economic regulation", *The Bell Journal of Economics and Management Science* 2, 1971, exagerou o temor de captura: "The state – the machinery and power of state – is a potential resource or threat to every industry and society. (...) A central thesis of this paper is that, as a rule, regulation is acquired by the industry and designed and operated primarily for its benefit". Ora, é inegável que essa teoria denunciou algo grave, mas contribuiu para a desregulação e seus devastadores efeitos.
3. V. Dambisa Moyo, *How the west was lost: fifty years of economic folly – and the smart choices ahead*, Nova York, Farrar, Strauss and Giroux, 2011.
4. V. Paul Krugman e Robin Wells in *Introdução à Economia*, Rio de Janeiro, Elsevier, 2007, p. 394: "uma das principais fontes de falha de mercado são ações que criam efeitos colaterais que não são devidamente levadas em conta, isto é, externalidades. (...) As externalidades são uma justificativa importante para a intervenção governamental da economia (...)" (ob. cit., p. 408). De sua parte, sobre assimetria de informação, assinalam: "os mercados têm muito mais dificuldade em situações nas quais algumas pessoas sabem coisas que outras não sabem, isto é, situações de informação privilegiada" (ob. cit., p. 386). "O problema dos incentivos distorcidos surge quando um indivíduo tem informação privilegiada sobre suas próprias ações, mas

Tais disfunções respondem, em conjunto, pelas incongruências das políticas públicas, já por deficiências de coordenação – com sobreposições paralisantes –, já pela ausência de nitidez quanto às prioridades de longo alcance, já enfim pela ausência de avaliação acurada dos efeitos cumulativos de ações e omissões regulatórias.[5]

Com efeito, é o momento histórico de consolidar um arcabouço regulatório menos sujeito às pressões autocentradas, pois, como observa Amartya Sen, a crença de que a economia de mercado corrige a si mesma foi e é responsável por ignorar ou tolerar práticas inadmissíveis.[6] Claramente, uma desregulação absenteísta revelou-se aposta ruinosa, pois produziu enormes estragos,[7] nem sempre compreendidos pelo homem comum, que se limita a sofrê-los.

A tarefa do presente Capítulo consiste em arrolar os mecanismos aptos a regular de maneira o mais desenviesada possível, ou seja, voltada à concretização solidária do bem-estar material e imaterial, socialmente inclusivo, durável e equânime, ambientalmente limpo, ético e eficiente,[8-9] sem incorrer nas crenças ingênuas de racionalidade do mercado.[10]

2. Regulação sustentável como inerência do direito fundamental à boa administração

2.1 Como ponto de partida, então, o modelo regulatório tem de ser reconfigurado não apenas para o aperfeiçoamento da função de corrigir

outro carrega o custo de uma falta de cuidado ou falta de esforço. Isso é conhecido como risco moral" (ob. cit., p. 388).

5. Para agravar o quadro, fenômenos econômicos relevantes continuam, mais ou menos, fora do radar regulatório: v. o emblemático Forex (*Foreign Exchange*), que movimenta trilhões de dólares por dia, sem maior disciplina.

6. V. Amartya Sen in "Capitalism beyond the crisis", *The New York Review of Books*, vol. 56, n. 5, 2009: "The implicit faith in the ability of the market economy to correct itself, which is largely responsible for the removal of established regulations in the United States, tended to ignore the activities of prodigals and projectors in a way that would have shocked Adam Smith (...)". V., ainda, Amartya Sen in *The idea of Justice*, Cambridge, Harvard University Press, 2009, especialmente pp. 225-320.

7. Para ilustrar, Allan Greespan errou ao disseminar a crença na resiliência infalível dos mercados. V., para comprovar, o seu livro *Age of turbulence*, New York, Penguin Group, 2007.

8. V., sobre a sustentabilidade como princípio constitucional, Juarez Freitas in *Sustentabilidade: Direito ao Futuro*, 2ª ed., Belo Horizonte, Fórum, 2012.

9. V. James Salzman e Barton H. Thompson Jr. in *Environmental Law and Policy*, 3ª ed., New York, Foundation Press, 2010, p. 21.

10. V. Robert Shiller, *Irrational exuberance*, 2ª ed., New York, Broadway Books, 2009.

as ineficiências de mercado. Precisa corrigir as falhas associadas ao patrimonialismo governamental e ao populismo mágico da gratificação instantânea.[11] Ao mesmo tempo, tem de incentivar os comportamentos intertemporalmente consistentes, a partir do cumprimento de três requisitos primordiais.

Antes de mais nada, uma regulação sustentável deve estimular a produtividade das políticas públicas de longo espectro, promovendo a internalização adequada de custos diretos e indiretos, com a exigência de precificação das externalidades negativas. Ou seja, afasta-se do equívoco de hipervalorizar o menor custo imediato, que se revela, frequentemente, o pior preço a pagar.

Em segundo lugar, uma regulação sustentável, alinhada com a boa administração como direito fundamental,[12] deve estar alerta, criticamente, quanto aos próprios enviesamentos, por mais neutra que pretenda ser. A tendência de apresentar desvios cognitivos (além dos já estudados vieses do enquadramento, do *status quo*, do otimismo excessivo e da preferência extremada pelo presente) não pode ser subestimada, merecendo ocupar espaço central em matéria de capacitação regulatória. Dito de outra forma, as tendenciosidades (internas e externas) precisam ser filtradas, com persistência técnica, independência e autocrítica, pelos reguladores.

Em terceiro lugar, uma regulação sustentável tem de monitorar, consoante métricas confiáveis, a coerência das pautas políticas. Cumpre mensurar não apenas o padrão de satisfação, em tempo útil, das necessidades materiais, mas aferir o atendimento de aspirações imateriais e qualitativas, induzindo formas inovadoras de produção e consumo.

Com esses elementos-chave, propõe-se uma abordagem regulatória francamente favorável aos empreendimentos meritórios das gerações presentes sem impedir o êxito de semelhantes empreendimentos das gerações futuras.

11. V., para uma crítica ao populismo de gratificação imediata, Nicolas Berggruen e Nathan Gardels, *Intelligent Governance for the 21st Century: A middle way between West and East*, Cambridge, Polity Books, 2012.

12. V., para cotejo, Margrét Vala Kristjánsdóttir in "Good Administration as a fundamental right", *Icelandic Review of Politics and Administration*, Vol. 9 (1), 2013, pp. 237-253. V, ainda, Herwig C.H. Hofmann e C. Mihaescu in "The Relation between the Charter's Fundamental Rights and the unwritten general principles of EU Law: Good Administration as the test case", *European Constitutional Law Review*, vol. 9, n. 1, 2013, pp. 73-101.

2.2 De fato, à vista das premissas nucleares da boa governança, nesse mundo de transações velozes, compete à intervenção indireta regulatória do Estado:

(a) fazer com que os agentes de mercado e de governo cooperem[13] para o desenvolvimento sustentável, via exercício legal e legítimo, prevenido[14] e precavido, normativo e concreto, do ampliado e inteligente "poder de polícia administrativa" sobre os setores econômicos sensíveis e os serviços públicos, de maneira a, com esse intuito, condicionar, limitar ou restringir o exercício dos direitos de propriedade e liberdade;

(b) exigir qualidade dos bens e serviços em conformidade com a coexistência harmônica dos direitos fundamentais das gerações presentes e futuras.[15]

Vale dizer, o Estado Regulador[16-17] intervém de modo indireto, conformando (isto é, restringindo, limitando ou modulando) as relações de propriedade, de consumo e de liberdade (sem violar o núcleo essencial de tais direitos), mediante providências administrativas voltadas à justiça intergeracional,[18] à consolidação de instituições inclusivas[19] e à promo-

---

13. V. Stephen Breyer, Richard Stewart, Cass Sunstein, Adrian Vermeule e Michael Herz, *Administrative Law and regulatory Policy*, 7ª ed., Nova York, Wolters Kluwer, 2011, p. 5: "Government regulation is a form of group cooperation". V., sobre *collective action*, Jon Elster, *The cement of society*, Cambridge, Cambridge University Press, 1995.

14. V., para cotejo, intenção da agência FDA, nos EUA, em 2013, de considerar inseguros para uso em alimento os óleos parcialmente hidrogenados (matriz de gordura trans).

15. V. Juarez Freitas in *O Controle dos Atos Administrativos e os Princípios Fundamentais*, 5ª ed., São Paulo, Malheiros Editores, 2013, especialmente no Capítulo destinado à redefinição do "poder de polícia administrativa".

16. V., para cotejo, Giandomenico Majone e Antonio La Spina in *Lo Stato regulatore*, Bolonha, Il Mulino, 2000.

17. Reitere-se: considerada a regulação como inerência do "poder de polícia administrativa", em sentido lato. V., em linha semelhante, Marçal Justen Filho, *Curso de Direito Administrativo*, Belo Horizonte, Fórum, 2012.

18. V. Amy Larkin in *Environmental Debt. The Hidden costs of a changing global Economy*, Nova York, Palgrave Macmillan, 2013. Critica as métricas de performance do século XX, propondo as seguintes métricas: "1. Pollution can no longer be free and can no longer be subsidized. 2. The long view must guide all decision making and accounting. 3. Government plays a vital role in catalyzing clean technology and growth while preventing environmental destruction" (pp. 7-8). A calhar, com base em estudo do Harvard's Institute for Global Health and the Environment, ilustra: "unreported life cycle costs of coal are between 350 and 500 billlion a year" (p. 8).

19. V., sobre as vantagens de instituições inclusivas em lugar das extrativistas, Daron Acemoglu e James Robinson, in *Why Nations fail*, Nova York, Crown, 2012.

ção do desenvolvimento duradouro, com primazia para a qualidade de vida e o dinâmico equilíbrio ecológico.

Vedado o retrocesso, essa regulação, imantada pelo princípio constitucional da sustentabilidade, não pode ser complacente nem reativa. Tem de ser emancipatória, redistributiva e dialógica. Não apenas paternalista libertária, como propõem Cass Sunstein e Richard Thaler,[20] tampouco intrusiva demais, como deseja o paternalismo opressivo.[21]

Conquanto as falsas liberdades não façam falta, como pondera Sarah Conly,[22] não é razoável um paternalismo autoritário, embora não se possa abrir mão do comando e controle como último recurso. Fora, pois, dos extremismos e das costumeiras omissões, importa reconhecer que os usuários de serviços públicos e os agentes de mercado, mercê da notória vulnerabilidade (racionalidade limitada), carecem de regulação independente de Estado, exercida integradamente pelo aparato administrativo em geral, inclusive – e de modo peculiar – por autarquias regulatórias.

Nessa linha, a regulação qualificada não pretende falacioso equilíbrio. É aquela que exerce a sua competência com autoridade proporcional, comedida e vigilante, no atinente aos próprios enviesamentos, sem omissivismo inconstitucional. Ou seja, no desiderato de emancipar a sociedade em relação às condutas irrefletidas, a regulação vale-se da melhor ciência disponível, com prevenção e precaução, segura de que:

(a) o comportamento maximizador utilitarista, quando generalizado, costuma ser trágico; e

(b) a racionalidade dos agentes é turbada por vieses, no processo cotidiano de tomada da decisão.[23]

Daí a premência de sobrepujar qualquer postura omissivista conducente à falsa neutralidade, bem como rejeitar a pretensão invasiva que suprime a autonomia básica dos agentes. Nesse aspecto, uma regulação sustentável, diversamente da usurpatória, não se furta de neutralizar os

20. V. Cass Sunstein e Richard Thaler, *Nudge*, Nova York, Penguin Books, 2008.

21. É o que se vê, para ilustrar, em algumas propostas autoritárias que tentam tolher o exercício do direito à internet livre. V., a propósito de tal direito, "Report of the Special Rapporteur on the promotion and protection of the right to freedom of opinion and expression", da ONU, 2011.

22. V. Sarah Conly, *Against autonomy, justifying coercive paternalism*, Cambridge, Cambridege University Press, 2012. A rigor, porém, não se pode negar a autonomia, mas enfrentar os vícios que conspiram contra ela.

23. V. Daniel Kahneman e Amos Tversky, *Judgment under uncertainty: heuristics and biases*, Cambridge, Cambridge University Press, 1988.

vícios de mercado que são confundidos com liberdade de escolha. Tais vícios são, precisamente, os que convertem em massa de manobra os usuários de bens e serviços.

Não se almeja – convém sublinhar – um poder regulatório imune ao controle social. Longe disso. Audiências públicas e discussões abertas na rede sobre projetos de resolução afiguram-se indescartáveis. A cidadania ativa é condição basilar de regulação persuasiva e eficaz, que só pode ser democrática, por definição.

2.3 Para além das falhas de mercado, impende contemplar justificativas não econômicas para desempenhar as regulações protetivas de interesses individuais e transindividuais, tais como a integridade do ecossistema, o acesso à segurança social[24] e à longevidade ativa, evitando – sem procrastinação inconstitucional – o fundamentalismo de mercado, com os antecipáveis danos materiais e morais (individuais e coletivos) que acarreta.[25]

Para clarificar a proposta, tome-se, para cotejo, a abordagem de Cass Sunstein.[26] Faz a defesa do Estado mais simples possível, sem negar o espaço da complexidade.[27] Para ser justo, mais do que simplificar, preconiza uma racionalização das intervenções regulatórias indiretas do Poder Público, que propiciem a formação de ambiente inovador, no qual se dê a conversão de ideias novas em empreendimentos produtivos, em vez dos (literalmente) bilhões de horas gastos com burocratismos inúteis e normas redundantes.

Até aí, nada a reparar. Pelo contrário: no ponto, é amplamente confluente com as premissas aqui enunciadas. Com efeito, de todo oportuno, no contexto da regulação brasileira, o exame alargado de custo-benefício da atividade (e da inatividade) regulatória, às voltas com o paradoxo do excesso de normas coexistindo com omissão específica em pontos capitais (notadamente no campo da prevenção). De mais a mais, compreen-

24. V. Theodore Marmor, Jerry Mashaw e John Pakutka, in *Social insurance*, Los Angeles, Sage, CQPress, 2014.
25. Nesse aspecto, por exemplo, afigura-se perfeitamente constitucional o poder conferido à Anvisa por sua lei de regência (Lei 9.782/1999, art. 7º, XV), que atribui competência para proibir a fabricação, a importação, o armazenamento, a distribuição e a comercialização de produtos e insumos, em caso de violação da legislação pertinente ou de risco iminente à saúde. Interpretação contrária cercearia, desproporcionalmente, o núcleo do poder-dever regulatório.
26. V. Cass Sunstein, *Simpler*, Nova York, Simon & Shuster, 2013.
27. Assinala Cass Sunstein, in ob. cit., p. 1: "True, complexity has its place, but in the future, governments, whatever their size, have to get simpler".

sível a sua ênfase[28] na regulação baseada em fatos e evidências, tendo em vista maximizar os *net benefits*.[29]

Entretanto, em que pese Cass Sunstein assumir o vetor incensurável da dignidade[30] e admitir objetivos não econômicos, a sua postura filosófica denota o predomínio da abordagem econômica. Bem verdade que assinala sermos "'homo sapiens', not 'homo economicus'"[31] e recorre a aportes valiosos como os trazidos por Daniel Kahneman e Amos Tverky,[32] ao lado de trabalhos empíricos sobre a eficácia das políticas públicas (como Esther Duflo).[33] Mais: descreve erros que não podem ser ignorados pelos reguladores, tais como a tendência à procrastinação, que impede as tempestivas intervenções de prevenção e precaução.[34]

O ponto é que se faz menos presente em seu enfoque, com aparição secundária até, o papel da regulação intertemporalmente indutora de novos modos de produção e de consumo. Em outras palavras, apesar dos inegáveis méritos de sua proposta de *cost-benefit analysis* como *great engine of simplification*,[35] Cass Sunstein admite, mas não explora o bastante, o fato de que a regulação voltada para os benefícios líquidos de longo prazo não pode ser confundida com aquela que almeja benefícios

---

28. Idem, p. 2: "I promoted a disciplined emphasis on costs and benefits in an effort to ensure that the actions of government are based on facts and evidence, not intuitions, anecdotes, dogmas, or the views of powerful interested groups".

29. V. Executive Order 13563/2011, Improving Regulation and Regulatory Review, no qual se fixam os princípios gerais da regulação norte-americana, entre os quais: "select, in choosing among alternative regulatory approaches, those approaches that maximize net benefits (including potential economic, environmental, public health and safety, and other advantages; distributive impacts; and equity)". Observa Cass Sunstein, in ob. cit., p. 33: "we placed a great deal of emphasis both on cost-benefits and maximizing net benefits".

30. V. Cass Sunstein, ob. cit., p. 10: "An emphasis on the importance of human dignity, relevant to rules designed to reduce prison rape and forbidding discrimination on the basis of disability and sexual orientation".

31. Idem, ob. cit., p. 40.

32. V., ainda, Daniel Kahneman e Amos Tversky (eds.), *Choices, values, and frames*, Cambridge, Cambridge University Press, 2000.

33. V. Esther Duflo, "Human values and the design of the fight against poverty", *The Tanner Lectures of Human Values*, Harvard University, Maio/2012.

34. A falha de regulação de longo prazo explica, por exemplo, a crônica dificuldade brasileira em promover o saneamento, condição básica de saúde pública, além de altamente vantajosa em termos econômicos. Há estudo da Organização Mundial de Saúde que estima que cada 1 real investido em saneamento significa menos 4 reais gastos em saúde.

35. V. Cass Sunstein, ob. cit., p. 215.

líquidos de curto prazo.³⁶ Isto é, deixa de sugerir uma arquitetura regulatória sustentável, motivo pelo qual as ferramentas cogitadas, embora úteis, afiguram-se, com esse escopo, insatisfatórias.³⁷

É preciso mais. Por certo, uma regulação sustentável terá de manejar o fenômeno do enquadramento e da comprovada aversão à perda. Será crucial lidar com as crenças arraigadas, o poder de influência do grupo³⁸ e a heurística da disponibilidade.³⁹ Todavia, o mais relevante é que a regulação estime os custos e benefícios diretos e indiretos, a longo prazo, de maneira acurada e, no melhor sentido, imparcial. Quer dizer, uma regulação sustentável (sem omissão intertemporal) terá de operar em horizonte de responsabilidade do Estado, não de governo.

Justamente por isso, a regulação aqui sugerida, ligada aos pressupostos do direito fundamental à boa administração, insurge-se fortemente contra a tirania das avaliações (retrospectivas e prospectivas), tisnadas pela dominância das recompensas de curto prazo e pelas miudezas da *realpolitik*.

Como salientado na fixação de premissas, o objetivo da regulação sustentável é o de garantir a implementação motivada das prioridades constitucionais vinculantes, com permanente escrutínio das escolhas e de seus custos diretos e indiretos, quantitativos e qualitativos, tudo de ordem a assegurar, com as melhores ferramentas disponíveis, aquelas intervenções estatais propiciatórias de duradouro bem-estar multidimensional (não somente das gerações presentes).

2.4 Útil, nessa medida, redesenhar a regulação de Estado, para que não apenas seja mais simples, senão que se mostre apta a dar conta dos

36. Não por acaso, o menor preço de hoje costuma ser o pior preço, numa avaliação alongada no tempo.
37. V. Cass Sunstein, ob. cit., p. 57: "Automatic enrollment in sensible programs is a really good idea".
38. V. Geoffrey Cohen in "Party over Policy: The Dominating Impact of Group Influence on Political Beliefs", *Journal of Personality and Social Psychology*, American Psychological Association, 2003, vol. 85, n. 5, pp. 808-822. Observa, à p. 819: "Four studies demonstrated the impact of group influence on attitude change. If information about the position of their party was absent, liberal and conservative undergraduates based their attitude on the objective content of the policy and its merit in light of long-held ideological beliefs. If information about the position of their party was available, however, participants assumed that position as their own regardless of the content of the policy. The effect of group information was evident not only on attitude, but on behavior (Study 4)".
39. V. Cass Sunstein, ob. cit., p. 69.

incontornáveis desafios do desenvolvimento sustentável, nos termos exigidos pelo art. 225 da CF.

Avultam, nesse aspecto, a racionalidade intertemporal e a independência meritocrática dos reguladores em face da política conjuntural como requisitos cruciais para cumprir tarefas preventivas e corretivas de longo alcance (inclusive redistributivas), no anelo cooperativo de evitar a chamada "tragédia dos comuns".[40]

De passagem, proveitoso ter em mente a contribuição de Elinor Ostrom, ao desvendar as possibilidades empíricas da cooperação, com a defesa de regras definidas e coerentes, sanções graduadas e mecanismos de resolução dos conflitos, bem como supervisão e reconhecimento mínimo dos direitos de organização.[41]

Em linha confluente, postula-se aperfeiçoar, com o monitoramento constante, a regulação cooperativa, menos onerosa, que não abre mão de viabilizar a apropriação sensata dos recursos naturais de uso comum, porém não deixa de proteger os valores intangíveis.

Uma regulação sustentável, para dar cabo de inúmeras vulnerabilidades dos consumidores e investidores, precisa prudentemente ter consciência dos vieses ou desvios cognitivos alojados em toda atividade decisória, se quiser demonstrar apreço às normas que determinam, no melhor sentido, a impessoalidade.

Daí a relevância de identificar e enfrentar os vieses (*biases*), que comprometem a isenção e até inviabilizam o balanceamento típico da regulação sustentável.

Assim, em acréscimo aos enviesamentos descritos noutro Capítulo, cumpre, agora, acrescentar o viés da confirmação,[42] isto é, a predisposição de optar por dados e informações que tão-somente corroboram as crenças e impressões preliminares. Ocorre quando o regulador fixa inclinação e seleciona as provas e os argumentos que confirmam essa crença, afastando tudo aquilo que se colocar em dissonância. Ao pretender confirmar a qualquer custo, a regulação funciona de modo precipitado,

40. V., sobre a degradação causada pelo uso indevido dos recursos comuns, Garrett Hardin in "The tragedy of the commons", *Science*, n. 13, vol. 162, 1968, pp. 1.243-1.248.

41. V. Elinor Ostrom, *Governing the commons*, Cambridge, Cambridge University Pres, 1990.

42. V. Daniel Kahneman in *Thinking, Fast and Slow*, London, Penguin Books, 2012, p. 81: "The operations of associative memory contribute to a general confirmation *bias*".

sectário e particularista. Nesse terreno, o antídoto é rever assiduamente as inclinações e as pré-compreensões.

Também importa acrescentar o viés da falsa coerência, ou seja, a predisposição de inventar narrativas coerentes.[43] Nesse caso, o regulador superestima a coerência daquilo que lhe é exposto ou[44] apresenta inclinação de, em face da incerteza, preferir a via confortável do consenso[45] e da manutenção do *status quo*.

À vista desses e outros vieses, a regulação somente será sustentável se (a) lidar com os enviesamentos, escudada em pensamento crítico, com responsabilidade[46] de longo prazo e (b) mantiver acesa a suspeita de ter sido "vítima" de quase-racionalidade nas escolhas intertemporais.[47] Sem dúvida, revela-se injustificável permitir, sem veto, a influência exacerbada dos automatismos políticos, que se aproveitam da eventual frouxidão do sistema regulatório. Exatamente por isso, essencial coibir o erro assaz comum nas comparações dinâmicas que acarretam a desconsideração do futuro,[48] mercê de polarização de grupo[49] e de outros desvios.

Em suma, impõe-se a consolidação racional das boas práticas regulatórias, que valorizem, do modo mais desenviesado possível, as várias dimensões[50] da sustentabilidade.

43. Idem, ob. cit., p. 114: "System 1 is not prone to doubt. It suppresses ambiguity and spontaneously constructs stories that are as coherent as possible. (…) System 2 is capable of doubt, because it can maintain incompatible possibilities at the same time".
44. Idem, ob. cit., p. 114: "we are prone to exaggerate the consistency and coherence of what we see".
45. V. Gretchen Sechrist e Charles Stangor in "When are intergroup attitudes based on perceived consensus information?", *Social Influence*, vol. 2, n. 3, 2007, pp. 211-235.
46. V., sobre responsabilidade de longa duração, inspirado em conceito germânico, José Joaquim Gomes Canotilho, "O princípio da sustentabilidade como princípio estruturante do Direito Constitucional", *Revista de Estudos Politécnicos*, vol. VIII, n. 13, 2010, p. 13.
47. V., sobre escolhas intertemporais, Richard Thaler, in *Quasi-rational economics*, Nova York, The Russel Sage Foundation, 1994, pp. 137-197.
48. V., sobre os vieses que interferem na racionalidade administrativa, Thomas Bateman e Scott Snell, in *Administração*, São Paulo, Atlas, 2011, pp. 79-80.
49. V., sobre polarização de grupo, Cass Sunstein, in *Going to extremes: How like Minds Unite and Divide*, Nova York, Oxford University Press, 2009, pp. 1-20. V., ainda, Daniel Insenberg in "Group polarization: A critical review and meta-analysis", *Journal of Personality and Social Psychology*, vol. 50 (6), Jun/1986, pp. 1.141-1.151.
50. V., para cotejo, Wolfgang Kahl (org.), *Nachhaltigkeit als Verbundbegriff*, Tübingen, Mohr Siebeck, 2008.

2.5 Para regular, em sincronia com as funções estatais de fomento e prestacionais, cabe ao Estado Regulador, especialmente nos termos combinados dos arts. 170, 174 e 175, da CF, manejar, entre outros, os seguintes mecanismos relacionados à intervenção indireta regulatória do mercado e dos serviços públicos:

(a) Incentivos alinhados e intertemporalmente congruentes, numa intervenção veloz e concatenada, em vez de resoluções descoordenadas, lentas, meramente paliativas e contrárias às prioridades sistêmicas. A crise de 2008 demonstrou à exaustão os imensos danos que os incentivos distorcidos e as inovações descontroladas podem causar, quando favorecem gestões gananciosas, ímprobas e temerárias.[51]

(b) Participação ativa da cidadania e ampla transparência[52] regulatória (ativa e passiva), especialmente para mitigar as assimetrias de informação, com prestação de contas e estímulo vívido à interlocução – sem censura – com os movimentos sociais em rede.[53]

(c) Desburocratização[54] radical do processo regulatório, mediante drástica racionalização normativa e concomitante aceleração dos procedimentos digitais, com o desiderato de atingir performance bem definida (quanto aos papeis) entre reguladores e regulados, em lugar dos conhecidos pleonasmos viciosos e das tradicionais superposições conducentes às zonas de sombra ou aos desperdícios acintosos.

(d) Planejamento estratégico e coordenado,[55] que se traduz em métricas de qualidade, pactuadas entre os parceiros públicos e privados, e viabilize o monitoramento, em tempo útil, da implementação detalhada das políticas públicas (*micro policy-making*).[56] Tome-se, por exemplo, o

51. V., para cotejo, Richard B. Stewart in "Regulation, innovation, and Administrative Law: A conceptual framework", *California Law Review*, vol. 69, 1981, pp. 1.263-1.373.
52. V., para ilustrar passo inicial, a experiência de reuniões, transmitidas via web, da diretoria da Aneel. V., ainda, recomendações do Acórdão TCU-2.261/2011.
53. V. Cary Coglianese e Heather Kilmartin, "Transparency and public participation in the rulemaking process: recommendations for the new administration", *George Washington Law Review*, vol. 77, n. 4, 2009.
54. V., para ilustrar, o relatório "Burocracia: custos econômicos e proposta de combate", São Paulo, Fiesp, 2010.
55. V., sobre coordenação eficaz como pressuposto da coerência regulatória, "Brazil 2008: Strengthening governance for growth", *OECD Reviews of Regulatory Reform*, OECD, 2008.
56. V. Aschley Brown in "Regulators, policy-makers, and the making of policy: who does what and when do they do it?", *International Journal of Regulation and Governance* 3 (1):1-11, com destaque para a assertiva, à p. 2: "Regulators are

Plano Nacional de Agroecologia:[57] terá de ser cumprido à risca, acompanhado de perto por todos os reguladores envolvidos, sob pena de virar mera peça de propaganda. Por sua vez, a Política Nacional de Resíduos Sólidos exige regulação que dê conta, sem hesitar, da nova responsabilidade pós-consumo.[58] Outro exemplo: o Plano Nacional de Logística e Transportes, cuja implementação há de ser cobrada por mecanismos sinérgicos de controle,[59] com a gradativa alteração do peso de participação dos modais de transportes e destaque para os investimentos hidroviários e ferroviários.

(e) Defesa robusta dos direitos fundamentais de consumidores em geral e dos usuários de serviços públicos em especial, com a cobrança de altos *standards* protetivos e orientativos, bem como articulação contra técnicas regressivas, que sistematicamente distorcem o mercado, inclusive por meio de publicidade enganosa.

(f) Conformação de ambiente[60] negocial juridicamente seguro para o empreendedorismo inclusivo[61] e sustentável (com a mitigação crescente de riscos), de sorte que erráticas mudanças voluntaristas sejam vistas como rupturas contrárias às taxas de investimento produtivo de longo prazo.

(g) Incorporação dos critérios de sustentabilidade[62] em todo processo de decisão regulatória, de maneira que, para ilustrar, qualquer ajuste administrativo passe a ser necessariamente sustentável (em termos ambientais, sociais, econômicos e éticos),[63] sob pena de nulidade.

creatures of the state and not necessarily of the government". Sobre o papel de *micro policy-making*, idem, p.11.

57. V. Decreto 7.794/2012.

58. V. Lei 12.305/2010.

59. O exame da experiência pouco efetiva do Conselho Nacional de Integração de Políticas de Transportes atesta a necessária mudança de comportamento.

60. V. preocupantes dados comparativos in *Doing Business 2014*. 11ª ed., Washington, Banco Mundial, 2013.

61. V., sobre *Inclusive green growth* e desenvolvimento para todos, a Declaração dos Líderes do G-20, Cúpula de São Petersburgo, de setembro de 2013.

62. V., sobre tais critérios e a transformação do Direito Administrativo em face da incidência do princípio constitucional do desenvolvimento sustentável, Juarez Freitas in *Sustentabilidade: Direito ao Futuro*, 2ª ed., cit., 2012.

63. V. Juarez Freitas, Capítulo específico de *O Controle dos Atos Administrativos e os Princípios Fundamentais*, 5ª ed., 2013. A propósito, Resolução 976/2013, do TCERS, dispõe sobre critérios de sustentabilidade na aquisição de bens e na contratação de serviços ou de obras no âmbito do Tribunal, em linha com o artigo 3º da Lei 8.666/1993. Exemplos exitosos de cumprimento desse ato administrativo: Pregões 42/2013, 46/2013 e 47/2013.

(h) Avaliação contínua dos impactos regulatórios, que contemple os efeitos da regulação sobre o mercado e os serviços públicos, com foco na redução de efeitos sistêmicos negativos.[64] Tal análise de impacto regulatório,[65] blindada em relação às pressões partidárias,[66] tem que ser – ela própria – objeto de permanente escrutínio público. Aqui, tal avaliação é entendida como estudo antecipatório de consequências das novas resoluções ou de alterações das existentes, acompanhado do sopesamento explícito de custos e benefícios, diretos e indiretos, no sentido de apontar aquela alternativa regulatória que proporciona o maior benefício líquido e o mais coerente desenvolvimento sustentável.

(i) Redefinição do custo-benefício para que proceda a uma análise que transcenda os ditames da eficiência econômica, conferindo primado à implementação das políticas de bem-estar[67] e ecoeficiência. Nesse passo, outra vez torna-se imperiosa a inclusão do desenvolvimento sustentável entre os princípios regentes da regulação, com a capacitação específica dos agentes para estimar ganhos reais e identificar os gargalos impeditivos.

(j) Inteligibilidade e consolidação[68] das resoluções regulatórias, no intento de alcançar adesão consciente dos setores regulados e da sociedade, com atuação cientificamente motivada, a par da veiculação de guias e programas pedagógicos[69] em conformidade com as prioridades constitucionais vinculantes. Em paralelo, urge promover a efetividade do processo sancionatório[70] (dado o impressionante déficit de cobrança das

64. V., para balanço, a experiência pioneira da Anvisa com Análise de Impacto Regulatóri-AIR, desde 2007.

65. V., para debate, as propostas do Programa de Fortalecimento da Capacidade Institucional para Gestão em Regulação (PRO-REG), criado pelo Decreto 6.062/2007.

66. V., sobre a importância de levantamento empírico, Stuart Shapiro e John Morrall III, in "The triumph of regulatory politics: Benefit-cost analysis and political salience", *Regulation & Governance*, vol. 6, junho/2012, pp. 189-206.

67. V., para uma redefinição da análise de custo-benefício em favor do bem-estar, Matthew Adler e Eric Posner, in *New foundations of cost-benefits analysis*, Cambridge, Harvard University Press, 2006.

68. V., para ilustrar, Agenda 2014, da Anac (Portaria 2.852/2013), que inclui a consolidação de todos os normativos editados relativos às condições gerais de transporte aéreo.

69. V., para ilustrar, o Guia de Auxílio para a implantação de boas práticas em produtos para a saúde, baseado nas normas RDC 16/2013, RDC, 059/2000 e Portaria 686/1998, da Anvisa.

70. De modo geral, a aplicação de multas tem sido de baixíssima efetividade, na seara regulatória. A par de mudar esse quadro desmoralizante e, em complemento,

multas), além de fomentar a arbitragem regulatória como alternativa na resolução de conflitos setoriais.

Levados a efeito tais mecanismos, será viável reduzir significativamente as falhas de mercado, bem como realizar os fins não econômicos pretendidos pela Carta, igualmente justificadores da regulação contemporânea.

2.6 Em relação às falhas de mercado, na dimensão econômica, tomem-se, de início, as informações assimétricas. Diferenças informacionais não são problemáticas em si, até porque as informações fluem em profusão desigual. Tornam-se, porém, falhas de mercado, quando a assimetria redundar em privilégio e frustrar uma escolha judiciosa. Informações privilegiadas são, portanto, aquelas que o agente detém, delas obtendo vantagens indevidas na arena econômico-social.[71] Nesse contexto, uma regulação sustentável não apenas determina que as informações circulem livremente (combatendo a opacidade), como assegura que os mais poderosos (aí incluídos os reguladores) pratiquem proba transparência quanto aos seus motivos.[72]

Seria ingenuidade supor que, no atual estágio das relações sociais, a assimetria vá desaparecer. Além disso, o regulador tem de ter ciência de que, em geral, possuirá menos informações do que o regulado. Em face dessa circunstância, cumpre alertar a sociedade sobre os riscos da informação incompleta, com ou sem dolo, punindo tempestivamente os anúncios e ocultamentos que obstaculizem o julgamento racional. Ou seja, uma regulação sustentável deve ser vista como provedora de boa informação e compensatória das informações insuficientes ou veiculadas de maneira a explorar os desvios cognitivos.[73]

2.7 Ainda no âmbito das falhas de mercado, não se podem descurar das externalidades negativas. Claro, seria erro crasso imaginar que as externalidades sejam necessariamente más. Efeitos colaterais de iniciativas

---

deve-se incrementar, com cautela, formas alternativas eficazes. V., a propósito, os Termos de Ajustamento de Conduta, com base na Lei 7.347/1985.

71. Existem conhecidos fenômenos correlacionados, tais como a seleção adversa e o risco moral.

72. V. Lei 9.784/1999, art.50.

73. V. Stephen Breyer, Richard Stewart, Cass Sunstein, Adrian Vermeule e Michael Herz, *Administrative Law and regulatory Policy*, cit., p. 6: "People also face cognitive and motivational problems in processing information – a point emphasized by behavioral economists".

públicas ou privadas podem ser altamente desejáveis.[74] Tais externalidades introduzem benefícios indiretos, os quais devem ser estimulados.

Todavia, o que o Estado regulador tem de combater são as externalidades negativas, ou seja, os efeitos colaterais nefastos produzidos por empreendimentos *lato sensu*, sem que os custos tenham sido internamente assimilados pelo empreendedor (público ou privado). A poluição é, a respeito, figura emblemática. Saliente-se, aliás, que um dos maiores desafios reside na falta de precificação justa dos custos ambientais[75] (normalmente geradores de danos coletivos).[76] É essencial, portanto, que os custos indiretos, provocados por externalidades negativas, componham a equação final.

2.8 No atinente ao poder dominante de mercado, caracteriza-se expressamente como infração da ordem econômica.[77] Controvérsias a respeito não faltam: há os que glorificam a eficiência na alocação de recursos pelo mercado ("Escola de Chicago"); há os que exaltam a livre competição como indispensável para encontrar o melhor para o consumidor. Há correntes intermediárias que veem a livre concorrência como meio, reconhecendo situações em que é preciso assegurar a exclusividade, em nome da escala, para viabilizar a modicidade tarifária. Contudo, no geral das vezes, entende-se que a livre iniciativa, deixada sem freios e limites, nega a livre concorrência. Esta tem sido a orientação normativa brasileira.

74. O melhor exemplo tem a ver com educação, cujas externalidades costumam ser altamente positivas.

75. V. Stephen Breyer, Richard Stewart, Cass Sunstein, Adrian Vermeule e Michael Herz, *Administrative Law and regulatory Policy*, cit., p. 5.

76. V., sobre os desafios da internalização de custos ambientais, Ricardo Arnt (org.), *O que os economistas pensam sobre sustentabilidade*, São Paulo, Editora 34, 2010.

77. V. Lei 12.529/2011, art. 36: "Constituem infração da ordem econômica, independentemente de culpa, os atos sob qualquer forma manifestados, que tenham por objeto ou possam produzir os seguintes efeitos, ainda que não sejam alcançados: I – limitar, falsear ou de qualquer forma prejudicar a livre concorrência ou a livre iniciativa; II – dominar mercado relevante de bens ou serviços; III – aumentar arbitrariamente os lucros; e IV – exercer de forma abusiva posição dominante. § 1º. A conquista de mercado resultante de processo natural fundado na maior eficiência de agente econômico em relação a seus competidores não caracteriza o ilícito previsto no inciso II do *caput* deste artigo. § 2º. Presume-se posição dominante sempre que uma empresa ou grupo de empresas for capaz de alterar unilateral ou coordenadamente as condições de mercado ou quando controlar 20% (vinte por cento) ou mais do mercado relevante, podendo este percentual ser alterado pelo Cade para setores específicos da economia".

Aqui, acima do acirramento de posições, considera-se que o poder dominante de mercado altera unilateral ou coordenadamente as condições fixadas pelo constituinte para a livre concorrência. Esta deve limitar a livre iniciativa (CF, art. 170), não apenas para conduzir à eficiente alocação de recursos,[78] mas para que o mercado funcione a serviço do bem-estar, nos seus fundamentos econômicos e não econômicos.[79]

Em síntese, o poder dominante de mercado é ilegal e inconstitucional, porque inibe nocivamente a liberdade, desprotege o consumidor (CF, art. 170) e opera contra a cooperação, a solidariedade e a confiança legítima.

2.9 As prioridades constitucionais vinculam o regulador. A decisão, por exemplo, de induzir, ou não, os investimentos em energias renováveis denota clara obrigação. Inserir cláusulas, nos contratos públicos, protetivas dos menos favorecidos (tarifa social, por exemplo[80]), é outra opção cogente. No resguardo do equilíbrio ecológico, introduzir a análise do ciclo de vida de bens e serviços,[81] desde a obtenção da matéria-prima e dos insumos até a disposição final, é outra escolha regulatória incontornável. Nesses casos, a eventual não regulação será, na realidade, modo omissivo de regular. Como se vê, uma postura absenteísta e passiva resulta invariavelmente marcada por acentuados déficits regulatórios. A regulação do tipo *laissez-faire* finge que não existem falhas de mercado e de governo apenas para se abstrair das obrigações constitucionais de enfrentá-las.

Decerto, o Estado regulador não pode ser sobrecarregado. A experiência mostra que, quando isso ocorre, cai na tentação do voluntarismo populista ou da ditadura leviatânica, em vez de promover a consciência emancipada. No entanto, não se afigura demasia alguma solicitar do Estado a resposta pertinente ao se deparar com as imperfeições de mercado e do patrimonialismo, porque ambos os fenômenos provocam disrupturas graves no tênue e sutil tecido da segurança jurídica.

78. V., sobre *allocative efficiency*, Stephen Breyer, Richard Stewart, Cass Sunstein, Adrian Vermeule e Michael Herz, *Administrative Law and regulatory Policy*, cit., p. 7.
79. Sobre justificativas não econômicas, v., Stephen Breyer *et al.*, ob. cit., pp. 10-12 ("redistribution, nonmarket or collective values, to overcome of social disadvantage, planning, paternalism").
80. Trata-se de política redistributiva: por exemplo, no setor de energia elétrica, cerca de 12 milhões de famílias são beneficiadas por tarifas sociais.
81. V. Lei de Resíduos Sólidos (Lei 12.305, de 2010).

2.10 A competência das entidades regulatórias (especialmente das agências reguladoras), apresenta-se caso de indelegabilidade que não exclui o complemento da autorregulação.[82] Por isso, o vínculo regulador há de ser o institucional, uma vez que as considerações regulatórias são eminentemente de Estado e precisam ser independentes em relação às pressões conjunturais. Por outras palavras, o modelo proposto passa a ser o da regulação de Estado, em sinergia com os demais controles (Tribunal de Contas e controle interno, por exemplo), mais do que de "governo". Frise-se, entretanto, que isso não significa admitir poder normativo autônomo, a ponto de os reguladores usurparem a função legislativa.

Tampouco se devem subestimar os riscos de "captura", estridente realidade em certos setores. O que se defende é que tais riscos apenas são amplificados quando não há verdadeira autonomia administrativa e financeira da regulação. Claro, isso somente será factível se houver avanço expressivo no atinente ao princípio da participação, antes de qualquer resolução de alto impacto.

Reitere-se, na ótica proposta, o caráter indelegável da regulação, entendida como inerência do exercício irrenunciável do "poder de polícia administrativa", em sentido lato.

Pois bem, assentados esses pressupostos, sublinhem-se determinados aspectos relativos à regulação independente[83] (sem descartar a autorregulação), no intuito de aperfeiçoar os "marcos regulatórios":

(a) Existe demasiada ambivalência ou anfibologia de regime regulatório: há independência, mas nem tanto. Por exemplo, as autarquias regulatórias, às vezes, restam asfixiadas orçamentariamente e realizam, por delegação, atividades que melhor estariam situadas no âmbito do poder concedente, e vice-versa. Logo, o primeiro passo é consolidar, impositivamente, a autonomia administrativa de quem exerce a regulação.

(b) A atividade estatal regulatória exclusiva pode ser desempenhada por entidades que não levam o nome de Agências Reguladoras (exs.: CADE, BACEN, CVM e Previc), mas importa que sejam autoridades

---

82. Em nosso sistema, a cooperação entre Comissão de Valores Mobiliários e a ANBID, por exemplo, merece ser avaliada como possível fonte de sinergias, desde que a regulação estatal permaneça indelegável, consistente e sólida.

83. V., sobre o tema da independência, Sergio Guerra in *Discricionariedade, regulação e reflexividade*, Belo Horizonte, Fórum, 2013 e, do mesmo autor, *Agências reguladoras*, Belo Horizonte, Fórum, 2012. V., ainda, Alexandre Aragão in *Agências reguladoras*, 3ª ed., Rio de Janeiro, Forense, 2013 e Floriano de Azevedo Marques Neto in *Agências reguladoras independentes*, Belo Horizonte, Fórum, 2005.

não subordinadas às políticas de curto prazo e que exerçam suas tarefas em regime de natureza eminentemente meritocrática.

(c) A regulação deve observar os ditames da Lei de Processo Administrativo: incide a Lei 9.784/1999, especialmente quanto ao dever de motivação em todas as etapas. Ainda: impositiva a "interpretação da norma administrativa da forma que melhor garanta o atendimento do fim público a que se dirige, vedada aplicação retroativa de nova interpretação".[84] Dito de outro modo, a regulação, em atenção ao art. 5º da Constituição, deve assegurar, com extremo cuidado, o contraditório e a ampla defesa (admitidas medidas cautelares, devidamente justificadas). Definitivamente, precisa respeitar o *due process*, com abertura de prazo para correção de falhas, em tempo útil (superados os unilateralismos autoritários, típicos do Direito Administrativo dos séculos XIX e XX).

(d) Como enfatizado, a regulação deve ser guardiã da sustentabilidade[85] nos setores regulados: impositivo preservar o equilíbrio dinâmico do sistema (econômico, social e ambiental). Eis, a calhar, o teste de sustentabilidade, em suas três fases: a fase dos antecedentes da regulação (é a regulação realmente necessária? Está suficientemente motivada?); a fase da tomada da decisão propriamente dita (a quais políticas públicas de estatura constitucional a regulação deve atender prioritariamente?); e a fase relativa à execução (os condicionantes da regulação vêm sendo atendidos?). O teste de sustentabilidade demanda controle substancial concomitante, não apenas formalista, mas de eficácia e ecoeficiência.

(e) As entidades regulatórias, que adotam modelo de direção colegiada, devem ter recrutados os seus dirigentes com "ficha limpa", que garanta reputação ilibada incontroversa e qualificação meritocrática e científica requerida à regulação setorial. Mister promover a materialização de rigor no recrutamento dos reguladores, com larga sindicabilidade dos pressupostos.

(f) Para evitar os conflitos de interesse, os reguladores precisam se abster de qualquer ligação com a agenda partidária. De modo unificado[86] e isento, a regulação tem que ultrapassar a cultura de hiperativismo

---

84. V. art.2º da Lei 9.784/1999.
85. V. Steven Cohen in *Sustainability management*, New York, Columbia University Press, 2011, p. 154: "Regulation can be used to require investments that reduce an organization's environmental impact".
86. V., para cotejo, no sistema americano, "The 2013 Unified Regulatory Agenda and Regulatory Plan", com destaque para as seguintes diretrizes: "public

político míope, capturado[87] e desregulado, que afugenta a segurança jurídica intertemporal, condição indispensável para salutares parcerias público-privadas.

(g) A inovação regulatória deve conter-se nos limites da juridicidade sistemática.[88] Não há falar, ao menos nas presentes circunstâncias, em "deslegalização", sequer de "regulamentos autônomos" (em que pese a exceção trazida pela EC 32, que alterou o art. 84, VI, da CF, inaplicável à temática regulatória).

(h) O Poder Judiciário[89] precisa, o mais possível, respeitar a atuação dos reguladores, mas sem se abster de coibir, com moderado caráter incisivo,[90] a arbitrariedade por ação e por omissão, sobremodo coibindo os atos regulatórios contaminados por influxos partidários ou de pressão inconfessável.

Nesses moldes, uma regulação sustentável adota nova compreensão da discricionariedade administrativa: toda discricionariedade remanesce vinculada às prioridades constitucionais, delas não podendo se distrair. Sob esse prisma, a fixação nítida de objetivos e metas é questão-chave.

Assim, afirma-se o direito fundamental à regulação sustentável (protetiva dos direitos das gerações presentes e futuras), eficiente (respeitadora da compatibilidade entre os meios empregados e os resultados pretendidos), eficaz (respeitadora da compatibilidade entre os resultados alcançados e os mensuráveis objetivos traçados), economicamente corretiva, moral e fiscalmente responsável e redutora dos conflitos

---

participation, integration and innovation, flexible approaches, science, retrospective analysis of existing rules". V, ainda, o trabalho do Office Information and Regulatory Affairs.

87. V. George Stigler, que não mediu bem o risco das desregulações, in "A teoria econômica da regulação", in Paulo Mattos (Coord.), *Regulação econômica e Democracia*, São Paulo, Editora 34, 2004, p. 23. Para uma visão mais ampla, e reconhecendo as insuficiências da teoria em tela, na mesma obra, v. Sam. Peltzman in "A teoria econômica da regulação depois de uma década de desregulação", pp. 81-124. V., do mesmo autor, "Toward a more general theory of regulation", *The Journal of Law and Economics*, vol. XIX, 2, 1976, pp. 211-240.

88. V., por exemplo, AgRg no REsp 1.326.847-RN.

89. V. Stephen Breyer in *Active Liberty: Interpreting Our Democratic Constitution*, Nova York, Alfred A. Knopf, 2005, pp. 102-108.

90. V., a propósito, a doutrina "hard look judicial review", que demanda modulações desenviesantes para o contexto brasileiro, tema que refoge do presente Capítulo. Todavia, convém, desde logo, atentar para os achados de Cass Sunstein e Thomas Miles sobre os riscos de politização excessiva in "Depoliticizing Administrative Law", *Duke Law Journal*, vol. 58, 2009, pp. 2.193-2.230.

intertemporais.[91-92] Em outras palavras, uma regulação pública[93] das atividades de mercado sistemicamente relevantes (tais como atividades bancárias) e da prestação de serviços públicos (tais como energia elétrica e transportes) tem de passar por reorientações de fundo.

3. Conclusões

Tudo considerado, eis, a modo de síntese, as principais conclusões:

(a) a regulação interdisciplinar e inovadora desempenha o papel de arbitragem pública, que não implica abdicar, quando impositivo, do poder-dever de sancionar sem tibieza, inércia ou procrastinação;

(b) a regulação deve se pautar por efetiva autonomia, alcançando equilíbrio dinâmico entre retornos econômicos, sociais[94] e ambientais, com a salvaguarda da justa partilha redistributivista de ganhos e benefícios (diretos e indiretos);

(c) a regulação de atividades econômicas relevantes e de serviços públicos precisa ser socialmente controlada, até para evitar o excesso intrusivo do partidarismo de curto prazo.[95] Dito de outro modo, tem de prestar contas sobre o atingimento das metas pactuadas, sob pena da "captura" mencionada pela chamada teoria econômica da regulação. Ou seja, uma postura adequada consiste em, vencido o otimismo ingênuo, estimular a sociedade a assumir o protagonismo, com a cobrança de

---

91. Ou seja, sem abdicar de apontar caminhos, já que o mercado, por si, é incapaz de se portar com a racionalidade ingenuamente postulada por muitos. Em contrapartida, v. tentativa de solução conciliatória (intervenção e liberdade de escolha) na proposta (a ser bastante aperfeiçoada para incorporar os critérios de sustentabilidade) de Richard Thaler e Cass Sunstein in *Nudge*, Yale University Press, 2008.

92. V. *testimony* de Joseph Stiglitz in "The future of financial services regulation", *House Financial Services Committee*, 21.10.2008. Sua proposta oportuna de reforma regulatória está assentada nas ideias de que "financial markets are not an end in themselves (...) the problems are systemic and systematic" e nos seguintes princípios gerais: *incentives* ("aligned with social returns"), *transparency* ("good information") e *competition* ("balance between government and markets").

93. Apenas para reprisar: toma-se a "regulação", no presente trabalho, em sentido administrativista, ou seja, como elemento do poder-dever de restringir o exercício dos direitos de liberdade e de propriedade, além de zelar pela eficaz e eficiente prestação de serviços públicos. V, sobre os múltiplos significados do termo, para cotejo, Laurence Calandri in *Recherche sur la notion de régulation en Droit Administratif français*, Paris, LGDJ, 2009.

94. V. Christopher McCrudden, *Social Policy and economic regulators, regulation and deregulation*, Oxford, Oxford University Press, 1999, pp. 275-291.

95. Conforme, por exemplo, o art. 68 da Lei 10.233/2001.

standards mais elevados de bens e serviços, com responsabilidade pós--consumo e melhoria de qualidade do atendimento dos usuários;[96]

(d) no momento de redefinição da arquitetura regulatória, interessante apostar numa reforma institucional que consagre, com flexibilidade, a regulação como atividade de Estado Constitucional, mais do que de governo. Nesse quadro, indispensável acrescentar um polo no redesenho das relações jurídicas de delegação, a saber: além do parceiro público, do parceiro privado e do usuário, força acrescentar a figura do autônomo regulador, com funções retrospectivas e prospectivas de coimplementação das políticas públicas. Tratando-se de agência, o fato de a autarquia reguladora não realizar a definição da política setorial em nada lhe subtrai a competência para fiscalizar os demais polos e detalhar a política. Opta-se, pois, pela regulação como polo estatal autônomo. Não se trata, bem de ver, de postular uma independência que redunde em clima de hostilidade entre a autoridade reguladora e o poder concedente. No entanto, mais do que nunca, a regulação deve ser vista como tarefa de Estado, no rumo de nova ordem administrativa que transcenda o episódico e o transitório, em prol da compatibilização entre o desenvolvimento e a equidade intergeracional. Cumpre-lhe participar da materialização das prioridades constitucionais, evitados os custos altíssimos da inércia. Em última análise, ao assumir o seu papel sistêmico, o "Estado regulador" (que, na ótica esposada, disciplina, na esfera administrativa, os serviços públicos e as atividades econômicas de relevante interesse coletivo) tem o dever de cabal observância do direito fundamental à boa administração pública, com prevenção, precaução, eficácia, ecoeficiência e a incorporação definitiva dos critérios de sustentabilidade.

---

96. V., sobre plano de qualidade do atendimento dos usuários de serviços regulados, Acórdão 3405/2013, do TCU.

Capítulo IX
CONSIDERAÇÕES FINAIS

A título de resumo, relembrem-se os principais tópicos de cada Capítulo.

No Capítulo I, é fixado o conceito-síntese de direito fundamental à boa administração pública, nesses termos: trata-se do direito fundamental à administração pública eficiente e eficaz, proporcional cumpridora de seus deveres, com transparência, sustentabilidade, motivação proporcional, imparcialidade e respeito à moralidade, à participação social e à plena responsabilidade por suas condutas omissivas e comissivas.

No conceito formulado, abrigam-se, entre outros, os seguintes direitos: (a) o direito à administração pública transparente, que supõe evitar a opacidade (salvo nos casos em que o sigilo se apresentar justificável, e ainda assim não definitivamente); (b) o direito à administração pública sustentável, que implica fazer preponderar, inclusive no campo regulatório, o princípio constitucional da sustentabilidade, que determina a preponderância dos benefícios sociais, ambientais e econômicos sobre os custos diretos e indiretos (externalidades negativas), de molde a assegurar o bem-estar multidimensional das gerações presentes sem impedir que as gerações futuras alcancem o próprio bem-estar multidimensional; (c) o direito à administração pública dialógica, com amplas garantias de contraditório e ampla defesa e motivação explícita, clara e congruente; (d) o direito à administração pública imparcial e desenviesada, isto é, aquela que, evitando os desvios cognitivos, não pratica nem estimula discriminação negativa de qualquer natureza e, ao mesmo tempo, promove as discriminações inversas ou positivas (redutoras das desigualdades iníquas); (e) o direito à administração pública proba, que veda condutas éticas não universalizáveis; (f) o direito à administração pública respeitadora da legalidade temperada; (g) o direito à administração pública preventiva, precavida, eficaz (não apenas economicamente eficiente) e comprometida com resultados compatíveis com indicadores de qualidade de vida, em horizonte de longa duração.

Por sua vez, a discricionariedade administrativa é conceituada como a competência administrativa (não mera faculdade) de avaliar e de escolher, no plano concreto, as melhores soluções, mediante justificativas válidas, coerentes e consistentes de sustentabilidade, conveniência ou oportunidade (com razões juridicamente aceitáveis), respeitados os requisitos formais e substanciais da efetividade do direito fundamental à boa administração pública.

Acentua-se que o Estado Constitucional exige uma espécie de controle administrativo de constitucionalidade da implementação de políticas públicas, tarefa a ser cumprida, de ofício, pela Administração Pública. Ato contínuo, detectam-se os dois principais vícios no exercício da discricionariedade administrativa: (a) o vício da discricionariedade excessiva ou abusiva (arbitrariedade por ação) – hipótese de ultrapassagem dos limites impostos à competência discricionária, isto é, quando o agente público opta por solução sem lastro ou amparo em regra válida. Ou quando a atuação administrativa se encontra, por algum motivo, enviesada e desdestinada (desvio abusivo das finalidades constitucionais e/ou legais); e (b) o vício da discricionariedade insuficiente (arbitrariedade por omissão) – hipótese em que o agente deixa de exercer a escolha administrativa ou a exerce com inoperância, notadamente ao faltar com os deveres de prevenção e de precaução, além das obrigações redistributivas.

Na ótica adotada, figuram como requisitos de juridicidade dos atos administrativos: (a) a prática por sujeito capaz e investido de competência (irrenunciável, exceto nas hipóteses legais de avocação e de delegação); (b) a consecução eficiente e eficaz dos melhores resultados contextuais, nos limites da Constituição (isto é, a exteriorização de propósitos de acordo com as prioridades constitucionais vinculantes, de modo sustentável, com a necessária compatibilização prática entre equidade e eficiência); (c) a observância da forma, sem sucumbir aos formalismos teratológicos; (d) a devida e suficiente justificação das premissas do silogismo dialético decisório, com a indicação clara dos motivos (fatos e fundamentos jurídicos); (e) o objeto determinável, possível e lícito em sentido amplo.

À luz desses requisitos, recalibra-se a amplitude de sindicabilidade dos atos administrativos e das políticas públicas, aqui compreendidas como autênticos programas de Estado (mais do que de governo), que intentam, por meio de articulação eficiente e eficaz dos atores governamentais e sociais, cumprir as prioridades vinculantes da Carta, de ordem a assegurar, com hierarquizações fundamentadas, a efetividade do plexo de direitos fundamentais das gerações presentes e futuras.

Ou seja, as políticas públicas, no acordo semântico proposto, são caracterizadas pelos seguintes elementos: (a) programas de Estado Constitucional (mais do que de governo); (b) enunciadas e implementadas por vários atores políticos, especialmente pela Administração Pública; e (c) prioridades constitucionais cogentes.

Nesse prisma, impõe-se enfrentar dois fenômenos simétricos igualmente nocivos: de uma parte, a vinculação que cede aos automatismos políticos e culturais e, de outra, a concepção da discricionariedade propensa a dar as costas à vinculação constitucional (expressa ou implícita).

Em síntese, conclui-se que a discricionariedade administrativa deve estar vinculada às prioridades constitucionais, sob pena de se converter em arbitrariedade por ação ou por omissão, solapando as bases racionais de conformação das políticas públicas.

No Capítulo II, destaca-se que não se podem admitir, nessa altura, ações (ou omissões) exclusivamente políticas e imunes ao controle, seja porque se vincula o administrador público aos motivos que ofertar e seja porque existem enviesamentos que costumam infirmar a impessoalidade de partida. Entre os vieses citados, evoquem-se o do *status quo*, do enquadramento, do otimismo excessivo e o da preferência pelo presente (*present-biased preferences*).

A seguir, os atos administrativos, quanto à intensidade da subordinação à legalidade estrita, são classificados como: (a) os atos administrativos vinculados propriamente ditos, ou seja, aqueles de mais intensa observância aos requisitos previamente estabelecidos pelo ordenamento, com rarefeita liberdade de determinação do conteúdo de disposições normativas e (b) os atos administrativos discricionários, a saber, aqueles que o agente público deve (não se trata de mera faculdade) praticar, mediante juízos desenviesados de conveniência ou oportunidade, na procura da melhor alternativa (não "a" única), sem que se revele indiferente a escolha das consequências, no plano concreto.

Conclui-se a favor da ampla sindicabilidade do "demérito" administrativo. Considera-se que o "mérito" (atinente ao campo dos juízos de conveniência ou de oportunidade) pode até não ser diretamente controlável, mas o demérito o será inescapavelmente. Mais do que nunca, a discricionariedade legítima supõe uma sindicabilidade destinada à ativação do direito fundamental à boa administração pública.

No Capítulo III, ao tratar do dever de motivação, é assinalado, com ênfase e em todos os desdobramentos, que a autoridade administrativa tem de expor os fundamentos fáticos e jurídicos da eleição de prioridades, de maneira intertemporalmente consistente.

No Capítulo IV, versando sobre a responsabilidade do Estado, sublinha-se que os elementos ou requisitos da responsabilidade estatal são: (a) a existência de dano material ou imaterial, juridicamente injusto e desproporcional, causado a terceiros (não necessariamente usuários de serviços públicos), afrontando o direito fundamental à boa administração; (b) o nexo causal (sem excludentes provadas pelas pessoas jurídicas de direito público ou de direito privado prestadoras de serviços públicos); e (c) a conduta omissiva ou comissiva de agente, nessa qualidade, da pessoa jurídica de direito público ou de direito privado prestadora de serviço público.

O nexo causal há de ser direto: não se perfectibiliza o dano juridicamente injusto se a vítima lhe houver dado causa exclusiva, nem na hipótese de força maior (irresistível por definição, diversamente do caso fortuito, que pode resultar de causa interna), tampouco por ato ou fato de terceiro alheio à prestação do serviço público. E não se estabelece o nexo se (comprovadamente) inviável o cumprimento do dever ("reserva do possível"). No entanto, vale reiterar que se deve nutrir reservas à reserva do possível, ou seja, não será esta invocável para deixar de adotar, em tempo útil, as providências decorrentes das prioridades vinculantes.

O dano juridicamente injusto, que prejudica direito ou interesse legítimo (individual ou transindividual), caracteriza-se por ser: (i) certo, (ii) especial (não eventual), ainda que reflexo, e (iii) discrepante dos parâmetros do normalmente aceitável. Numa palavra: desproporcional.

Defende-se, nesse prisma, a responsabilidade proporcional e objetiva do Estado, tanto por ações como por omissões. Não emana da Carta nenhuma rigidez dicotômica entre ação e omissão, no regime da responsabilidade do Estado, no tocante às condutas dos agentes públicos *lato sensu*, mormente se se acolher a noção de causalidade que não reduz a omissão à mera condição para o dano. Logo, as condutas comissivas ou omissivas, havendo nexo causal com evento danoso injusto, serão sempre antijurídicas, no mínimo por violarem o referido princípio da proporcionalidade.

No Capítulo V, ao realizar o estudo de institutos emblemáticos, observa-se que o Poder Público existe para os direitos fundamentais. Falar, por exemplo, em "poder de polícia administrativa" não é cogitar de mera faculdade estatal. Acima de tudo, trata-se de dever perante a sociedade. A figura da autorização de serviços públicos merece séria revisão. Ademais, entende-se a convalidação subordinada à eficácia direta do direito fundamental à boa administração pública.

No Capítulo VI, o tema é o da incidência dos princípios da prevenção e da precaução, esclarecendo os conceitos. O princípio da prevenção dispõe que a Administração Pública, ou quem faça as suas vezes, na certeza de evento danoso, tem a obrigação de evitá-lo, desde que no rol de suas atribuições competenciais e possibilidades orçamentárias. Isto é, tem o dever incontornável de agir preventivamente, não podendo invocar meros juízos de conveniência ou oportunidade em sentido contrário. A seu lado, o princípio da precaução estabelece (não apenas no campo ambiental), a obrigação de adotar medidas antecipatórias e proporcionais, mesmo nos casos de incerteza quanto à produção de danos fundamentalmente temidos (juízo de forte verossimilhança). A inobservância do dever configura omissão antijurídica, que, à semelhança do que sucede com a ausência de prevenção cabível, tem o condão de gerar dano (material e/ou moral) injusto e, portanto, indenizável.

Tais princípios determinam inovadora lógica de atuação do Estado que não pode chegar tarde: a lógica das estratégias prudenciais de longa duração, que se ocupam em evitar situações adversas e efeitos colaterais indesejados.

No Capítulo VII, preconiza-se a necessária valorização do regime institucional, na perspectiva de que existem carreiras essenciais ao funcionamento do Estado e à discricionariedade administrativa proporcionalmente exercida.

No Capítulo VIII, ao enfocar os temas do Direito Administrativo da Regulação, enfatiza-se que compete à intervenção indireta regulatória do Estado: (a) fazer com que os agentes de mercado e de governo cooperem para o desenvolvimento sustentável, via exercício legal e legítimo, prevenido e precavido, normativo e concreto, do ampliado e inteligente "poder de polícia administrativa" sobre os setores econômicos sensíveis e sobre os serviços públicos, de maneira a, com esse intuito, condicionar, limitar ou restringir o exercício dos direitos de propriedade e liberdade; e (b) exigir qualidade dos bens e serviços em conformidade com a coexistência harmônica dos direitos fundamentais das gerações presentes e futuras.

Para regular de maneira sustentável, em sincronia com as funções estatais de fomento e prestacionais, cabe ao Estado Regulador manejar, entre outros, os seguintes mecanismos: (a) incentivos alinhados e intertemporalmente congruentes; (b) participação ativa da cidadania e ampla transparência regulatória (ativa e passiva), especialmente para mitigar as assimetrias de informação; (c) desburocratização radical do processo regulatório, mediante drástica racionalização normativa e concomitante aceleração dos procedimentos digitais; (d) planejamento estratégico, integrativo e coordenado, que se traduz em métricas de qualidade, pactuadas entre os parceiros públicos e privados, e viabilize o monitoramento, em tempo útil, da implementação detalhada das políticas públicas; (e) defesa robusta dos direitos fundamentais de consumidores em geral e dos usuários de serviços públicos em especial, com a cobrança de altos *standards* protetivos e orientativos, bem como articulação contra técnicas regressivas, que distorcem o mercado; (f) conformação de ambiente negocial juridicamente seguro para o empreendedorismo inclusivo; (g) incorporação dos critérios de sustentabilidade em todo processo de decisão regulatória, sob pena de nulidade; (h) avaliação contínua dos impactos regulatórios, que contemple os efeitos da regulação sobre o mercado e os serviços públicos, com foco na redução de efeitos sistêmicos negativos; (i) redefinição do custo-benefício para que proceda uma análise que transcenda os ditames da eficiência econômica, conferindo primado à implementação das políticas de bem-estar e ecoeficiência; e (j) inteligibilidade e consolidação das resoluções regulatórias, no intento de alcançar adesão consciente dos setores regulados e da sociedade, com atuação cientificamente motivada.

Tudo considerado, a discricionariedade administrativa, no Estado Democrático, encontra-se vinculada ao direito fundamental à boa administração pública, sob pena de serem solapados os limites à liberdade de conformação. Toda discricionariedade administrativa precisa guardar referência às prioridades do sistema constitucional: a liberdade é conferida para facultar a melhor conformação possível, não para obstá-la. Nesse sentido, não se admite a mera faculdade. A liberdade, se e quando exercida como negação dos princípios fundamentais, torna-se viciada por excesso ou deficiência – e, como tal, supressora da discricionariedade legítima.

Cumpre, em última análise, assimilar, para todos os efeitos, a boa administração como direito fundamental. Trata-se de relevante mudança de postura, que favorece o desenvolvimento sustentável, aquele que importa. Quer-se, pois, a Administração Pública que não se contenta em tornar boas as más escolhas. A partir de agora, com metas pactuadas, confiáveis e sem utopismo ingênuo, imprescindível praticar uma renovada governança pública, com acesa imaginação e verdadeiro compromisso com a sorte das gerações presentes e futuras.

Importa, em suma, vivenciar, com o máximo empenho e a alma inteira, sem automatismos, a escolha administrativa, eficiente e eficazmente vinculada ao direito fundamental à boa administração pública.

BIBLIOGRAFIA

AARNIO, Aulis. *Lo racional como razonable*. Madri, Centro de Estudios Constitucionales, 1991.

ACEMOGLU, Daron, e ROBINSON, James. *Why Nations fail*. Nova York, Crown, 2012.

ACHTERBERG, Norbert. *Allgemeines Verwaltungsrecht*. Heidelberg, Decker e C. F. Müller Juristischer Verlag, 1982 e 1985.

ADLER, Matthew, e POSNER, Eric. *New foundations of cost-benefits analysis*. Cambridge, Harvard University Press, 2006.

AGUIAR DIAS, José de. *Da responsabilidade civil*. vol. 2. Rio de Janeiro, Forense, 1944.

AGUIAR JR., Ruy Rosado de. "Responsabilidade política e social dos juízes nas Democracias modernas". *RJ* 350.

ALESSI, Renato. *Principi di Diritto Amministrativo*. vol. I. Milão, Dott. A. Giuffrè Editore, 1974.

ALEXY, Robert. *Teoría de la argumentación jurídica*. Madri, Centro de Estudios Constitucionales, 1989.

ALMEIDA, Custódio, FLICHINGER, Hans-Georg, e RHODEN, Luiz. *Hermenêutica filosófica*. Porto Alegre, EDIPUC/RS, 2000.

ANDRADE, José Carlos Vieira de. *O dever da fundamentação expressa de actos administrativos*. Coimbra, Livraria Almedina, 1992.

_____. *Lições de Direito Administrativo*. Coimbra, Imprensa da Universidade de Coimbra, 2010.

ARAGÃO, Alexandre Santos de. *Direito dos serviços públicos*. Rio de Janeiro, Forense, 2007.

_____. *Agências reguladoras*, 3ª ed., Rio de Janeiro, Forense, 2013

_____, e AZEVEDO M. NETO, Floriano (orgs.). *Direito Administrativo e seus novos paradigmas*. Belo Horizonte, Fórum, 2008.

ARAÚJO, Florivaldo Dutra de. *Motivação e controle do ato administrativo*. 2ª ed. Belo Horizonte, Del Rey.

ARNT, Ricardo (org.). *O que os economistas pensam sobre sustentabilidade*. São Paulo, Editora 34, 2010.

ASSIS, Araken de. *Cumprimento da sentença*. Rio de Janeiro, Forense, 2006.

AURENGO, André, COUTURIER, Daniel, SUREAU, Claude, LECOURT, Dominique, e TUBIANA, Maurice. *Politique de santé et principe de précaution*. Paris, PUF, 2011.

AUTIN, Jean-Louis. "La motivation des actes administratifs unilatéraux, entre tradition nationale et évolution des droits européens". *Revue Française d'Administration Publique* 2011/1-2, n. 137-138, pp. 85-89.

AYALA, Patryck de Araújo. "O princípio da precaução e a proteção jurídica da fauna brasileira". *Revista de Direito Ambiental* 39, 2005.

_____, e LEITE, José Rubens Morato. *Direito Ambiental na sociedade de risco*. Rio de Janeiro, Forense, 2002.

BACELLAR FILHO, Romeu Felipe. *Direito Administrativo*. São Paulo, Saraiva, 2005.

BACHOF, Otto, e WOLFF, Hans Julius. *Verwaltungsrecht*. vol. I. Munique, C. H. Beck'sche Verlag, 1974; vol. II. Munique, C. H. Beck'sche Verlag, 1976.

BADURA, Peter. *Staatsrechts*. Munique, C. H. Beck'sche Verlagbuchhandlung, 1986.

BANDEIRA DE MELLO, Celso Antônio. *Discricionariedade e controle jurisdicional*. 2ª ed., 11ª tir. São Paulo, Malheiros Editores, 2012.

BARBOSA, Rui. *Comentários à Constituição Federal Brasileira*. Vol. V. São Paulo, Saraiva, 1934.

BARBOSA MOREIRA, José Carlos. "Imparcialidade: reflexões sobre a imparcialidade do juiz". *RJ* 250/6-13.

BARCELLOS, Ana Paula de. *A eficácia jurídica dos princípios constitucionais*. Rio de Janeiro, Renovar, 2003.

BARGH, John, CHEN, Mark, e BURROWS, Lara. "Automaticity of Social Behavior: Direct trait construct of stereotype activation on action". *Journal of Personality and Social Psychology* 71 (1996), pp. 230-244.

BARNETT, Hilaire. *Constitutional & Administrative Law*. Londres, Cavendish Publishing, 2004.

BARR, Nicholas. *The economics of the Welfare State*. 5ª ed. Oxford, Oxford University Press, 2012.

BARROSO, Luís Roberto. *Interpretação e aplicação da Constituição*. 4ª ed. São Paulo, Saraiva.

_____. "Neoconstitucionalismo e constitucionalização do Direito (o triunfo tardio do direito constitucional no Brasil)". *IP* 33.

BASTOS JR., Luiz Magno, LEITE, Roberto Basilone, e LOIS, Cecília Caballero (coords.). *A Constituição como espelho da realidade*. São Paulo, LTr, 2007.

BATEMAN, Thomas, e SNELL, Scott. *Administração*. São Paulo, Atlas, 2011.

BAZERMAN, Max. *Judgment in managerial decision making*. 6ª ed. Nova York, John Wiley & Sons, 2006.

BEAUCHAMP, Dan, e STEINBOCK, Bonnie (eds.). *New Ethics for Public's Health*. New York, Oxford University Press, 1999.

BECK, Ulrich. *Políticas ecológicas en la edad del riesgo*. Barcelona, El Roure, 1998.

BEINHOCKER, Eric. *The origin of wealth – Evolution, complexity and the radical remaking of economics*. Boston, Harvard Business School Press, 2006.

BENJAMIN, Antônio Herman. "O meio ambiente na Constituição Federal de 1988". In: KISHI, Sandra A. S., SILVA, Solange T. da, e SOARES, Inês V. P. (orgs.). *Desafios do Direito Ambiental no século XXI. Estudos em homenagem a Paulo Affonso Leme Machado*. São Paulo, Malheiros Editores, 2005 (pp. 363-398).

BERGGRUEN, Nicolas, e GARDELS, Nathan. *Intelligent Governance for the 21st Century: A middle way between West and East*. Cambridge, Polity Books, 2012.

BERTI, Giorgio. *Interpretazione costituzionale*. 4ª ed. Pádua, CEDAM, 2001.

BETTI, Emilio. *Interpretazione della legge e degli atti giuridici*. Milão, Giuffrè, 1971.

BEZNOS, Clóvis. *Poder de polícia*. São Paulo, Ed. RT, 1979.

_____. "Transportes coletivos". *IP* 15.

BIGOLIN, Giovani. *Segurança jurídica. A estabilização do ato administrativo*. Porto Alegre, Livraria do Advogado, 2007.

BIN, Roberto, e PITRUZZELLA, Giovanni. *Diritto Costituzionale*. Turim, G. Giappichelli Editore, 2007.

BINENBOJM, Gustavo. *Uma teoria do Direito Administrativo*. Rio de Janeiro, Renovar, 2006.

BITTENCOURT, Marcus Vinicius Corrêa. *Manual de Direito Administrativo*. Belo Horizonte, Fórum, 2007.

BLACKBURN, Simon. *Dicionário Oxford de Filosofia*. Rio de Janeiro, Jorge Zahar.

BOBBIO, Norberto. *O futuro da Democracia. Uma defesa das regras do jogo*. Rio de Janeiro, Paz e Terra, 1986.

BONAVIDES, Paulo. *Curso de Direito Constitucional*. 29ª ed. São Paulo, Malheiros Editores, 2014.

_____. *Teoria constitucional da Democracia Participativa*. 2ª ed. São Paulo, Malheiros Editores, 2003; 3ª ed. 2008.

_____. *Teoria geral do Estado*. 9ª ed. São Paulo, Malheiros Editores, 2012.

BONIFÁCIO, Artur Cortez. *O Direito Constitucional internacional e a proteção dos direitos fundamentais*. São Paulo, Método, 2008.

BORGES, Alice Gonzales. "Supremacia do interesse público: desconstrução ou reconstrução?". *IP* 37.

"Brazil 2008, Strengthening governance for growth". *OECD Reviews of Regulatory Reform*. OECD, 2008.

BREYER, Stephen. *Active Liberty: Interpreting our democratic Constitution*. Nova York, Alfred A. Knopf, 2005.

_____, STEWART, Richard, SUNSTEIN, Cass, VERMEULE Adrian, e HERZ, Michael. *Administrative Law and regulatory policy*. 7ª ed. Nova York, Wolters Kluwer, 2011.

BRITO, Carlos Ayres. *Teoria da Constituição*. Rio de Janeiro, Forense, 2003.

BROWN, Aschley. "Regulators, policy-makers, and the making of policy: who does what and when do they do it?". *International Journal of Regulation and Governance* 3 (1):1-11.

"Burocracia: custos econômicos e proposta de combate". São Paulo, Fiesp, 2010.

CADEMARTORI, Luiz Henrique U. *Discricionariedade administrativa no Estado Constitucional de Direito*. Curitiba, Juruá, 2001.

CALANDRI, Laurence. *Recherche sur la notion de régulation en Droit Administratif français*. Paris, LGDJ, 2009.

CALIENDO, Paulo. *Direito Tributário e análise econômica do Direito. Uma visão crítica*. Rio de Janeiro, Campus, 2009.

CAMMAROSANO, Márcio. "Cargos em comissão – Breves considerações aos limites à sua criação". *IP* 38.

_____. In: MOTTA, Fabrício (org.). *Concurso público e Constituição*. Belo Horizonte, Fórum, 2005.

CANARIS, Claus-Wilhelm. *Pensamento sistemático e conceito de sistema na Ciência do Direito*. Lisboa, Fundação Calouste Gulbenkian, 1989.

CANE, Peter, e GARDNER, John (eds.). *Relating to responsibility*. Oxford, Hart Publishing, 2001.

CANOTILHO, J. J. Gomes. *Direito Constitucional*. Coimbra, Livraria Almedina, 1991.

_____. "O princípio da sustentabilidade como princípio estruturante do Direito Constitucional". *Revista de Estudos Politécnicos*. vol. VIII, n. 13, 2010.

CANS, Chantal. "Le principe de précaution, nouvel élément du contrôle de légalité". *Revue Française de Droit Administratif* 15-4, 1999.

CARDOSO, José Eduardo Martins. "A discricionariedade e o Estado de Direito". In: GARCIA, Emerson (org.). *Discricionariedade Administrativa*. Rio de Janeiro, Lumen Juris, 2005.

CARRIÓ, Genaro. "Sull'interpretazione giuridica". In: BESSONE, M., e GUASTINI, R. (orgs.). *La regola del caso*. Pádua, CEDAM, 1995.

CARTER, Neil. *The Politics of the environment: ideas, Activism, Policy*. 3ª ed. Cambridge, Cambridge University Press, 2004.

CARVALHO FILHO, José dos Santos. "A discricionariedade: análise de seu delineamento jurídico". In: GARCIA, Emerson (coord.). *Discricionariedade administrativa*. Rio de Janeiro, Lumen Juris, 2005.

CASO, Rubén H. Compagnucci de. *Responsabilidad civil y relación de causalidad*. Buenos Aires, Astrea, 1984.

CASSESE, Sabino. "As transformações do Direito Administrativo do Século XIX ao XXI". *IP* 24.

_____. "De la vieja a la nueva disciplina en los servicios públicos". *Actualidad en el Derecho Público* 8. Ad-Hoc.

_____. *L'ideale di una buona amministrazione*. Nápoles, Editoriale Scientifica, 2007.

_____. "Tendenze e problemi del Diritto Amministrativo". *Rivista Trimestrale di Diritto Pubblico* 54/901-912. 2004.

CASTANHEIRA NEVES, António. *Questão-de-fato – Questão-de-direito ou o problema metodológico da juridicidade (Ensaio de uma reposição crítica)*. Coimbra, Livraria Almedina, 1967.

CASTRO, José Nilo de. "Responsabilidade do Município – Política de saúde". In: FREITAS, Juarez (org.). *Responsabilidade Civil do Estado*. São Paulo, Malheiros Editores, 2006 (pp. 158-169).

CAVALCANTI, Amaro. *Responsabilidade Civil do Estado*. t. I. Rio de Janeiro, Borsoi, 1956.

CERVANTES, Miguel. *O Engenhoso Fidalgo D. Quixote de La Mancha*. Belo Horizonte, Villa Rica, 1997.

CHAPUS, René. *Droit Administratif général*. 13ª ed., t. 1. Paris, Éditions Montchrestien, 1999.

CHEVALLIER, Jacques. "As novas fronteiras do serviço público". *Revista Interesse Público*, n. 51. Belo Horizonte, Fórum, ano 10, set.-out./2008.

CHRISTENSEN, Clayton, GREGERSEN, Hal e DYER, Jeff. *DNA do inovador*. São Paulo, HSM, 2012.

CIRNE LIMA, Rui. *Princípios de Direito Administrativo*. 7ª ed., revista e reelaborada por Paulo Alberto Pasqualini. São Paulo, Malheiros Editores, 2007.

CLÈVE, Clèmerson Merlin. *A fiscalização abstrata da constitucionalidade no Direito brasileiro*. 2ª ed. São Paulo, Ed. RT, 2000.

COCCONI, Monica. "L'obbligo di motivazione degli atti amministrativi generali". *Rivista Trimestrale di Diritto Pubblico*, vol. 59, 2009, pp. 707-740.

Código Europeu de Boa Conduta Administrativa. Disponível em <http://www.ombudsman.europa.eu/resources/code.faces>.

COGLIANESE, Cary, e KILMARTIN, Heather. "Transparency and public participation. The rulemaking process: recommendations for the new administration". *George Washington Law Review*, vol. 77, n. 4, 2009.

COHEN, Geoffrey. "Party over policy: the dominating impact of group influence on political beliefs". *Journal of Personality and Social Psychology*, vol. 85, n. 5, American Psychological Association, 2003, pp. 808-822.

COHEN, Steven. *Sustainability management*. New York, Columbia University Press, 2011.

COMPARATO, Fábio Konder. "Ensaio sobre o juízo de constitucionalidade de políticas públicas". *RT* 737/353.

CONLY, Sarah. *Against autonomy, justifying coercive paternalism*. Cambridge, Cambridege University Press, 2012.

CONRADO, Marcelo, e outros (coords.). *Biodireito e dignidade humana*. Curitiba, Juruá, 2007.

CORREIA, José Manuel Sérvulo. *Legalidade e autonomia contratual nos contratos administrativos*. (Reimpressão) Coimbra, Almedina, 2013.

CORSO, Guido. *Manuale di Diritto Amministrativo*. 3ª ed. Turim, G. Giappichelli Editore, 2006.

COUTO E SILVA, Almiro do. "Os princípios da legalidade da administração pública e da segurança jurídica no Estado de Direito contemporâneo". *Revista da PGE/RS* vol. 18, n. 46.

COVIELLO, Pedro José Jorge. "Los principios generales del Derecho frente a la ley y el reglamento en el Derecho Administrativo argentino". *Revista Interesse Público*, n. 50. Belo Horizonte, Fórum, ano 10, jul.-ago./2008.

CRAIG, Paul. "The nature of reasonableness review". *Current Legal Problems*, 66 (1), 2013, pp 131-167.

CURVELO, Alexandre Schubert. *O dever de alteração nos contratos de concessão de serviço público fundado no interesse público*. PUC/RS, Dissertação de Mestrado em Direito, 2006.

CUNHA, Paulo Ferreira da. *Fundamentos da República e dos direitos fundamentais*. Belo Horizonte, Fórum, 2008.

DALLA-ROSA, Luiz Vergílio. *Uma teoria do discurso constitucional*. São Paulo, Landy, 2002.

DALLARI, Adilson. "Controle do desvio de poder". In: LIMA, Liana Maria Taborda, e MATTOS, Mauro Roberto Gomes de (coords.). *Abuso de poder do Estado na atualidade*. Rio de Janeiro, América Jurídica, 2006.

DALY, Paul. *Theory of deference in Administrative Law*. Nova York, Cambridge University Press, 2012.

DAMÁSIO, Antônio. *O Erro de Descartes*. São Paulo, Cia. das Letras, 1996.

DEBEYRE, Guy, e DUEZ, Paul. *Traité de Droit Administratif*. Paris, Dalloz, 1952.

DEJOY, David. "Optimism bias and traffic safety". *Proceedings of the human factors and ergonomics society annual meeting*. September/1987, vol. 31, n. 7, pp. 756-759.

DELATORRE, Rogério. "Antinomias jurídicas e Direito intertemporal". *Revista Interesse Público*, n. 50. Belo Horizonte, Fórum, ano 10, jul.-ago./2008.

DEMICHEL, André. *Le Droit Administratif – Essai de réflexion théorique*. Paris, LGDJ, 1978.

DI PIETRO, Maria Sylvia Zanella. *Discricionariedade administrativa na Constituição de 1988*. São Paulo, Atlas, 1999.

DIAMOND, Jared. *Colapso. Como as sociedades escolhem o fracasso ou o sucesso*. Rio de Janeiro, Record, 2005.

DIENER, Ed, HELLIWELL, John, KAHNEMAN, Daniel (eds.). *International differences in well-being*. Nova York, Oxford University Press, 2010.

DIENER, Ed, LUCAS, Richard, SCHIMMACK, Ulrich, e HELLIWEL, John. *Well-being for Public Policy*. Nova York, Oxford University Press, 2009.

DOBRENKO, Bernard. "A caminho de um fundamento para o Direito Ambiental". In: KISHI, Sandra A. S., SILVA, Solange T. da, e SOARES, Inês V. P. (orgs.). *Desafios do Direito Ambiental no Século XXI. Estudos em homenagem a Paulo Affonso Leme Machado*. São Paulo, Malheiros Editores, 2005 (pp. 59-84).

Doing Business 2014. 11ª ed. Washington, Banco Mundial, 2013.

DORF, Michael, e MORRISON, Trevor. *Constitutional Law*. Nova York, Oxford University Press, 2010.

DORF, Michael, e TRIBE, Laurence. *On reading the Constitution*. Cambridge, Harvard University Press, 1991.

DUEZ, Paul, e DEBEYRE, Guy. *Traité de Droit Administratif*. Paris, Librairie Dalloz, 1952.

DUFLO, Esther. "Human values and the design of the fight against poverty". *The Tanner Lectures of Human Values*. Harvard University, Maio/2012.

DUGUIT, Léon. *Traité de Droit Constitutionnel*. Paris, Ancienne Librairie Fontemoing & Cie. Éditeurs, vol. II, 1928; vol. III, 1930.

EDINCOTT, Timothy. *Administrative Law*. 2ª ed. Oxford University Press, 2011,

ELSTER, Jon. *Ulysses and the sirens*. Cambridge, Cambridge University Press, 1984.

_____. *The cement of society*. Cambridge, Cambridge University Press, 1995.

FACCHINI NETO, Eugênio. "Funções e modelos da responsabilidade aquiliana no novo Código". *RJ* 309.

FACHIN, Luiz Edson. In: CONRADO, Marcelo, e outros (coords.). *Biodireito e dignidade humana*. Curitiba, Juruá, 2007.

FAORO, Raymundo. *Os donos do poder*. 2ª ed. Porto Alegre/São Paulo, Globo/EDUSP, 1975.

FERNÁNDEZ, Tomás-Ramón. "Viejas y nuevas ideas sobre el poder discrecional de la Administración y el control jurisdiccional de su ejercicio". *IP* 37.

_____, e GARCÍA DE ENTERRÍA, Eduardo. *Curso de Direito Administrativo*. São Paulo, Ed. RT, 1990.

FERRARI, Paola Nery, e FERRARI, Regina Macedo Nery. *Controle das Organizações Sociais*. Belo Horizonte, Fórum, 2007.

FERRAZ, Luciano. In: MOTTA, Fabrício (coord.). *Concurso público e Constituição*. Belo Horizonte, Fórum, 2005.

FERREIRA, Fernando Guimarães. *O mito da eficiência ôntica das Organizações Não-Governamentais. Parcerias do Poder Público: uma análise da discricionariedade administrativa, em face dos princípios da motivação e da eficiência*. Dissertação de Mestrado em Direito na PUC/RS, 2007.

FIGUEIREDO, Lúcia Valle. *Curso de Direito Administrativo*. 8ª ed. São Paulo, Malheiros Editores, 2006; 9ª ed., 2008.

FIGUEIREDO, Marcelo. *O controle da moralidade na Constituição*. 1ª ed., 2ª tir. São Paulo, Malheiros Editores, 2003.

FIGUEIREDO, Mariana. *Direito fundamental à saúde*. Porto Alegre, Livraria do Advogado, 2007.

FLEINER, Fritz. *Droit Administratif Allemand*. Trad. de Dh. Eisenmann. Paris, Librairie Dalegrave, 1933.

_____. *Institutionen des deutschen Verwaltungsrechts*. Tübingen, Scientia Verlag Aalen, 1963.

_____. *Les Principes généraux du Droit Administratif allemand*. Trad. de Ch. Eisenmann. Paris, Librairie Delagrave, 1933.

FLICHINGER, Hans-Georg, ALMEIDA, Custódio, e RHODEN, Luiz. *Hermenêutica filosófica*. Porto Alegre, EDIPUC/RS, 2000.

FORESTER, John. *Planning in the face of power*. Berkeley, University of California Press, 1989.

FORSTHOFF, Ernst. *Lehrbuch des Verwaltungsrechts*. Munique, C. H. Beck'sche Verlag, 1973.

_____. *Traité de Droit Administratif allemand*. Trad. de Michel Fromont. Bruxelas, Établissements Émile Bruylant, 1969.

FORTINI, Cristiana, e MIGUEL, Frederico Costa. "Parcerias público-privadas: aspectos relevantes". *IP* 40.

FORTINI, Cristiana, FONSECA DIAS, Maria Tereza, e SANTOS ESTEVES, Júlio César (orgs.). *Políticas públicas: possibilidades e limites*. Belo Horizonte, Fórum, 2008.

FOSTER, Caroline. *Science and the precautionary principle in international courts and tribunals*. Cambridge, Cambridge University Press, 2011.

FRAGOLA, Umberto. *Gli atti amministrativi*. Nápoles, Casa Editrice Dott. Eugenio Jovene, 1964.

FRANÇA, Phillip Gil. *Fundamentos constitucionais do controle da regulação econômica*. Porto Alegre, Dissertação de Mestrado em Direito na PUC/RS, 2007.

FRANÇA, Vladimir da Rocha. *Invalidação judicial da discricionariedade administrativa*. Rio de Janeiro, Forense, 2000.

FREDERICK, Shane, LOEWENSTEIN, George, e O'DONOGHUE, Ted. "Time discounting and time preference: A critical review". *Journal of Economic Literature*, vol. 40, n. 2, 2002, pp. 351-401.

FREITAS, Juarez. *A interpretação sistemática do Direito*. 5ª ed. São Paulo, Malheiros Editores, 2010.

_____. "A melhor interpretação constitucional *versus* a única resposta correta". In: BASTOS JR., Luiz Magno, LEITE, Roberto Basilone, e LOIS, Cecília Caballero (coords.). *A Constituição como espelho da realidade*. São Paulo, LTr, 2007 (pp. 83-111).

_____. *A substancial inconstitucionalidade da lei injusta*. Petrópolis-RJ/ Porto Alegre-RS, Vozes/EDIPUC/RS, 1989.

_____. *Carreira de Estado: Administração Tributária*. Brasília, Febrafite, 2007.

_____. *O controle dos atos administrativos e os princípios fundamentais*. 5ª ed. São Paulo, Malheiros Editores, 2013.

_____. (org.). *Responsabilidade civil do Estado*. São Paulo, Malheiros Editores, 2006.

_____. *Sustentabilidade: direito ao futuro*. 2ª ed. Belo Horizonte, Fórum, 2012.

FREITAS, Ney José de. *Ato administrativo. Presunção de validade e a questão do ônus da prova*. Belo Horizonte, Fórum, 2007.

FREITAS, Vladimir Passos de. *A Constituição Federal e a efetividade das normas ambientais*. 3ª ed. São Paulo, Ed. RT, 2005.

FREUND, Ernst. *The Police Power*. Chicago, Callaghan & Co., 1904.

FREYRE, Gilberto. *Casa Grande e Senzala*. São Paulo, Global, 2003.

GABARDO, Emerson. *Princípio constitucional da eficiência administrativa*. São Paulo, Dialética, 2002.

GADAMER, Hans-Georg. "Da palavra ao conceito". In: ALMEIDA, Custódio, FLICHINGER, Hans-Georg, e RHODEN, Luiz. *Hermenêutica filosófica*. Porto Alegre, EDIPUC/RS, 2000.

_____. *Die Universalität des hermeneutischen Problems. Hermeneutik II*. Tübingen, J. C. B. Mohr, 1993.

_____. *Gesammelte Werke*. vol. I, "Wahrheit und Methode". Tübingen, Mohr (Paul Siebeck), 1990.

_____. *Verdad y método*. Salamanca, Sígueme, 1984.

GALBRAITH, John Keneth. *A Economia das fraudes inocentes*. São Paulo, Cia. das Letras, 2004.

GALETTA, Diana-Urania. "Il diritto ad una buona amministrazione europea come fonte di essenziali garanzie procedimentali nei confronti della pubblica amministrazione". *Rivista Italiana di Diritto Pubblico Comunitario* 3-4/819-857. 2005.

GALLIGAN, Denis, e VERSTEEG, Mila (eds.). *The social and political foundations of Constitutions*. Nova York, Cambridge University Press, 2013.

GARCÍA DE ENTERRÍA, Eduardo. *La responsabilidad patrimonial del Estado legislador en el Derecho Español*. Madri, Thomson/Civitas, 2005.

_____, e FERNÁNDEZ, Tomás-Ramón. *Curso de Direito Administrativo.* São Paulo, Ed. RT, 1990.

GARCIA, Emerson (org.). *Discricionariedade administrativa.* Rio de Janeiro, Lumen Juris, 2005.

_____. *Conflito entre normas constitucionais.* Rio de Janeiro, Lumen Juris, 2008.

GARDNER, Howard. "A mente ética". *Harvard Business Review* 85, n. 3, março/2007.

GARDNER, John, e CANE, Peter (Eds.). *Relating to responsibility.* Oxford, Hart Publishing, 2001.

GARRIDO FALLA, Fernando. *Tratado de Derecho Administrativo.* vol. I. Madri, Editorial Tecnos, 1994.

GASPARINI, Diógenes. *Direito Administrativo.* 9ª ed. São Paulo, Saraiva, 2004.

_____ (coord.). *Pregão presencial eletrônico.* Belo Horizonte, Fórum, 2006.

GAUDEMET, Yves. *Traité de Droit Administratif.* Paris, LGDJ, 1998.

GENRO, Tarso. *Crise da Democracia.* Petrópolis, Vozes, 2002.

GIANETTI, Eduardo. *O valor do amanhã.* São Paulo, Cia. das Letras, 2006.

GIANNINI, Massimo Severo. *Diritto Amministrativo.* Milão, Dott. A. Giuffrè Editore, 1970.

GIANOTTI, José Artur. *O jogo do belo e do feio.* São Paulo, Cia. das Letras, 2005.

GIDDENS, Anthony. *Turbulent and mighty continent.* Cambridge, Polity Press, 2014.

GIESE, Friedrich. *Allgemeines Verwaltungsrecht.* Tübingen, J. C. B. Mohr (Paul Siebeck), 1952.

GILBERT, Daniel. "How mental systems believe". *American Psychologist,* vol. 46, n. 2, fev./1991, pp. 107-118.

GODARD, Olivier. "Le principe de précaution, une nouvelle logique d'action entre Science et Démocratie". *Philosophie Politique,* maio/2000.

GÓMEZ PUENTE. Marcos. *La inactividad de la Administración.* Madri, Aranzadi, 2002.

GORDILLO, Agustín. *Tratado de Derecho Administrativo.* 7ª ed., t. 2. Buenos Aires, Fundación de Derecho Administrativo, 2002.

GOUVÊA, Marco Maselli. "Balizamentos da discricionariedade administrativa na implementação dos direitos econômicos, sociais e culturais". In: GARCIA, Emerson (org.). *Discricionariedade Administrativa.* Rio de Janeiro, Lumen Juris, 2005.

GRAU, Eros. *O Direito posto e o Direito pressuposto.* 8ª ed. São Paulo, Malheiros Editores, 2011.

GRECO, Marco Aurélio. *Dinâmica da tributação: uma visão funcional.* 2ª ed. Rio de Janeiro, Forense, 2005.

GREESPAN, Allan. *Age of turbulence*. New York, Penguin, 2007.

GRIMM, Dieter. *Constituição e Política*. Belo Horizonte, Del Rey, 2006.

GRINOVER, Ada Pellegrini. "O controle das políticas públicas pelo Poder Judiciário". *Revista Brasileira de Estudos Constitucionais* 8, out-dez/2008, Belo Horizonte, Fórum.

GROTTI, Dinorá. "Redefinição do papel do Estado na prestação de Serviços Públicos". *IP* 40.

GROUSSOT, Xavier, e PECH, Laurent. "Fundamental rights protection in the European Union post Lisbon Treaty". *Foundation Robert Schuman/Policy Paper*, European issue 173, junho/2010.

GUASTINI, Riccardo. *Das fontes às normas*. São Paulo, Quartier Latin, 2005.

_____. "Teoria e ideologia da interpretação constitucional". *Revista Interesse Público* 40/217 e ss.

GUERRA, Sérgio. *Discricionariedade e reflexividade*. Belo Horizonte, Fórum, 2008.

_____. *Agências reguladoras*. Belo Horizonte, Fórum, 2012.

GUIMARÃES, Edgar (org.). *Cenários do Direito Administrativo*. Belo Horizonte, Fórum, 2004.

HAASE, Victor Geraldi, e PALMINI, André. "'To do or not to do'? The neurobiology of decision-making in daily life". *Dementia & Neuropsychologia*, 2007, 1.

HABERMAS, Jürgen. *Faktizität und Geltung*. Frankfurt, M. Suhrkamp, 1993.

HAMILTON, Alexander. "The Federalist". *Encyclopaedia Britannica*. vol. 43, n. 79, Chicago, 1952.

HARDIN, Garrett. "The tragedy of the commons". Science, n. 13, vol. 162, 1968.

HAURIOU, Maurice. *Précis élémentaire de Droit Administratif*. Paris, Libraire du Recueil Sirey, 1938.

HELLIWEL, John, LAYARD, Richard, e SACHS, Jeffrey (eds.). *World happiness report*. Nova York, Earth Institute, 2013.

HESSE, Konrad. *Grundzüge des Verfassungsrechts der Bundesrepublik Deutschland*. Heidelberg, C. F. Müller Juristischer Verlag, 1978.

HILF, Meinhard. "Die Charta der Grundrechte der Europäischen Union". "Sonderbeilage" zu *Neue Juristische Wochenschrift 2000*. Heft 49.

HOFMANN, Herwig C. H., e MIHAESCU, C. "The Relation between the Charter's Fundamental Rights and the unwritten general principles of EU Law: Good Administration as the test case". *European Constitutional Law Review*, vol. 9, n. 1, 2013.

HOLANDA, Sérgio Buarque de. *Raízes do Brasil*. São Paulo, Cia. das Letras, 1995.

HOWLET, Michael, RAMESH, M., e PERL, Anthony. *Studying Public Policy*. 3ª ed. Oxford University Press, 2009 (ed. brasileira: *Política Pública*, 3ª ed. Rio de Janeiro, Campus, 2013).

INSENBERG, Daniel. "Group polarization: A critical review and meta-analysis". *Journal of Personality and Social Psychology*, vol. 50 (6), Jun/1986.

JACQUEMET-GAUCHE, Anne. *La responsabilité de la Puissance Publique en France et en Allemagne*. Paris, LGDJ, 2013.

JENKINS, William. *Policy analysis*. Londres, Martin Robertson, 1978.

JÈZE, Gaston. *Les principes généraux du Droit Administratif*. Paris, Marcel Giard Libraire-Éditeur, 1930.

JOLLS, Christine, e SUNSTEIN, Cass R. "The law of implicit bias". *California Law Review*, vol. 94, 2006.

JOSSERAND, Louis. "Evolução da responsabilidade civil". *RF* 86/52 e ss. Rio de Janeiro, Forense.

JUSTEN FILHO, Marçal. *Curso de Direito Administrativo*. Belo Horizonte, Fórum, 2012.

KAFKA, Franz. *O Castelo*. São Paulo, Cia. das Letras, 2003.

KAHL, Wolfgang (org.). *Nachhaltigkeit als Verbundbegriff*. Tübingen, Mohr Siebeck, 2008.

KAHNEMAN, Daniel, e TVERSKY, Amos (eds.). *Choices, values, and frames*. Cambridge, Cambridge University Press, 2000.

_____. *Thinking, fast and slow*. Londres, Penguin Books, 2012.

_____. *Judgment under uncertainty: heuristics and biases*. Cambridge, Cambridge University Press, 1988.

_____, DIENER, Ed, e SCHWARTZ, Norbert. *Well-being*. Russel Sage Foundation, 1999.

KERSTENETZKY, Celia L. *O Estado do bem-estar social na idade da razão*. Rio de Janeiro, Campus, 2012.

KISHI, Sandra A. S., SILVA, Solange T. da, e SOARES, Inês V. P. (orgs.). *Desafios do Direito Ambiental no Século XXI. Estudos em homenagem a Paulo Affonso Leme Machado*. São Paulo, Malheiros Editores, 2005.

KLANSKA, Klara. "Towards administrative human rights in the EU impact of the Charter of Fundamental Rights". *European Law Journal* 10/296-326. 2004.

KNOERR, Fernando Gustavo, e KNOERR, Cibele Fernandes Dias. "Efeitos da vinculação e da discricionariedade". In: GUIMARÃES, Edgar (org.). *Cenários do Direito Administrativo*. Belo Horizonte, Fórum, 2004.

KOURILSKY, Philippe. "Le principe de précaution". *Chroniques du CREA de Grenoble*. 2000.

KRELL, Andreas J. "A recepção das teorias alemãs sobre 'conceitos jurídicos indeterminados' e o controle da discricionariedade no Brasil". *IP* 23.

_____. "As competências administrativas do art. 23 da CF, sua regulamentação por lei complementar e o 'poder de polícia'". *IP* 20. 2003.

_____. *Discricionariedade administrativa e proteção ambiental*. Porto Alegre, Livraria do Advogado, 2004.

KRISTJÁNSDÓTTIR, Margrét Vala. "Good Administration as a fundamental right". *Icelandic Review of Politics and Administration*, vol. 9 (1), 2013.

KRUGMAN, Paul, e WELLS, Robin. *Introdução à Economia*. Rio de Janeiro, Elsevier, 2007.

LABAND, Paul. *Le Droit Public de l'Empire Allemand*. t. II. Trad. de C. Gandilhon e Th. Lacuire. Paris, V. Giard & E. Brière, 1901.

LACROIX, Michel. *O culto da emoção*. Rio de Janeiro, José Olympio, 2006.

LARKIN, Amy. *Environmental debt. The hidden costs of a changing global Economy*. Nova York, Palgrave Macmillan, 2013.

LASSWELL, Harold. *A pre-view of Policy Sciences*. Nova York, American Elsevier, 1971.

LAUBADÈRE, André de. In: *Pages de Doctrine*. vol. I. Paris, LGDJ, 1980.

_____. *Manuel de Droit Administratif*. Paris, LGDJ, 1976.

LEAL, Rogério Gesta. *O Estado-Juiz na Democracia contemporânea*. Porto Alegre, Livraria do Advogado, 2007.

LEAL, Víctor Nunes. *Coronelismo, enxada e voto*. Rio de Janeiro, Nova Fronteira, 1975.

_____. *Problemas de Direito Público*. Rio de Janeiro, Forense, 1960.

LEITE, José Rubens Morato, e AYALA, Patryck de Araújo. *Direito Ambiental na sociedade de risco*. Rio de Janeiro, Forense, 2002.

LEITE, Roberto Basilone, BASTOS JR., Luiz Magno, e LOIS, Cecília Caballero (coords.). *A Constituição como espelho da realidade*. São Paulo, LTr, 2007.

LIBET, Benjamin. "Do we have free will?". *Journal of Consciousness Studies*, 6, ns. 8-9, 1999.

LIMA, Liana Maria Taborda, e MATTOS, Mauro Roberto Gomes de (coords.). *Abuso de poder do Estado na atualidade*. Rio de Janeiro, América Jurídica, 2006.

LIMBERGER, Têmis. "Transparência e novas tecnologias". *IP* 39/56 e ss.

LITVAK, Paul, e LERNER, Jennifer. "Cognitive bias". *The Oxford Companion to emotion and the affective Sciences*. Oxford, Oxford University Press, 2009.

LOEWENSTEIN, Georg, e THALER, Richard. "Anomalies: intertemporal choice". *Journal of Economic Perspectives*, 3(4), 1989.

LOIS, Cecília Caballero, BASTOS JR., Luiz Magno, e LEITE, Roberto Basilone (coords.). *A Constituição como espelho da realidade*. São Paulo, LTr, 2007.

LUKACS, John. *At the end of age*. New Haven, Yale University Press, 2002.

LUN, Janetta, SINCLAIR, Stacey, WHITCHURCH, Erin R., e GLENN, Catherine. "(Why) do I think what you think? Epistemic social tuning and implicit prejudice". *Journal of Personality and Social Psychology*, 2007, vol. 93, n. 6.

MACHADO, Hugo de Brito. "Motivação dos atos administrativos e o interesse público". *IP* 3/9 e ss.

MACHADO, Paulo Affonso Leme. *Direito Ambiental Brasileiro*. 22ª ed. São Paulo, Malheiros Editores, 2014.

_____. "Poder de polícia ambiental na América Latina e inovações na jurisprudência". *Revista de Informação Legislativa* 121.

MAFFINI, Rafael. *Direito Administrativo*. São Paulo, Ed. RT, 2006.

MAIA FILHO, Napoleão Nunes. *As normas escritas e os princípios jurídicos*. Fortaleza, Imprece, 2005.

MAJONE, Giandomenico, e LA SPINA, Antonio. *Lo Stato regulatore*. Bolonha, Il Mulino, 2000.

MALLÉN, Beatriz Tomás. *El derecho fundamental a una buena administración*. Madri, Instituto Nacional de Administración Pública, 2004.

MANNORI, Luca, e SORDI, Bernardo. *Storia del Diritto Amministrativo*. Roma, Editori Laterza, 2001.

MARCHANT, Gary, e MOSSMAN, Kenneth. *Arbitrary and capricious: the precautionary principle in the European Union Courts*. Washington, American Enterprise Institution for Public Policy Research, 2004.

MARENGO, Roberto. *La discrezionalità del giudice civile*. Turim, G. Giappichelli Editore, 1996.

MARINONI, Luiz Guilherme. *Efetividade do processo e tutela de urgência*. Porto Alegre, Sérgio Antônio Fabris Editor, 1994.

MARMOR, Theodore, MASHAW, Jerry, e PAKUTKA, John. *Social insurance*. Los Angeles, Sage, CQPress, 2014.

MARQUES NETO, Floriano de Azevedo. *Agências reguladoras independentes*. Belo Horizonte, Fórum, 2005.

MARSHALL, Thomas Humphrey. *Citizenship and social class and other essays*. Cambridge, Cambridge University Press, 1950.

MARTIN-BIDOU, Pascale. "Le principe de précaution en droit international de l'environnement". *Revue Générale de Droit International Public*. 1999.

MARTINS, Ana Gouveia Freitas. *O princípio da precaução no Direito do Ambiente*. Lisboa, Faculdade de Direito, 2002.

MARTINS, Ricardo Marcondes. *Efeitos dos vícios do ato administrativo*. São Paulo, Malheiros Editores, 2008.

MASSINI, Carlos. *La prudencia jurídica*. Buenos Aires, Abeledo-Perrot, 1983.

MATHIEU, Bertrand. "Observations sur la portée normative de la Charte de l'Environnement". *Études et Doctrine, Cahiers du Conseil Constitutionnel* 15.

MATTOS, Mauro Roberto Gomes de, e LIMA, Liana Maria Taborda (coords.). *Abuso de poder do Estado na atualidade*. Rio de Janeiro, América Jurídica, 2006.

MAURER, Hartmut Maurer. *Allgemeines Verwaltungsrecht*. Munique, C. H. Beck'sche Verlagsbuchhandlung, 1985.

_____. *Manuel de Droit Administratif Allemand*. Trad. de Michel Fromont. Paris, LGDJ, 1994.

MAYER, Otto. *Le Droit Administratif Allemand*. vol. II. Paris, V. Giard & E. Brière Libraires-Éditeurs, 1904; vol. IV. Paris, V. Giard & E. Brière Libraires-Éditeurs, 1906.

McCRUDDEN Christopher. *Social Policy and economic regulators, regulation and deregulation*. Oxford, Oxford University Press, 1999, pp. 275-291.

MEDAUAR, Odete. *Direito Administrativo em evolução*. São Paulo, Ed. RT, 2003.

_____. *Direito Administrativo moderno*. São Paulo, Ed. RT, 2001; 8ª ed. São Paulo, Ed. RT, 2004.

MEIER, Stephan, e SPRENGER, Charles. "Present-biased preferences and credit card borrowing". *American Economic Journal: Applied Economics*, vol. 2, n. 1, 2010.

MENDES, Joana. "Good administration in EU Law and the European Code of Good Administrative Behaviour". *EUI Working Papers LAW*, European University Institute, 2009.

MENDES, Gilmar Ferreira. *Hermenêutica constitucional e direitos fundamentais*. Brasília, Brasília Jurídica, 2002.

MERKL, Adolf. *Teoría General del Derecho Administrativo*. Madri, Editorial Revista de Derecho Privado, 1935.

MILARÉ, Édis. *Direito do Ambiente*. 3ª ed. São Paulo, Ed. RT, 2004.

MILESKI, Hélio Saul. *O controle da gestão pública*. São Paulo, Ed. RT, 2003.

MIRANDA, Jorge. "Povo, Democracia, Participação Política". *Revista Latino-Americana de Estudos Constitucionais*, n. 8. Fortaleza, Instituto Albaniza Sarasate, jan.-jun./2008.

MIRRA, Álvaro Luiz Valery. "Direito ambiental: o princípio da precaução e sua aplicação judicial". *Revista de Direito Ambiental* 21. São Paulo, Ed. RT, 2001.

MLODINOW, Leonard. *Subliminar. Como o inconsciente influencia nossas vidas*. Rio de Janeiro, Zahar, 2013.

MODESTO, Paulo. "Responsabilidade civil do Estado". *RDA* 227/291-308, jan.-mar./2002.

MOLINARO, Carlos Alberto. *Direito Ambiental*. Porto Alegre, Livraria do Advogado, 2007.

MONTE ALEGRE, Sérgio. "O princípio da liberdade no âmbito do Direito Administrativo". *IP* 36/144 e ss.

MORAES, Germana de Oliveira. *Controle jurisdicional da Administração Pública*. São Paulo, Dialética, 1999.

_____. "O juiz constitucional no Brasil". *IP* 22/26 e ss.

MORAN, Michael, REIN, Martin, e GOODIN, Robert (eds.). *The Oxford Handbook of Public Policy*. Londres, Sage, 2006.

MORAND-DEVILLER, Jacqueline. *Cours de Droit Administratif*. Paris, Éditions Montchrestien, 2005.

MORATO LEITE, José Rubens, e AYALA, Patryck. *Direito Ambiental na sociedade de risco*. Rio de Janeiro, Forense Universitária, 2002.

MOREIRA, João Batista Gomes. "A nova concepção do princípio da legalidade no controle da Administração Pública". *IP* 21/82 e ss.

_____. "Nexo de causalidade (do dano, para efeito de responsabilidade do Estado): reexame do tema". *IP* 39/33 e ss.

MOREIRA NETO, Diogo de Figueiredo. *Legitimidade e discricionariedade*. 4ª ed. Rio de Janeiro, Forense, 2002.

MORIN, Edgar. *O método*. vol. 1. Porto Alegre, Sulina, 2005.

MORRIS, Julian. "Defining the precautionary principle". *Rethinking risk and the precautionary principle*. Oxford, Butterworth-Heinemann, 2000.

MOSSMAN, Kenneth, e MARCHANT, Gary. *Arbitrary and capricious: the precautionary principle in the European Union Courts*. Washington, American Enterprise Institution for Public Policy Research, 2004.

MOTTA, Fabrício. In: GASPARINI, Diógenes (coord.). *Pregão presencial eletrônico*. Belo Horizonte, Fórum, 2006.

_____. (coord.). *Concurso Público e Constituição*. Belo Horizonte, Fórum, 2005.

MOTTA, Paulo. "Responsabilidade extracontratual das concessionárias de serviços públicos". In: GUIMARÃES, Edgar (org.). *Cenários do Direito Administrativo*. Belo Horizonte, Fórum, 2004.

MOYO, Dambisa. *How the west was lost: fifty years of economic folly – and the smart choices ahead*. Nova York, Farrar, Strauss and Giroux, 2011.

NICOLLE, Antoinette, FLEMING, Stephen, DOMINIK M., BACH, R., DRIVER Jon, e DOLAN, Raymond J. "A regret-induced *status quo* bias", *The Journal of Neuroscience*, 2 March/2011, 31(9), pp. 3.320-3.327.

NORTH, Douglas. *Institutions, institutional change and economic performance*. Cambridge, Cambridge University Press, 1990.

NUNES PEREIRA, Flávio Henrique e FONSECA DIAS, Maria Teresa. *Cidadania e inclusão social*. Belo Horizonte, Fórum, 2008.

NUSSBAUM, Martha. *Creating capabilities*, Cambridge, Harvard University Press, 2013.

OHLWEILER, Leonel Pires. *Direito Administrativo em perspectiva: os termos indeterminados à luz da hermenêutica.* Porto Alegre, Livraria do Advogado, 2000.
OLBRECHTS-TYTECA, L., e PERELMAN, Chaïm. *Traité de l'argumentation.* Bruxelas, Éditions de l'Université de Bruxelles, 1988.
OLIVEIRA, José Roberto Pimenta de. *Os princípios da razoabilidade e da proporcionalidade no Direito Administrativo Brasileiro.* São Paulo, Malheiros Editores, 2006.
ONGARO, Edoardo. *Public Management, Reform and Modernization.* Edward Elgar Publishing, 2009.
OSBORNE, Stephen P. (ed.). *New Public Governance?.* Londres e Nova York, Routledge, 2010.
OSÓRIO, Fábio Medina. *Improbidade administrativa.* Porto Alegre, Síntese, 1998.
OSTROM, Elinor. *Governing the commons.* Cambridge, Cambridge University Press, 1990.
OTERO, Paulo. *Legalidade e Administração Pública.* Coimbra, Livraria Almedina, 2003.

PAGLIARINI, Alexandre Coutinho. "A Constituição e sua linguagem". In ROCHA, Maria Elizabeth Guimarães Teixeira, e MEYER-PFLUG, Samantha Ribeiro (coords.). *Lições de Direito Constitucional.* Rio de Janeiro, Forense, 2008 (pp. 311-316).
PALMINI, André, e HAASE, Victor Geraldi. "'To do or not to do'? The neurobiology of decision-making in daily life". *Dementia & Neuropsychologia,* 2007, 1.
PANKSEPP, Jaak. *Affective Neuroscience.* Nova York, Oxford University Press, 1998.
PAREYSON, Luigi. *Verdade e interpretação.* São Paulo, Martins Fontes, 2005.
PASQUALINI, Alexandre. *Hermenêutica e sistema jurídico.* Porto Alegre, Livraria do Advogado, 1999.
PELTZMAN Sam. "A teoria econômica da regulação depois de uma década de desregulação". In MATTOS, Paulo *et. al.* (coord.). *Regulação econômica e Democracia: o debate Norte-Americano.* São Paulo, Editora 34, 2004.
_____. "Toward a more general theory of regulation". *The Journal of Law and Economics,* vol. XIX, 2, 1976.
PEREIRA, César Guimarães. "Discricionariedade e apreciações técnicas da administração". *RDA* 231.
PERELMAN, Chaïm, e OLBRECHTS-TYTECA, L. *Traité de l'argumentation.* Bruxelas, Éditions de l'Université de Bruxelles, 1988.
PESSOA, Robertônio. *Curso de Direito Administrativo.* Brasília, Consulex, 2000.
PETERS, Guy. *The politics of bureaucracy.* 5ª ed. Londres e Nova York, Routledge, 2001.

_____, e PIERRE, Jon (eds.). *Handbook of Public Policy*. Londres, Sage, 2006.

PIERRE, Jon, e PETERS, Guy. *Governing complex Societies*. Nova York, Palgrave Macmillan, 2005.

PIERSON, Christopher. *The Modern State*. 3ª ed. Nova York, Routledge, 2013.

PIRES, Luis Manuel Fonseca. *Controle judicial da discricionariedade administrativa*. Rio de Janeiro, Elsevier, 2009.

PITRUZZELLA, Giovanni, e BIN, Roberto. *Diritto Costituzionale*. Turim, G. Giappichelli Editore, 2007.

PONTES DE MIRANDA, F. C. *Comentários à Constituição de 1967 com a Emenda n. 1 de 1969*. t. III. São Paulo, Ed. RT, 1973.

PONTES FILHO, Valmir. "Direito adquirido ao regime da aposentadoria". *Cadernos de Soluções Constitucionais*. vol. 2. São Paulo, ABCD/Malheiros Editores, 2006 (pp. 319-325).

POSNER, Eric. "Controlling agencies with cost-benefit analysis". *University of Chicago Law Review*, vol. 68, n. 4, 2001.

_____, e ADLER, Matthew. *New foundations of cost-benefits analysis*. Cambridge, Harvard University Press, 2006.

PRADO JR., Caio. *Formação do Brasil contemporâneo: colônia*. São Paulo, Brasiliense, 2006.

PRIEUR, Michel. *Droit de l'environnement*. 4ª ed. Paris, Dalloz, 2001.

Principles of Good Administration in the Member States of the European Union", 2005. Disponível em <http://www.statskontoret.se/upload/Publikationer/2005/200504.pdf>.

Promoting safety and health in a green economy. Genebra, OIT, 2012.

PUENTE, Marcos Gómez. *La inactividad de la Administración*. Madri, Aranzadi Editorial, 2002.

Relatório do Desenvolvimento Humano 2013. "A Ascensão do Sul: Progresso humano num mundo diversificado", Nova York, PNUD, 2013.

Relatório Stiglitz-Sen-Fitoussi. "Commission on the Measurement of Economic Performance and Social Progress", de 2009. Disponível in < www.stiglitz--sen-fitoussi.fr>.

"Report of the Special Rapporteur on the promotion and protection of the right to freedom of opinion and expression". ONU, 2011.

RHODEN, Luiz, ALMEIDA, Custódio, e FLICHINGER, Hans-Georg. *Hermenêutica filosófica*. Porto Alegre, EDIPUC/RS, 2000.

RIFKIN, Jeremy. *The third industrial revolution: How lateral power is transforming energy, the Economy, and the World*. Nova York, Palgrave Macmillan, 2011.

RIORDAN Timothy O., e CAMERON James. *Interpreting the precautionary principle*. Nova York, Earthscan, 1994.

RIVERO, Jean. *Droit Administratif*. Paris, Dalloz, 1973.

ROBINSON, James, e ACEMOGLU, Daron. *Why Nations fail.* Nova York, Crown, 2012.

ROCHA, Cármen Lúcia Antunes. *Princípios constitucionais da Administração Pública.* Belo Horizonte, Del Rey, 1994.

_____. *Direitos de para todos.* 2ª ed. Belo Horizonte, Fórum, 2008.

RODRIGUES, Marcelo Abelha. *Instituições de Direito Ambiental.* São Paulo, Max Limonad, 2002.

RODRÍGUEZ-ARANA, Jaime. *El buen gobierno y la buena administración de instituciones públicas.* Navarra, Arazandi, 2006.

ROSSET, Patrícia. "Algumas reflexões sobre Política, Democracia e Cidadania". In ROCHA, Maria Elizabeth Guimarães Teixeira, e MEYER-PFLUG, Samantha Ribeiro (coords.). *Lições de Direito Constitucional.* Rio de Janeiro, Forense, 2008 (pp. 609-624).

ROTHSTEIN Bo, e TEORELL, Jan. "What is quality of government? A theory of impartial government institutions". *Governance: An International Journal of Policy, Administration, and Institutions,* vol. 21, n. 2, Abril/2008.

RUARO, Regina. "Reforma administrativa e consolidação da esfera pública brasileira: o caso do orçamento participativo no Rio Grande do Sul". *IP* 19/82 e ss.

SADELEER, Nicolas de (ed.). *Implementing the precautionary principle.* Londres, Earthscan, 2007.

SAINT-HILAIRE, Auguste de. *Viagens pelo distrito dos diamantes e eleitoral do Brasil.* São Paulo, Nacional, 1941.

SAL, Antonella. *La proporzionalità nei sistemi amministrativi complessi.* Milão, Franco Angelli, 2013.

SALZMAN, James, e THOMPSON JR., Barton H. *Environmental Law and Policy.* 3ª ed. New York, Foundation Press, 2010.

SAMUELSON, William, e ZECKHAUSER, Richard. "*Status quo* bias in decision making". *Journal of Risk and Uncertainty,* 1988, 1.

SANTI ROMANO. *Corso di Diritto Amministrativo.* Pádua, CEDAM, 1932.

SARAIVA, Enrique, e FERRAREZI, Elisabete (orgs.), vol. 1. *Políticas públicas.* Brasília, ENAP, 2006.

SARAIVA, Paulo Lopo. "A Constituição da Casa-Grande e da Senzala". In ROCHA, Maria Elizabeth Guimarães Teixeira, e MEYER-PFLUG, Samantha Ribeiro (coords.). *Lições de Direito Constitucional.* Rio de Janeiro, Forense, 2008 (pp. 221-242); in *Cadernos de Soluções Constitucionais* 3, 2008. São Paulo, Malheiros Editores (pp. 355-377).

SARLET, Ingo Wolfgang. *A eficácia dos direitos fundamentais.* 5ª ed. Porto Alegre, Livraria do Advogado, 2005.

_____. "Constituição, proporcionalidade e direitos fundamentais: o direito penal entre proibição de excesso e de insuficiência". *Anuario Iberoamericano de Justicia Constitucional* 10/303-354.

SCAF, Fernando Facury. "Como a sociedade financia o Estado para a implementação dos direito humanos no Brasil". *IP* 39/188 e ss.

SCHÄFER, Jairo Gilberto. "O problema da fiscalização da constitucionalidade dos atos políticos em geral". *IP* 35.

SCHELLING, Thomas. *Strategies of commitment*. Cambridge, Harvard University Press, 2006.

SCHIER, Adriana. "Apontamentos sobre os modelos de gestão e tendências atuais". In: GUIMARÃES, Edgar (org.). *Cenários do Direito Administrativo*. Belo Horizonte, Fórum, 2004.

SCHMIDT-ASSMANN, Eberhard. *Das Allgemeine Verwaltungsrecht als Ordnung Idee*. Heidelberg, Springer Verlag, 1998.

SCHMITT, Carl. *O conceito do político*. Petrópolis, Vozes, 1992.

SCHNEEWIND, J. B. *A invenção da autonomia*. São Leopoldo, Unisinos, 2001.

SCHOLL, Gerd, RUBIK, Frieder, KALIMO, Harri, BIEDENKOP, Katja, e SÖEBECH, Ólöf. "Policies to promote sustainable consumption: innovative approaches in Europe". *Natural Resources Forum*, vol. 34, fevereiro/2010.

SCHULZ, Fritz. *Prinzipien des Römischen Rechts*. Berlim, Duncker & Humblot, 2003.

SCORSIN, Ericson Meister. "O processo de evolução do Estado, da Administração Pública e do Direito Administrativo". *IP* 42/127-144.

SEABRA FAGUNDES, Miguel. *O Controle dos atos administrativos pelo Poder Judiciário*. Rio de Janeiro, Forense, 1967,

SECHRIST, Gretchen, e STANGOR, Charles. "When are intergroup attitudes based on perceived consensus information?". *Social Influence*, vol. 2, n. 3, 2007.

SEILLER, Bertrand. In *Droit Administratif. Les sources et le juge*. 5ª ed. Paris, Flammarion, 2013.

SEN, Amartya. *The idea of Justice*. Cambridge, Harvard University Press, 2009.

_____. "Capitalism beyond the crisis". *The New York Review of Books*, vol. 56, n. 5, 2009.

SÉRVULO CORREIA, José Manuel. *Legalidade e autonomia contratual nos contratos administrativos*. Coimbra, Livraria Almedina, 1987.

SHAPIRO, Stuart, e MORRALL III, John. "The triumph of regulatory politics: Benefit-cost analysis and political salience". *Regulation & Governance*, vol. 6, junho/2012.

SHAROT, Tali. "The optimism bias". *Current Biology*, vol. 21, n. 23, Dez./2011.

_____. *The optimism bias*. New York, Pantheon, 2011.

SHAUER, Frederick. *Playing by the rules: A philosophical examination of rule-based decision-making in law and in life*. Oxford, Oxford University Press, 1998.

SHILLER, Robert. *Irrational exuberance*. 2ª ed. New York, Broadway Books, 2009.

SICA, Gerson dos Santos. *Discricionariedade administrativa*. Curitiba, Juruá, 2006.

SILVA, José Afonso da. "Interpretação da Constituição e Democracia". *IP* 34.

SILVA, Solange T. da, KISHI, Sandra A. S., e SOARES, Inês V. P. (orgs.). *Desafios do Direito Ambiental no Século XXI. Estudos em homenagem a Paulo Affonso Leme Machado*. São Paulo, Malheiros Editores, 2005.

SILVA, Virgílio Afonso da. "O conteúdo essencial dos direitos fundamentais e a eficácia das normas constitucionais". *RDE* 4/23-51.

SILVEIRA, Paulo de Tarso Dresch da. "O controle administrativo e a Lei federal 9.784/1999". *Revista da FEMARGS* 4.

SIQUEIRA CASTRO, Carlos de. *O devido processo legal e a razoabilidade das leis na nova Constituição no Brasil*. Rio de Janeiro, Forense, 1989.

SOARES, Inês V. P., KISHI, Sandra A. S., e SILVA, Solange T. da (orgs.). *Desafios do Direito Ambiental no Século XXI. Estudos em homenagem a Paulo Affonso Leme Machado*. São Paulo, Malheiros Editores, 2005.

SÖDERMAN, Jacob (Defensor do Povo Europeu). Discurso em Mallorca. Maio/2001.

SORDI, Bernardo, e MANNORI, Luca. *Storia del Diritto Amministrativo*. Roma, Editori Laterza, 2001.

SOUSA, José Crisóstomo de (org.). *Filosofia, racionalidade, democracia*. São Paulo, UNESP, 2005.

SOUSA, Marcelo Rebelo de, e MATOS, André Salgado de. *Direito Administrativo Geral*, t. III. 2ª ed. Lisboa, Dom Quixote, 2009.

SPENCE, Michael. *The next convergence*. Nova York, Farrar, Strauss & Giroux, 2011.

SPÍNDOLA, Ruy Samuel. "Princípios constitucionais e atividade jurídico-administrativa: anotações em torno de questões contemporâneas". *IP* 21/58 e ss.

STEINMETZ, Wilson. *Colisão de direitos fundamentais e princípio da proporcionalidade*. Porto Alegre, Livraria do Advogado, 2001.

STERN, Nicholas. "The Global deal". *Public Affairs*. Nova York, 2009.

STEVENSON, Robert Louis. *The stranger case of Dr. Jekyll and Mr. Hide*. Nova York, Tor Books, 1990.

STEWART, Richard B. "Regulation, innovation, and Administrative Law: A conceptual framework". *California Law Review*, vol. 69, 1981.

STIGLER, George. "The theory of economic regulation". *The Bell Journal of Economics and Management Science* 2, 1971.

_____. "A teoria econômica da regulação". In: MATTOS, Paulo (Coord.). *Regulação econômica e Democracia*. São Paulo, Editora 34, 2004.

STIGLTIZ, Joseph. *Economics of the Public Sector*. 3ª ed., Nova York-Londres, WW. Norton & Company, 2000.

_____. "The future of financial services regulation". *House Financial Services Committee*, 21.10.2008.

SUNDFELD, Carlos Ari. *Direito Administrativo ordenador*. 1ª ed., 3ª tir. São Paulo, Malheiros Editores, 2003.

_____. "Interesse público em sentido mínimo e em sentido forte". *IP* 28/30 e ss.

_____. "Processo administrativo: um diálogo necessário entre Estado e cidadão". *Revista A&C* 23.

SUNSTEIN, Cass. *The partial Constitution*. Cambridge, Harvard University Press, 1993.

_____. *Laws of fear*. Cambridge, Cambridge University Press, 2005.

_____. *Going to extremes: How like minds unite and divide*. Nova York, Oxford University Press, 2009.

_____. "Empirically informed regulation". *The University of Chicago Law Review*, 78, 2011.

_____. *Simpler*. Nova York, Simon & Shuster, 2013.

_____. "The regulatory lookback". *Boston University Law Review – Symposium on Political Dysfunction and the Constitution*, 2013.

_____, e MILES, Thomas. "Depoliticizing Administrative Law". *Duke Law Journal*, vol. 58, 2009.

_____, e THALER, Richard. *Nudge. Improving Decisions about Health, Wealth, and Happiness*. Nova York, Yale University Press, 2008/Penguin Books, 2008 (ed. brasileira, Rio de Janeiro, Elsevier, 2009).

Swedish Environmental Protection Act (1969).

TÁCITO, Caio. *Direito Administrativo*. São Paulo, Saraiva, 1975.

_____. "Princípio de legalidade e poder de polícia". *RDA* 227.

TAKIS, Tridimas. *The general principles of EC Law*. 2ª ed. Nova York, Oxford University Press, 2006, pp. 136-249.

TARELLO, Giovane. *Storia della cultura giuridica moderna*. Bolonha, Il Mulino, 1976.

TAVEIRA NETO, Francisco. "A evolução da Administração Pública e de seus mecanismos de controle na Constituição Federal". *Revista A & C* 23.

TAVOLARO Sergio B. F. e TAVOLARO, Lilia G. M. "A cidadania sob o signo do desvio: Para uma crítica da 'tese de excepcionalidade brasileira'", *Sociedade e Estado*, vol. 25, n. 2, Brasília, 2010.

TESSLER, Marga. "O juiz e a tutela jurisdicional sanitária". *IP* 25.

TETLOCK, Philip. *Expert Political Judgment*. Princeton, Princeton University Press, 2005.

THALER, Richard. *Quasi-rational economics*. Nova York, The Russel Sage Foundation, 1994.

_____, e SUNSTEIN, Cass. *Nudge. Improving Decisions about Health, Wealth, and Happiness*. Nova York, Yale University Press, 2008/Penguin Books, 2008 (ed. brasileira, Rio de Janeiro, Elsevier, 2009).

"The 2013 Unified Regulatory Agenda and Regulatory Plan", Office Information and Regulatory Affairs.

TICKNER, Joel A. *Precaution, environmental Science, and preventive Public Policy*. Washington, Island Pres, 2002.
TITMUSS, Richard *Social Policy*. Nova York, Pantheon Books, 1974.
TÔRRES, Heleno Taveira. "Pena de perdimento de bens nas importações e seus limites constitucionais". *IP* 37.
TORRES, Ricardo Lobo. *Tratado de Direito Constitucional, Financeiro e Tributário*. 3ª ed., vol. III. Rio de Janeiro, Renovar, 2005.
TOURINHO, Rita. "A principiologia jurídica e o controle jurisdicional da discricionariedade administrativa". In: GARCIA, Emerson (org.), *Discricionariedade administrativa*. Rio de Janeiro, Lumen Juris, 2005.
TRIBE, Laurence, e DORF, Michael. *On reading the Constitution*. Cambrigde, Harvard University Press, 1991.

VALGAS, Rodrigo. "Nexo causal e excludentes da responsabilidade extracontratual do Estado". In: FREITAS, Juarez (org.). *Responsabilidade Civil do Estado*. São Paulo, Malheiros Editores, 2006 (pp. 268-292).
VALLE, Vanice Lírio do. "Construção de uma cidadania afeita à coisa pública". *IP* 40/397 e ss.
VEDEL, Georges. *Droit Administratif*. Paris, PUF, 1973.
VERGOTTINI, Giuseppe de. *Diritto Costituzionale*. 4ª ed. Pádua, CEDAM, 2004.
VIEIRA, Oscar Vilhena. *Direitos fundamentais* (colaboração de Flávia Scabin). São Paulo, Malheiros Editores, 2006.
VIOLA, Francesco, e ZACCARIA, Giuseppe. *Diritto e interpretazione*. 4ª ed. Roma, Laterza, 2002.

WAKEFIELD, Jill. "The right to good administration". *Kluwer Law International*, 2007.
WALINE, Marcel. *Précis de Droit Administratif*. Paris, Éditions Montchrestien, 1969.
WEST, Richard, MESERVE, Russell, e STANOVITCH, Keith. "Cognitive sophistication does not attenuate the bias blind spot". *Journal of Personality and Social Psychology*, vol. 103 (3), Set./2012.
WHITE, Leonard. *Introduction to the study of Public Administration*. Nova York, The Macmillan Co., 1957.
WILLIAMS, Bernard. *Moral*. São Paulo, Martins Fontes, 2005.
WINTER, Gerd. "A natureza jurídica dos princípios ambientais em Direito Internacional". In: KISHI, Sandra A. S., SILVA, Solange T. da, e SOARES, Inês V. P. (orgs.). *Desafios do Direito Ambiental no Século XXI. Estudos em homenagem a Paulo Affonso Leme Machado*. São Paulo, Malheiros Editores, 2005 (pp. 120-150).
WOLFF, Jonatham, e DE-SHALIT, Avner. *Disadvantage*. Nova York, Oxford University Press, 2007.

WOLFF, Hans Julius, e BACHOF, Otto. *Verwaltungsrecht*. vol. I. Munique, C. H. Beck'sche Verlag, 1974; vol. II. Munique, C. H. Beck'sche Verlag, 1976.

WOOLCOCK, Michael. "Toward a plurality of methods in project evaluation". *Journal of Development Effectiveness*, vol. 1, n. 1, 2009.

WRÓBLEWSKI, Jerzy. "Conceptions of justification in legal discourse". *Rivista Internazionale di Filosofia del Diritto*, A. 66, (4), pp. 679.

_____. "Legal syllogism and rationality of judicial decisions". *Rechtstheorie* 5. 1974.

ZACCARIA, Giuseppe, e VIOLA, Francesco. *Diritto e interpretazione*. 4ª ed. Roma, Laterza, 2002.

ZAGREBELSKI, Gustavo. *El Derecho dúctil*. Madri, Trota, 1995.

_____. *La giustizia costituzionale*. Bolonha, Il Mulino, 1988.

ZANCANER, Weida. *Da convalidação e da invalidação dos atos administrativos*. 3ª ed. São Paulo, Malheiros Editores, 2008.

_____. "Responsabilidade do Estado. Serviço público e os direitos dos usuários". In: FREITAS, Juarez (org.). *Responsabilidade Civil do Estado*. São Paulo, Malheiros Editores, 2006 (pp. 337-352).

ZANDER, Joakin. *The application of the precautionary principle in practice*. Cambridge, Cambridge University Press, 2010.

ZANINI, Rita Dostal. *Hermenêutica filosófica e Hermenêutica jurídica: uma aproximação a partir dos conceitos de Hans-Georg Gadamer*. PUC/RS, Dissertação de Mestrado em Direito, 2007.

ZIMMERN, Alfred. *Quo vadimus*. Oxford, Oxford University Press, 1934.

ZIMMER JR., Aloísio. *Curso de Direito Administrativo*. Porto Alegre, Verbo Jurídico, 2007.

ZIPPELIUS, Reinhold. *Allgemeine Staatslehre*. Munique, C. H. Beck'sche Verlag, 1999.

_____. In: *Grundzüge des Verfassungsrechts der Bundesrepublik Deutschland*. Heidelberg, C. F. Müller Juristischer Verlag, 1978.

_____. *Teoria Geral do Estado*. Trad. de Karin Praefke e Aires Coutinho. Lisboa, Fundação Caloustre Gulbenkian, 1997.

ZYMLER, Benjamin. *Direito Administrativo e controle*. Belo Horizonte, Fórum, 2005.

* * *

00778

GRÁFICA PAYM
Tel. (11) 4392-3344
paym@terra.com.br